指文® 战争艺术 / 013

亚历山大继业者战争 (全2卷)

上卷：将领与战役

公元前 323 年—公元前 281 年

[英]鲍勃·本尼特(Bob Bennett) / [英]麦克·罗伯茨 (Mike Roberts)　著

张晓媛　译

江苏凤凰文艺出版社
JIANGSU PHOENIX LITERATURE AND
ART PUBLISHING, LTD

图书在版编目（CIP）数据

亚历山大继业者战争：全2卷 / (英) 鲍勃·本尼特
(Bob Bennett)，(英) 麦克·罗伯茨 (Mike Roberts)
著；张晓媛译. -- 南京：江苏凤凰文艺出版社，
2019.11
书名原文: The Wars of Alexander's Successors
ISBN 978-7-5594-4173-7

Ⅰ. ①亚… Ⅱ. ①鲍… ②麦… ③张… Ⅲ. ①战争史
－古希腊 Ⅳ. ①E545.9

中国版本图书馆CIP数据核字(2019)第245316号

亚历山大继业者战争：全 2 卷

[英] 鲍勃·本尼特 (Bob Bennett) / [英] 麦克·罗伯茨 (Mike Roberts)　　著　　　张晓媛　译

责任编辑	王青
特约编辑	刘博予
装帧设计	周杰
出版发行	江苏凤凰文艺出版社
	南京市中央路 165 号，邮编：210009
网　址	http://www.jswenyi.com
印　刷	重庆共创印务有限公司
开　本	787mm×1092mm 1/16
印　张	29.5
字　数	516 千字
版　次	2019 年 11 月第 1 版 2019 年 11 月第 1 次印刷
书　号	ISBN 978-7-5594-4173-7
定　价	139.80 元

江苏凤凰文艺版图书凡印刷、装订错误可随时向承印厂调换

译序

公元前 4 世纪的最后 20 年与公元前 3 世纪的前 20 年，是巨人轰然倒下后的时代。被亚历山大大帝展开的"希腊人世界"成为一个广阔舞台，大帝生前的追随者从巨人身边的配角一跃变为主演。这些"继承亚历山大伟业之人"，用混乱而壮阔的 40 年拉开了"希腊化时代"的序幕。

这是迷人的 40 年，迭起的战事很容易吸引爱好探究历史的读者。我们很难否认，相比此前亚历山大的征战，以及百年后罗马人对地中海东部的征服，继业者的光芒确实要暗淡得多。就像人类历史上任何一个不可忽视，但重要性稍次的时期一样，人们给这 40 年最常见的评价就是"承前启后"。诚如本书作者在文中所言，专注于这一时代的著作相对稀少。出现在长时段史书和历史论述中的继业者，常被当作亚历山大辉煌一生的尾声或罗马人东征的序幕。在国内学术界，这一情况大体类似。正因这一时代在人们心中的重要性略低，流传下来的相关史料的丰富程度，远不及那些辉煌迷人的时代。这为后世研究带来很多困难。

当我们研究这一时代时，很容易发现所要面对的困难远不止此。由于这一时期历史舞台的广阔，我们要历数的事件及其主人公，大都处在相对遥远的地区。多数继业者在掌权初期就开始自动与某一片土地联系紧密，此后虽有变动，但大体形成稳定的势力范围。因此，后世更多对某人某战役进行专门论述，而少有整体研究。事实上，继业者的命运并非完全割裂，否则难以共同构成一个时代。而且，虽然这个时代仅有区区 40 年，但各位继业者的故事同时发展，宛如一条条支线，支离而交错。这相当于增添了时代的厚度，使任何想要清楚叙述的尝试都充满困难。本书两位作者以各个主要人物为主线，从整体上顾及人物巅峰时期的时间顺序。例如，本书最先叙述佩尔狄卡斯的故事，托勒密的事业则分为两章先后讲述。当然，这种处理方式并不能完全规避这一时代的混乱特色。正如一位读者所言，他在阅读过程中常常会惊叹："这个人不是已经死了吗？"但两位作者为克服这一困难所做的努力有目共睹。只要我们多加小心，对年序问题多多留意，当目光聚焦于一事一地时，联系其他同时期发生的事件，从本书叙述中整体把握这一时代也非难事。另外，本书开篇有一幅示意图，标注了与继业者战争相关的几乎全部重要地区，包括关键战役的爆发地点。这幅示意图可以为我们理解继业者战争提供空间导引。

本书上卷于 2008 年首次出版，次年出版了下卷。如果说上卷更注重人物时序的梳理，下卷就像是穿插在纵向时间线之间的纬线。作者先是讲解当时军队的组织结构与运作方式，随后从战术角度着手，剖析一系列重要战役，并依类分析围攻战与海战两种典型战事。继业者的 40 年就是以战争为主线的时代，要想了解这一时代，必须深入探索当时战争技术，体悟其军事逻辑。战争代表着不同阵营之间的碰撞。在继业者时代，这种碰撞仿佛互相交织的几条历史支线。我们能够根据他们之间的较量，了解他们各自的军事技术发展路线与水平。由于继业者时代的特性，这种视角更加珍贵。

在写作此书之前，两位志趣相投的作者早已开始对写作的积累和准备。之后，他们又合作出版《希腊化世界的黄昏》《斯巴达的霸权》等作品。需要特别提出的是，两位作者均非专业学者，但他们的热情和细致不输专业人士。他们采用的史料十分丰富，并参考了相当数量的当代论著。由于专业背景和可接触资源的限制，他们的著作也许不能称为完美。例如，书中所引用波里内乌斯的作品早在 1974 年就已有英译版本问世，但两位作者似乎并没有注意到，而是特意请他们中一位的拉丁文老师帮助翻译了相关片段。尽管如此，他们的工作仍旧值得赞许。他们不仅整合并阐释了许多驳杂的古代史料，而且参考了后世研究者的各种观点，并对其进行筛选，最终为我们呈现出一部内容丰富且叙述完整度很高的继业者历史。

最后，我作为晚辈后学，非常感谢指文图书编辑的耐心校对。书中翻译讹误难免，还请读者指正。

张晓媛

2019 年 7 月 20 日于意大利帕多瓦大学

目 录
CONTENTS

上卷

下卷

致谢

本书的两位作者都对古代史有浓厚兴趣。我们在读过英国古典学家罗宾·詹姆斯·莱恩·福克斯（Robin James Lane Fox）[①]的权威著作后，萌生撰写本书的想法。亚历山大去世后，其部下的活动颇值得研究。然而，在当今出版物中，相关内容稍显不足。因此，我们二人虽然才疏学浅，但希望以此书略补缺憾。

我们首先需要感谢的是鲍勃的拉丁文老师波拉克（Polack）先生，老先生今已仙逝，令人恸甚。先生不吝赐教，慷慨地为我们翻译了波里内乌斯（Polynaeus）的作品。这些作品目前未见英译，却正是我们写作不可或缺的材料。其次是杰夫·钱皮恩（Jeff Champion）先生，他从未与我们谋面，而是通过我们的网站通读本书全文。尽管他本人也有计划出版一部类似作品，却依然慷慨地向笔与剑出版社推荐我们的书。在笔与剑出版社，我们有幸得遇编辑菲利普·希德内尔（Philip Sidnell）先生。他一步步帮助我们把关，给这本书一个出版面世的机会。

另外，我们必须对家庭和朋友致以特别的感谢。在这些年，我们将大量精力投入到本书的写作中，而他们一直默默包容我们。鲍勃的母亲更是在本书出版前的几个月倾尽全力给予我们莫大的支持。最后，两位夫人——简妮特和苏，我们的孩子凯蒂、乔、菲利普与史蒂夫，同样值得我们致以诚挚的谢意。正是因为他们对我们的不断关心，这部作品才最终得以诞生。

[①]译注：生于1946年，英国古典学家、古代史专家。其著作《亚历山大大帝》享有盛名。

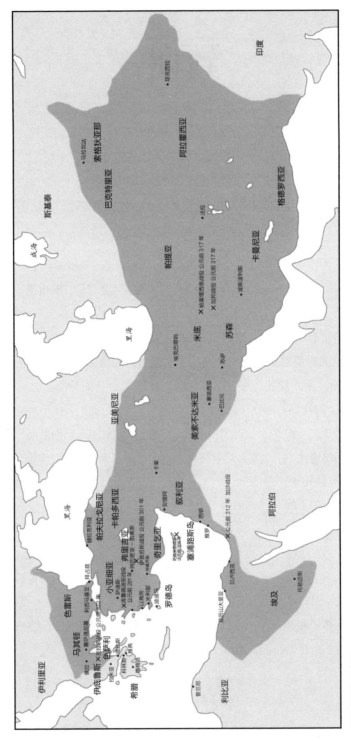

继业者战争示意图

前言

公元前 334 年，马其顿国王亚历山大三世率领 40000 名官兵进入亚洲，从此万代留名。成熟理性的历史观告诉我们，历史的重要趋势从来不受某位英雄人物摆布，而是自然、经济以及社会等各种力量综合运动的结果。然而，亚历山大的生平似乎打破了这一成例。文明的进步、大国的兴衰，往往与气候的变迁、科技与贸易的发展紧密关联，而不是由国王、将军、科学家与哲学家等各色历史人物一力决定。尤利乌斯·恺撒（Julius Caesar）、阿基米德（Archimedes）和柏拉图（Plato）固然都可以说是历史这部宏大交响乐的伟大乐手。他们的个人能力，给乐章留下不可磨灭的影响，但未曾彻底改变其基本性质和走向。在这些乐手中，亚历山大无疑是独特的。在自我天性的不断驱使下，亚历山大完成了那些人人皆谓不可成之事。色诺芬（Xenophon）、阿格西劳斯（Agesilaus）①乃至他的父亲腓力二世（Philip II）以及许许多多的追随者，恐怕都会对他的野心皱眉摇头。因为在他们看来，征服小亚细亚或摧毁波斯波利斯（Persepolis）已经是无与伦比的成就。然而，对亚历山大而言，哪怕是整个伊朗和印度次大陆西北地区的土地，都不足以满足胃口。

如果没有亚历山大，这段历史无疑会是另外一番样貌。诚然，波斯帝国（Persian Empire）早已经久而孱弱，它的统治摇摇欲坠，正是要被新崛起的力

---

① 译注：Agesilaus II，公元前 444 年？—公元前 360 年，斯巴达国王，约公元前 4 世纪的前 40 年在位。他率领小亚细亚的希腊军队，防御一直觊觎小亚细亚希腊城邦的波斯人，并在希腊本土恢复斯巴达的霸权，是斯巴达历史上最重要的国王之一。色诺芬与普鲁塔克书中皆见载。

量接管的时候。帝国西部行省面对西方来的侵略者，无疑会一败涂地。但若不是这位马其顿人独特而狂妄的野心，美索不达米亚以东的土地不会受到直接冲击，巴比伦东部大概会留下一个残存的伊朗人国家，希腊文明也不会来到里海沿岸，并跨越河间地区（Transoxania）①与今日巴基斯坦（Pakistan）等地。由此，在亚历山大身后的几百年间，巴克特里亚（Bacteria）②的希腊化王国惊人的文明融合将不会出现，亚洲贸易也不会如此自由，从而为安提阿（Antioch）③、亚历山大里亚（Alexandria）④以及以弗所（Ephesus）⑤等地源源不断地提供资源，而希腊文明的光芒更不会这般灼灼耀目。

虽然这位马其顿国王的事业如此令人瞩目，甚至被后人当作神来敬仰，但他的功业并非由自己独力完成。这位击败大流士的伟大征服者与他的伙友一起长大，一同出生入死。如同亚历山大本人一样，他的亲密同伴们过着几近荷马式的生活。因为曾经与亚历山大共同生活和战斗，国王的伙友也受到相当关注。亚历山大能在公元前334年到公元前323年之间打出如此惊人战绩，离不开伙友的勇武与才智。在亚历山大去世后，这些人统治世界达40年之久，并展现出他们作为独立个体存在的真正价值，是为"继业者"⑥。亚历山大创下伟业后英年早逝，但他的伙友将这股野心之火一直燃烧到七八十岁。他们很少终老于床榻，其中甚至有两位是在80多岁时死于战斗。

在亚历山大生前伙友的争斗中，一个个新的王朝诞生了。有的王朝非常短命，创立者暴死后，其后代迅速失去权力，整个国家也随之土崩瓦解。其中一位继业者曾穷二十载光阴，力图一统亚历山大留下的庞大帝国，但终究以失

①译注：今乌兹别克斯坦全境与哈萨克斯坦西南部地区，因地处锡尔河与阿姆河流域而得名。

②译注：古称大夏，地处阿姆河以南、兴都库什山以北地区。公元前3世纪中期，塞琉古帝国的巴特克利亚总督在此地创建独立王国，是中亚地区的希腊化文明中心。

③译注：亚历山大去世后，其将领塞琉古建立的城市。

④译注：亚历山大在埃及建立的城市，是埃及的地中海港口，后成为托勒密王朝的首都。这座城市的经济与学术皆十分兴盛，是古代地中海的文化中心之一。

⑤译注：小亚细亚的地中海沿岸城市，由雅典人建立，属于爱奥尼亚。

⑥译注：历史学家通常用一个专有名词"Diadochi"称呼亚历山大的继承者，其希腊文原形为Διάδοχοι，意即"继承者"。中国史学界普遍将之译为"继业者"。

败告终。尽管如此，其子孙还是建立了一个统治马其顿地区的王朝，直至公元前146年被罗马征服。继业者不是历史舞台的龙套，他们有独特的魅力。同时，他们的命运又交织在一起，始终难以分离。

亚历山大的初代继业者一直没有受到历史学家足够的关注。虽然存在一些通史性质的作品，但从亚历山大去世到公元前280年的这一时期，总是用几笔简单带过。斗争尘埃落定，便是希腊化国家的终结。

人们往往对帝王掌故更感兴趣。亚历山大的功绩伟大惊人，有关他的历史材料汗牛充栋而细致入微。与之相较，有关继业者的文献则颇不完备，而且出处不明，这会打击人们尝试去探索的兴趣。如果说亚历山大的成就如山一般雄伟，那么继业者就像是山脚下的阴影。这位伟大君主的生平清晰可辨，他凭借父亲留下的伟业而崛起，一步步创下非凡的功业，而后英年早逝。继业者的故事则难以发掘，他们的命运如同乱麻，兴衰全凭天定，若非死于战争，便是仓促间死于暗杀。亚历山大在人生最后阶段确信，希腊与波斯会成为伙伴，而这一愿景显然没有实现。在这样的情况下，继业者为了生存和巩固统治，身陷于不断的纷争之中。亚历山大打破古典世界的一贯模式，他的思想超越时代局限，称自己乃是天神的化身。这一切都让后人感到困惑，这位伟大君主浑然不似一个只活了30多岁的人。他的行为令人难以捉摸，像是一步跃至一个以常人智识无法理解的世界。然而，亚历山大还是让一代代人为探寻他的传奇而颇废刀笔。继业者则相反，他们更像是人类试错的范例，也更像是那个时代的人应当呈现的样子。他们无拘无束，漂泊不定，缺少责任，亦少担当。这些特质虽然不值得被人敬仰，却让我们感到亲切。塞琉古（Seleucus）厌恶文案工作，利西马科斯（Lysimachus）因吝啬而闻名，托勒密（Ptolemy）的内政一团糟——这让我们感到，他们就是马其顿勇士，而不是阿喀琉斯式英雄。

公元前334年，亚历山大继承父亲腓力的理想，率军开进小亚细亚。亚洲的一系列战争给国王后期政策提供背景支持，而这政策背后的思想则由来已久。库纳克萨（Cunaxa）战役以来，"一万勇士"进军、阿格西劳斯的小亚细亚战役等事件令阿契美尼德帝国入侵的问题常悬于希腊人心间。伊索克拉底

（Isocrates）① 对波斯问题十分重视，所作演讲与书信多有论及。然而，亚历山大在他短暂而非凡的统治时期，将这一想法转变成自己的理念。因此，在后人看来，对波斯的征伐，似乎缘起于亚历山大本人。

亚历山大政策的正确，乃是由于国王的计划恰好适应当时马其顿的军事资源，这也是实现这一政策的工具。跟随亚历山大穿越赫勒斯滂（Hellespont）海峡的军队，实际上在其父手中就经历过改革，也曾在战场取得胜利。若没有腓力奠定的政治、军事乃至意识形态的基础，亚历山大不可能在亚洲取得如此辉煌的成就。在亚历山大的设想中，这支军队会在跟随自己作战期间，逐渐转化为完全属于他个人的新军。而在之后十几年的征战中，这一想法真的实现了。最终，全军官兵的精神气质都与公元前 323 年在国都佩拉（Pella）时完全不同。彼时，刚满 23 岁的亚历山大第一次踏上通往亚洲的路。

这一变化在军队高层表现得最明显。在亚历山大与大流士最早的战役中，战后很难找到马其顿高级官员的遗体。而当年轻的国王在巴比伦的尼布甲尼撒（Nebuchadnezzar）宫殿与世长辞时，许多旧朝老臣已经去世。死于床榻还是死于战场，一定程度上是基于个人荣誉的选择，但这无法对军队高层的一系列变化给出一个完满答案。

亚历山大能完全接手其父腓力的遗产，取决于腓力麾下将领的忠心。其中最重要的一位将领，因自身的不懈努力而发迹。腓力甚至这样评价他："雅典人每年都要选出 10 位将军。但在我看来，这么多年只有这一位算是真正的将军，那就是帕曼纽（Parmenion）②。"[1]

亚历山大的远征开始之时，帕曼纽已年逾花甲。彼时，他位高权重，威望毋庸置疑，地位仅在亚历山大一人之下。在战斗中，帕曼纽负责左翼，右翼则由年轻的国王率领。在格拉尼库斯（Granicus）河、伊苏斯（Issus）与高加米拉（Gaugamela）这三次重大战役中，帕曼纽为马其顿的胜利贡献尤多。他

---

① 译注：公元前 436 年—公元前 338 年，雅典著名演说家，创建雅典修辞学校，其作品《致腓力书》主张希腊与马其顿联手抵抗波斯。

② 译注：腓力与亚历山大的得力干将，在马其顿军中享有极高声誉。后来，他的儿子被控谋反，他也在埃克巴塔纳被牵连处死。

的许多家人在军中担任要职，这体现出帕曼纽的位高权重，同时也是他稳固地位的保障。帕曼纽一家控制着军队中最强大、最著名的部队。他的儿子菲洛塔斯（Philotas）统率亚历山大的伙友骑兵，这支精锐骑兵是一支常胜军。帕曼纽的另一个儿子尼卡诺尔（Nicanor）则统率马其顿的步兵精锐。帕曼纽家族的影响不止这些，他的一个侄子与一个女婿也在亚历山大军队中担任重要职务。可以说，帕曼纽家族是马其顿朝廷的一个重要集团。

帕曼纽的军事经验十分丰富，早在腓力草创远征部队之时，他就率领这支部队在亚洲开始征战。他多年来的努力，为亚历山大正式向亚洲进军铺平了道路。因此，他常常独自领兵也就不足为奇。格拉尼库斯河战役后，当国王南下卡里亚（Caria）① 与潘菲利亚（Pamphylia）时，帕曼纽率领另一半马其顿军队沿波斯御道② 而下，直取安纳托利亚腹地。

在与亚历山大最后一次交锋后，大流士遁走米底（Media）。然而，他的喘息时间十分短暂。马其顿军队此时节节胜利，接连攻下巴比伦、苏萨与波斯波利斯。大流士被赶出埃克巴塔纳（Ecbatana），随后逃入伊朗腹地。亚历山大继续追击大流士之时，帕曼纽受任保管从波斯波利斯劫掠的战利品。此后，帕曼纽再未见过亚历山大。

三次作战失利和越来越优柔寡断的性格，使大流士权威日下，最终死于臣僚之手。亚历山大在里海耽搁了征战的行程，但不久又重新开始追击巴克特里亚和索格狄亚那（Sogdian）的刺客。这些人拥立贝苏斯（Bessus）③ 为新的波斯国王。马其顿军队离开埃尔伯兹（Elburz）山脉北部郁郁葱葱的国度，转而向南方的西斯坦（Seistan）边境进发。这一地区的环境十分恶劣，士兵们看见总督治所法拉（Farah）粮草充足才放下心来。马其顿军队在法拉暂作停歇的时候发生了一件大事，此事彻底改变了这支伟大军队的面貌。

有关菲洛塔斯事件的许多细节，至今仍非常模糊。但可以确定的是，帕

---

① 译注：小亚细亚西南沿海地区，在今土耳其境内。

② 译注：波斯国王大流士一世于公元前 5 世纪在帝国境内修筑的道路。据希罗多德《历史》记载，这是当时地中海世界最好的道路。御道从爱琴海岸通往波斯湾附近的波斯波利斯。

③ 译注：又称阿尔塔薛西斯五世（Artaxerxes V），不久之后被亚历山大处死。

曼纽家族自此灭亡。在此之前，他们的权势已受到侵蚀。帕曼纽的小儿子赫克托尔（Hector）在埃及不幸溺亡，此事令帕曼纽消沉了很长一段时间。他的另一个儿子尼卡诺尔，也就是马其顿的步兵统帅，在追击贝苏斯的过程中死去。亚历山大来不及参加尼卡诺尔的葬礼，只是把帕曼纽的另一个儿子菲洛塔斯留下来，并划拨给他一小队人马，用以纪念这位步兵将领。在亚历山大麾下，帕曼纽与菲洛塔斯依旧是军队中最显赫的指挥官。但是，由于父子相距颇远，彼此之间越来越孤立。菲洛塔斯生性傲慢、惯于享受，这在那些以炫耀为天性的将军中其实并不少见，但他却不善于掩饰自己的真实性情。因此，在进攻波斯的战争中，菲洛塔斯没有得到属下义务之外的支持。菲洛塔斯的奢侈之名远近皆知。亚历山大的另一位伙友列奥纳托斯（Leonnatus）也爱好豪奢，传言他在自己的靴子上镶嵌银钉，但菲洛塔斯却将这种贵金属用在捕猎网上。据说，这张网十分巨大，能延伸 12 英里。

法拉流血事件的过程相当清晰。据传，一个地位低下的马其顿人迪穆纳斯（Dymnus）密谋刺杀国王，并将谋划的细节告诉了自己的情人。这个年轻人吓坏了，为了确保自己的安全，将此事报告给菲洛塔斯。菲洛塔斯随时可以告诉亚历山大，却什么也没说。迪穆纳斯的情人看到事情报告上去却再无音信，心中更加警觉，便又告知一位内廷侍从，侍从立即报告给国王。迪穆纳斯还没来得及接受审问就被杀，菲洛塔斯也因知情不报而受到怀疑。菲洛塔斯辩称自己认为这个小道消息用不着较真，故而没有上报，并非有意隐瞒。一开始，亚历山大似乎相信他的解释。然而，在与克拉特鲁斯（Craterus）和赫菲斯提安（Hephaistion）等高级官员谈话之后，国王改变了决定。菲洛塔斯被军队逮捕，在审判后被乱石打死。由于担心家庭血缘带来的仇恨，亚历山大在处决菲洛塔斯后，就必须铲除整个帕曼纽家族。这位年事已高的将军在米底拥有大量军队，亚历山大需要运用计谋来达成这一目的。亚历山大收买了一名深得帕曼纽信任的人充当刺客，此人诱骗帕曼纽走出侍卫的保护范围，然后一击致命。

全军最大的派系自此消失，再也没有某个家族或是政治派系有足够的威望反抗亚历山大的个人意志。而亚历山大为军队高层职务空缺做出的安排，则使这一状况更加突出。伙友骑兵从此不再从属于某一人，而是由赫菲斯提安与克利图斯（Cleitus the Black）① 二人共领。前者是国王最亲密的伙友，后者已鬓发斑白，其姊是亚历山大的乳母。克利图斯的晋升无疑安慰了那些一直在军中服务的老兵，这些人常常担忧因年事渐高而遭受驱逐。

不过，这并不是说亚历山大在法拉一举消除了所有祸根。[2] 现实情况是，亚历山大的朝廷依旧是阴谋与不满的温床。在撒马尔罕（Samarkand）的一个营地里，一场血腥粗暴的冲突正在催发即将到来的变革。大流士死后，亚历山大决定由自己来接手波斯国王的诸多特权。马其顿与亚洲的意识形态发生碰撞，这使家族派系之间的裂隙愈发复杂。亚历山大显然更倾向于顺水推舟行使东方的王权，而且他也需要这样做，在新臣服的伊朗人民面前展现帝王权威。在这个过程中，许多将领与他渐行渐远。这些人只认同马其顿本国文化的价值，难以接受一个倾向于东方传统的国王。

波斯王庭的参拜大礼（proskynesis）在这个人心惶惶的时代成了检验标准。也许有人会悄悄抱怨王冠与波斯裙袍，但更多人能够忍受。然而，当他们发现与国王交流必须先行这种"奴性的东方人"的下跪礼节时，表面和平骤然破裂。这场论战耗时长久，参与者众多，令人痛苦不堪。亚里士多德的侄子卡利斯提尼（Callisthenes），就是一个在这场论战中因保持自己观点而颇感痛苦的人。即使像波利伯孔（Polyperchon）这种老资格将领，也因满腹牢骚受到国王冷遇。列奥纳托斯与国王关系亲密，在此时却遭到国王的拒绝。不过，在这场斗争中处境最差的，还不是前述这几位。在巴克特里亚和索格狄亚那的血腥战役之后，全军都沉浸在一种紧张气氛中，而克利图斯在此时却没有管住自己的舌头。他认为自己在格拉尼库斯河战役中曾于利剑下救了国王一命，因此敢于肆意试探国王对他大不敬的容忍极限。在一次宴会上，那些认为亚历山大背弃了马其顿光荣传统的将军，直率地表达了自己的不满，而这激怒了国王。在一场甚至有些滑稽的闹剧后，悲剧发生了，亚历山大用一杆长矛刺死克利图斯。

---

①译注：黑克利图斯，约公元前375年—公元前328年，亚历山大的伙友之一，在一次争吵后被亚历山大所杀。需要注意的是，在公元前4世纪后半叶，马其顿政治舞台先后出现两位克利图斯，此处是黑克利图斯。为了与之区分，另一位被称作"白克利图斯"（Cleitus the White），他的势力直到亚历山大逝世后才崛起。

众所周知，亚历山大在事后对自己的行为懊悔不已。但是，很少有人注意国王此后进行的军事重组。半数伙友骑兵骤然没了主帅，亚历山大却并不急着拔擢一个新人选。他利用这个机会，将这支军队划分为 6 个独立连队，每个连队都由一位年轻军官统率。这些年轻人是国王的朋友，在忠诚度和可塑性方面远胜腓力时代的老将领。

由于一路征战的伤亡，也因为亚历山大有意为之的谋杀和处决，马其顿军队中腓力遗留的影响消失殆尽。新的显贵逐渐兴起，愈发引人注目。其中最重要的一位是克拉特鲁斯，一位来自奥勒提斯（Orestis）①的贵族。克拉特鲁斯的父亲曾在腓力麾下任职，而他本人直至新王登基时才为人所知。克拉特鲁斯在格拉尼库斯河战役中第一次大展身手。此后，他平步青云，成为负责马其顿中央方阵的 6 位将领之一。克拉特鲁斯不是亚历山大少年时期的伙伴，他在进攻波斯时已经身居高位，这表明他可能比国王年龄大。

伊苏斯战役前一年，克拉特鲁斯的地位迅速提升。在战场上，他不仅负责自己的队伍，还指挥整个方阵的左翼。在围攻推罗（Tyre）时，国王记起了克拉特鲁斯的才能，随后委以重任。当国王与帕曼纽都不在军中时，克拉特鲁斯与佩尔狄卡斯（Perdiccas）两人会受命一同管理军队。

当帕曼纽不在亚历山大身边时，克拉特鲁斯就是国王最可靠的部下。帕曼纽长眠于米底之后，克拉特鲁斯接替他在马其顿军队中的角色，负责运送辎重并监管重装部队。而国王本人则率领挑选出的伙友骑兵、持盾步兵②及轻装步兵向前推进。

帕曼纽的落败和克拉特鲁斯的崛起，构成亚历山大征战之路前半程的主旋律。这位国王近臣的快速晋升，也一步步见证了马其顿军队从巴克特里亚、索格狄亚那直至印度的征服之路。克拉特鲁斯的生平之所以有如此重要的意义，不仅因为他在亚历山大死后仍然相当显赫，还因为他的职业生涯可追溯至马其

---

① 译注：位于马其顿西部地区。

② 译注：Hypaspists，古希腊语为 Ὑπασπιστής，意为"携盾者"，其装备比重装步兵简单，但防护又优于轻装步兵。

顿军队进入亚洲之前，乃至亚历山大之父腓力在位时期。

今人对佩尔狄卡斯只有非常粗略的了解：他的直系祖先克拉特鲁斯来自奥勒提斯，但他的血统相当显赫，甚至与阿吉德（Argead）王室[1]有关系。正因如此，他曾担任腓力的贴身侍卫，目睹国王遇刺，并参与捕杀刺客鲍桑尼亚斯（Pausanias）[2]。新王统治下，他在跨越赫勒斯滂海峡之前就展现出指挥战役的出色才能。在伊利里亚战争中，他率领一支从奥勒斯泰人中选拔的长矛兵队伍英勇作战；在对底比斯（Thebes）作战时，他被国王派去堵截防御缺口，最终大胜对方；在格拉尼库斯河战役中，他的队伍是全军的中流砥柱；当罗德岛的门侬（Memnon of Rhodes）[3]几乎突破哈利卡纳苏斯（Halicarnassus）之围时，他在军队中央死死防守；在关键的伊苏斯战役中，他也率部作战；在围攻推罗时，他与克拉特鲁斯共领军队；在高加米拉，他率领步兵方阵浴血奋战，自己身负重伤；甚至在法拉事件之前，他已身居高位。亚历山大重新整编伙友骑兵之后，佩尔狄卡斯成为这支队伍的指挥官之一，执掌全军最负盛名的部队。

亚历山大艰难地攻下巴克特里亚和索格狄亚那之后，将目光投向南方的印度。可想而知，这些跟随亚历山大进入次大陆新世界的马其顿年轻人，日后必将成为被历史铭记的人物。他们成年后的大部分时间，都是在马其顿之外度过的，其事业在亚洲起步。随着他们的日渐成长，马其顿原有的高级将领被淘换一新。列奥纳托斯、托勒密、利西马科斯、朴塞斯塔斯（Peucestas）、培松（Pithon）和塞琉古等人的名字曾经是那么不起眼，即使偶然有人提及，也不过是在谈论国王的侍卫与伙友。但随着马其顿军队入侵印度，他们承担起日益重大的责任。这遥遥昭示着，在伟大的征服者去世后，曾经的伙伴们将会多么显赫。

这些人与亚历山大一同长大，有的人还曾因亚历山大而遭流放。腓力的部下在这位老国王死后继续影响马其顿政治，因而年轻一代并未在更早时期崛

---

① 译注：阿吉德即马其顿的王室，腓力二世、亚历山大大帝均出自这一家族。

② 译注：公元 2 世纪希腊旅行家、地理学家，主要作品是关于希腊地理的著作《希腊志》。

③ 译注：哈利卡纳苏斯围城战中，为波斯效力的希腊雇佣兵将领。

起。这些人大多来自贵族家庭，与王室有着千丝万缕的联系。如果亚历山大是个循规蹈矩的国王，他们原本的人生轨迹应该是在马其顿王庭任职，然后在适当时机得到提拔。然而实际情况却是，他们跟随国王在遥远的东方征战，逐渐成为马其顿帝国的显贵。

马其顿军队攻破开伯尔山口（Khyber Pass）之后，亚历山大和克拉特鲁斯又席卷了斯瓦特高地（Swat hills）。此时，佩尔狄卡斯与赫菲斯提安沿着干道行进，受命粉碎一切反抗，打通前往印度河（Indus River）的道路。与佩尔狄卡斯共同开拓旁遮普（Punjab）的人，是国王伙友中最独特的一位。多年以来，赫菲斯提安一直是亚历山大的情人。在伟大征服者的个人交际中，赫菲斯提安始终与其保持最亲密的关系。自少年时代起，赫菲斯提安一直是亚历山大的密友，亚历山大也十分乐于在公开场合强调他们的关系。当国王为以里欧（Ilium）的阿喀琉斯陵墓献上花环时，赫菲斯提安也在帕特罗克洛斯（Patroclus）陵墓前做同样的事，以此将他们之间的感情与特洛伊战争中的爱情类比。帕曼纽在世时，赫菲斯提安并未担任高级将领——这并不是说帕曼纽或菲洛塔斯直接阻碍了他的晋升。不过，赫菲斯提安的军事权力巅峰，的确在稍晚时候才到来。亚历山大慢慢铲除父亲留下的传统势力，不受约束地行使国王权力。年轻的征服者知道，这个时代已经完全属于他。

东方的征战岁月表明，亚历山大想要成为波斯国王的后继者。他任命赫菲斯提安为右辅大臣，实际上更类似于"维齐尔"（vizier）①。这种波斯的政治发明，暗示赫菲斯提安以一种十分特殊的方式代表国王。帕曼纽在世时，最多可以说他是军队二号人物，但权力还在国王之下。赫菲斯提安的新角色，意味着他在国家的一切事务中都拥有仅次于国王的权威。这道任命使赫菲斯提安在一众官员中脱颖而出，并且表明他得到王室的正式青睐。亚历山大这一行为不算反常，因为这意味着赫菲斯提安要肩负更多军事任务。

佩尔狄卡斯与赫菲斯提安的关系似乎不错，因为他们都理解亚历山大的政策。尽管不少人将伊朗与希腊的结合视为畏途，但他们清楚，这是亚历山大

---

① 译注：该词最初指古埃及高级官员，由国王任命，相当于今日的"首相"。

统治新帝国的一个必经阶段。公元前327年，两人完成向印度次大陆开道的任务，清扫了一路上的反抗势力，并在印度河架起一座浮桥。这项任务颇费工夫，攻克某些城市甚至花了他们一个月时间。不过，当亚历山大率领大军渡过印度河时，他们已经收获许多。他们与印度当地势力结成同盟，还在旁遮普拿下一座桥头堡。

在埃兰（Elam）的古都苏萨，人们怀着一种复杂心情庆祝一场盛大婚事。这场庆典在伟大征服者离世前一年，生动地展示了马其顿帝国的权威。赫菲斯提安与克拉特鲁斯的地位超然，在马其顿军队中，只有他们二人与国王一道迎娶阿契美尼德王室的公主。亚历山大与他的右辅大臣分别迎娶波斯国王的两位女儿，而克拉特鲁斯则娶了波斯国王的一位侄女。国王为其他伙友，如佩尔狄卡斯、列奥纳托斯、托勒密、利西马科斯以及塞琉古等人，指派了伊朗贵族中最尊贵的姑娘为新娘，并在宫廷中举行盛大的婚礼。这些伙友成为昔日波斯帝国治下行省的总督。然而，帕曼纽去世之后发展起来的政治结构，注定不会一直持续下去。

在苏萨，许多马其顿老兵开始感到不满。他们或许可以接受自己的波斯妻子，却无法忍受被训练为马其顿方阵步兵的30000名波斯年轻人向他们的国王展示自己学会的步伐。老兵们对国王和伙友的关系没有什么意见，却深恐自己被外族士兵取代。当赫菲斯提安将军队主力带至波斯湾，而国王在底格里斯河口逡巡时，这种恐惧变得更加明显。亚历山大在奥匹斯（Opis）镇当着全军的面，宣布遣散年事已高的军人。军队在最危急的情况下意识到，只有团结一致，才有可能避免沦为无用之人。他们向国王要求，如果要遣散任何一人，便要遣散全部军队。亚历山大并不想这样，他仍然需要自己的队伍，只是想要换掉老兵。兵变失败了，起事头目被处死。国王在自己的营帐里闷闷不乐，直到离开这里。

这些顽固不化的马其顿老兵总是蔑视所有外族人，军队高层也有这样的人，克拉特鲁斯就是其中代表。因此，克拉特鲁斯必须首先离开王庭。亚历山大将他遣返欧洲，指派他回去接替安提帕特（Antipater）的总督职务。克拉特鲁斯和那10000多名老兵脾气相近（这些人不仅在亚洲征战日久，甚至早在腓力统治时期就在军中效力），老战士波利伯孔、白克利图斯（Cleitus the White）

以及其他许多将军亦如是。他们的思维早已固化，无法适应新世界。

虽然国王身边有几位协助处理政务与军务的关键人物，但这种人事布局骤然消失了。克拉特鲁斯离开后不久，国王永远失去了赫菲斯提安。彼时，军队到达埃克巴塔纳。3 年以来，亚历山大第一次给他的官兵一段休闲假期。将士们参加体育和艺术比赛，但那位右辅大臣却无福享受这些。起初，赫菲斯提安的病情看起来并不严重，不过是突然之间狂饮过多葡萄酒并佐以煮鸡肉造成的不适（病因或许还要加上不及时的医疗）。然而，在 8 天之后，国王的爱人与副手溘然长逝。

亚历山大伤痛难愈，接连许多天不饮不食，像是一时间迷失了神智。这不仅是亚历山大个人的损失，对于整个帝国来说，也意味着在短短几个月之内，国王之下地位最高的两个人接连离开。右辅大臣一职本是为了赫菲斯提安而设立，现在他虽然去世，军队和政府依旧需要一位可靠的国王副手来操持。这一职务很快交给佩尔狄卡斯。亚历山大委派佩尔狄卡斯护送赫菲斯提安的遗体到巴比伦，便已隐隐显露对佩尔狄卡斯属意。由于克拉特鲁斯并不在此，佩尔狄卡斯顺理成章地成为这一人选。当亚历山大为新的战争做准备时，帝国还有许多其他工作要进行。直至亚历山大去世后，佩尔狄卡斯的角色才发生转变。佩尔狄卡斯的一个同党欧迈尼斯（Eumenes）得到伙友骑兵的指挥权，他的弟弟阿尔塞塔斯（Alcetas）和妹夫阿塔罗斯（Attalus）也在军中任要职。这些重要的人事位置，无疑巩固了佩尔狄卡斯的地位。

亚历山大与佩尔狄卡斯的合作未能开花结果。时间没有善待年轻的国王。当新任右辅大臣在巴比伦开始履行责任的时候，国王正在谋划他的新政府计划。他计划建立一支伟大舰队。与此同时，伊朗新兵正在日渐融入马其顿军队，这一切都是为了入侵阿拉伯半岛。为了实现这个梦想，国王负荷沉重。同时，他还为赫菲斯提安建造了一座通灵塔。

后人以"大帝"尊称马其顿的亚历山大三世，但他从未踏足阿拉伯的沃土。在短短 33 年的光阴中，亚历山大为许多场战争做过准备，而在巴比伦与腓尼基（Phoenicia）的备战，是他人生的最后一次。公元前 323 年 6 月，一次宴饮过后，亚历山大一病不起。巴比伦的夏天是出了名的不利健康，对于亚历山大在此前 15 年过度操劳的身体来说，疟疾无疑是一个致命打击。自 16 岁开始，亚历山大像一部永动机一样不停征战，受伤如同家常便饭。在一场严重的疟疾后，亚历山大的死亡似乎来得顺理成章。

亚历山大用一场颇富戏剧效果的告别作为自己生命的终结。全军将士列队从他的病榻前走过，与这位统率他们，也统治大部分已知世界的人告别。亚历山大的这一挣扎使死亡来得更快，以至于他来不及对继承者做出明确指示。因此，他给将军们留下的命令造成极大混乱。这一历史景象让我们不禁怀疑：难道亚历山大在为了稳固一个多民族帝国做出诸多努力之后，却故意用一场壮阔内战为自己的死亡哀鸣？

巴比伦

第一章

当他被问起将这个王国留给谁，

他回答说，给最强者。

可以预见，这一回答将为他带来一场精彩的葬礼竞技。[1]

公元前 323 年，亚历山大去世。此后，佩尔狄卡斯成为马其顿最重要的领袖。他拿到了亚历山大留在病榻的戒指。[2] 而且，他的右辅大臣之职尚在。当国王不在场的时候，军队指挥权在他手中。亚历山大身后的世界开始变得复杂：佩尔狄卡斯的崇高地位来源于国王，而此时国王已经去世。虽然佩尔狄卡斯对保住自己在巴比伦的地位很有信心，但远在千里之外的两个人对继承亚历山大的遗产有着更强烈的渴求。克拉特鲁斯在奇里乞亚（Cilician）拥有 10000 名老兵，这为他获得更高权力提供了支持。马其顿士兵对克拉特鲁斯的感情，便是他的力量所在，不容佩尔狄卡斯小觑。更远处，安提帕特牢牢控制着马其顿本土和欧洲其他行省。他的军事实力十分可观，因而不太可能轻易接受佩尔狄卡斯这个多年未见的年轻人的指使。

亚历山大身后没有留下继承人，但他的一位妻子 ① 当时正怀有 6 个月的身孕，这使情况变得更加复杂。马其顿没有明确的法律解决佩尔狄卡斯等将军们所面临的问题，但是他们的传统和宗教习俗限制了此时军队掌权的能力。在马

---

① 译注：即罗克珊娜。

其顿历史上，非王室出身的政治强人已经司空见惯。从公元前 4 世纪初开始，篡位称王的人越来越多。例如，腓力就从自己的侄子手里夺取王位。然而，亚历山大的成就使他这一脉变得异乎寻常的独特，以至于其合法性非常牢固。即使是佩尔狄卡斯这样有王室血脉的人，也很难篡夺王位。更何况，目前的情况是，亚历山大可能会有男性继承人出生。

亚历山大有两位来自伊朗地区的妻子。其中，罗克珊娜（Roxanne）是奥克夏特斯（Oxyartes）①的女儿，亚历山大在索格狄亚那岩山中俘获了她；另一位妻子斯坦特拉（Stateira）则是大流士的亲生女儿。罗克珊娜此时有孕在身，未出世的继承人是巴比伦论战的一个重要因素。然而，一个合法的继承人或者摄政王的确立，必须得到马其顿人集会的同意。

这就产生一个新问题，那就是这一集会应当在哪里举行？如今，马其顿已经是一个从伊庇鲁斯延伸至奥克苏斯（Oxus）河②的庞大帝国，集会可以在任何一地举行。实际上，尽管克拉特鲁斯在奇里乞亚，安提帕特在马其顿，马其顿人却必须在巴比伦集会。因为马其顿军队主力在东方，国家大权的重心也在此。

在古代世界的历史中，再难有比佩尔狄卡斯此时召集的集会规模更大的。这场集会将决定当时世界上最庞大帝国的命运。在亚历山大帝国面前，埃及、赫梯、亚述与巴比伦都显得微不足道。这个国家的规模如此之大，甚至比波斯帝国全盛时期的疆域还要广阔。

两个世纪前，尼布甲尼撒在这里建造了一座巨大宫殿，配有 5 个大庭院，外围是著名的空中花园（Hanging Gardens of Babylon）。这场集会正是在这里召开。距此不远就是壮丽非凡的伊什塔尔城门（Ishtar Gate），如今它伫立在柏林的帕加马（Pergamum）博物馆。城门上装饰着神话中五颜六色的动物。集会召开的时候，整个庭院的围墙都装饰得如此缤纷漂亮。庭院距离王座只有几

---

① 译注：他原为贝苏斯的部下，兵败后妻女被俘，听闻亚历山大有意迎娶女儿后归降。在亚历山大生前，他一直担任帕洛帕米萨达总督。

② 译注：奥克苏斯河即今阿姆河，源自兴都库什山脉，流入咸海。

步之遥，他们的国王长逝于这绚丽之地。[3]

作为右辅大臣，佩尔狄卡斯掌控着大会的走向。他意在利用马其顿将士聚集于此的机会，用自己的优势来影响局面。他在会场的高台上招摇地摆放着亚历山大的长袍、王冠与王座。那枚象征国王权力的戒指，也被他放在王座上。这一切都在明确地向马其顿人宣示，他正是那个从亚历山大手中接过权力的人。佩尔狄卡斯地位超然，得以制定大会议程并首先发言。然而，他的提议过分优柔寡断，充满不确定性，而这正是目前全军所能容忍的底线。他的建议是，在罗克珊娜的孩子出生之前，大会先任命一位暂时的统治者，而不是对亚历山大的继任者做出最终决定。如果亚历山大的遗腹子是男孩，大会推选出来的人就担任摄政王，而如果是女孩，这个人将正式成为国王。佩尔狄卡斯的提议超出集会将士的心理预期，造成接下来一段时间的混乱。[4]

佩尔狄卡斯失去集会将士的关注，其他人纷纷提出自己的建议。克里特海军指挥尼阿库斯（Nearchus）是亚历山大的儿时伙伴（就在几天前亚历山大濒死之时，尼阿库斯为他朗读了生平历史），他认为已经有一个有权继承亚历山大遗产的人，即赫拉克勒斯（Heracles）。赫拉克勒斯是罗德岛的门侬的遗孀芭悉尼（Barsine）与亚历山大生下的儿子，但他的合法性尚未被承认。此言一出，士兵们用长矛敲击盾牌以示抗议，这是马其顿人表达不满的传统方式。这种不满不难理解，若果真按照希腊人尼阿库斯的建议立赫拉克勒斯为新王，马其顿人就要对一位有一半波斯血统的国王俯首称臣。尼阿库斯的个人目的昭然若揭：他在苏萨娶了赫拉克勒斯同母异父的姐姐，扶植赫拉克勒斯上台，就可以成为国王背后的势力。

接下来，在这场混乱集会上发言的是托勒密。他认为，眼下没有一个人能够得到全军的完全信服，故而应该由国王生前的伙友组成一个委员会，以多数人意见决定帝国内外事务。事实上，托勒密自己也不会对这个提议抱太大希望，这个委员会既难以执行，也难以被马其顿上下接受。他意在强调国王的伙友也有能力统治国家，以削弱佩尔狄卡斯一家独大的势头。托勒密此番发言，不过是试探与会将士的耐心。他们的反应充分显示，成立委员会与多人共治，都是痴人说梦。

此时，佩尔狄卡斯开始对集会的走向感到忧虑。会上已经提出3个建议，然而没有一个能够得到众人的足够支持。随着时间流逝，佩尔狄卡斯原先的地位正逐渐受到动摇。他与党羽试图在局面对自己更加不利之前，重新控制会议走向。作为在场的 7 名侍卫之一，阿里斯托诺斯（Aristonous）此时站出来提醒集会众人，亚历山大已将象征王权的戒指交给佩尔狄卡斯。这样一来，国王的意图就再明确不过，那就是右辅大臣应当接管最高权力。不论阿里斯托诺斯此举是出于右辅大臣的授意还是自愿所为，总之他的这一提议立即得到回应。士兵们听够了含混不清的意见，终于在继承人问题上得到一个明确解决方案，希望能够立即确定下来。有人高喊着让佩尔狄卡斯继承王位，但就昆图斯·库尔提乌斯（Quintus Curtius）的叙述来看，佩尔狄卡斯并不愿称王。不过，昆图斯的这一描述，不像公元前 4 世纪马其顿会发生的情况，而更类似于公元前 1 世纪的罗马。[5]我们实在难以相信，差点因不够果决而失去优势的佩尔狄卡斯，会在大众呼声对自己有利的情况下继续支吾推脱。且不论具体细节如何，集会发展至此，似乎将要产生一个明确结果。然而，事实并非如此。另一位演员此时粉墨登场，直接引领这艘名为马其顿的大船前往一个新方向。

历史没有善待墨勒阿革洛斯（Meleager）。他在史册上的形象是一个没多少才干却常怀计谋的人，常常煽风点火。在亚历山大将死之时，他为了个人的权力，差点就在国王的病榻旁引发了内战。然而，这只是他生平的一小段。在此之前，他的军旅生涯漫长而卓越。他曾在腓力手下任职，自亚历山大登基起，他便在军中手握重权。当年轻的国王镇压特里巴利亚人（Triballians）①与盖塔人（Getae）时，他在多瑙河畔统率一个步兵团。格拉尼库斯河战役时，他率领步兵方阵，与克拉特鲁斯、佩尔狄卡斯和科纳斯（Coenus）并肩作战，一起赢得胜利。军队重回马其顿募集新兵之后，他继续以步兵方阵指挥的身份，参加了伊苏斯和高加米拉两场战役。在印度期间，他的部队编入赫菲斯提安与佩尔狄卡斯率领的大军中，一路扫荡，跨过印度河。在希达斯皮斯（Hydaspes）河岸②，他参与作战，帮助马其顿大军击败强大的波鲁斯的反抗。墨勒阿革洛

---

① 译注：色雷斯地区的一个部落。

② 译注：即今杰赫勒姆河。

斯对马其顿的贡献可谓卓著，但在亚历山大在位期间，他的位置却从未改变。不知因何缘故，他一直未能独立指挥骑兵军团，故而没有在后人心中树立一个更加伟大的形象。当他看到列奥纳托斯、托勒密、培松以及塞琉古等人荣获奖赏时，大概会自忖这些人的功绩实则不比自己多半分。

墨勒阿革洛斯并非国王的伙友之一，他们仅有的接触显示，二人并非心意相通。事件发生在公元前 327 年，大军跨过印度河之后，亚历山大与一位名叫奥匹斯（Omphis）的旁遮普人成了好友，并赏赐给这人 1000 塔兰特 ① 的奖品。在不久之后的一场晚宴上，酒精放松了墨勒阿革洛斯的舌头。他口无遮拦地说，国王在印度尚能结交值得 1000 塔兰特奖赏的人，却对一路追随而来的马其顿将士没有这么慷慨。墨勒阿革洛斯的这一看法，显然不够体谅他那征服了许多民族的国王，而且也显示这位莽汉确实缺乏机智。他的此番表现，与不久前因酒后失言而在斗殴中送命的黑克利图斯几乎一样。

现在，墨勒阿革洛斯介入巴比伦集会。他的一番话并没有提出什么个人主张，而只是表达对佩尔狄卡斯之流的怨愤。这些人在亚历山大的偏袒下步步高升，而自己勤勤恳恳却未获如此嘉奖。他认为，这些人不值得国王以庞大帝国的未来相托，马其顿的普通战士才是亚历山大的土地和财富的真正继承者。这些话绝非有战略考量的建议，而只是一种煽动性言论，而且也确实产生这样的效果。墨勒阿革洛斯发言后，全场哗然，集会变得混乱不堪。有人大声疾呼，号召洗劫国库，以此作为这些年艰苦征战的奖赏。原本有序的集会变为战士们无序喧嚷的场所。亚历山大早在自己主持的重要集会中发现，马其顿人一点也不容易整顿。如今，他麾下的这些高级军官试图打破这一规律，却发现这一规律仍然应验。

当集会眼看就要分崩离析之时，越来越多的声音开始叫嚷另一个人的名字。此人即阿里达乌斯（Arrhidaeus），他是腓力之子，也是亚历山大的庶兄。人们声称，阿里达乌斯一直在马其顿宫廷，应当是最完美的国王人选。马其顿人对阿里达乌斯十分熟悉，但此前他从未被认为适合继承王位。阿里达乌斯比

---

① 译注：talent，当时的计量单位之一，1 塔兰特等于 30 千克。

亚历山大年长几岁，当选国王的阻力并非来自年龄，而是由于心智问题。他是腓力与一个色萨利（Thessalian）情妇的儿子，流言称这个情妇不过是个舞娘。婴儿时期的阿里达乌斯看起来无异于常人，但他长大成人后却远远达不到寻常成年人的智力水平。传说是亚历山大之母奥林匹亚丝（Olympias）下毒将他变成如此状态，这样他就无法与自己的儿子争夺王位。我们无法知晓事情真相，但这种传言大概是一个有意抹黑奥林匹亚丝的小道消息。不过，这样的故事倒是十分符合奥林匹亚丝的伊庇鲁斯"蛮族女巫"形象。在神话传说中，当地女巫以蛇为宠物，与众神交合。

此前，阿里达乌斯几乎被历史无视。他很少参与政治或军事活动，唯一一例外大概是腓力时代的卡里亚事件。当时，为了即将开始的波斯战争，国王意欲与卡里亚结盟。腓力向当地总督提亲，让阿里达乌斯与其女结为夫妇。亚历山大担心自己被剥夺继承权，向卡里亚秘密遣使，声称想代替阿里达乌斯。尽管没有任何书面文字记载卡里亚方面就此如何反应，但可想而知，总督一定被这突如其来的好运震惊。然而，他没机会庆祝。当腓力发现亚历山大偷偷干预此事，两门婚事都被取消。国王因亚历山大破坏了一场辛苦谋划的外交活动而大发雷霆。作为惩罚，腓力把亚历山大的几位亲密朋友（包括尼阿库斯与托勒密）都驱逐出马其顿。至于阿里达乌斯，则又一次从人们的视野中消失。[6]

亚历山大显然对这位同父异母的哥哥没什么怨恨。他雷厉风行地清除一切争夺王位的潜在对手，唯独放过阿里达乌斯。亚历山大一直很喜欢他，故而在亚洲征战之时带着这位兄长。姑且不论阿里达乌斯心智的问题，仅仅因为他属于马其顿王室，提议他登基的呼声就受到普通士兵的热烈响应。事实上，这些士兵只想找到一个简单而明确的解决方案。墨勒阿革洛斯意识到，要想既保住自己的地位，又能让佩尔狄卡斯的计划落空，此时拥立阿里达乌斯应该是个天赐良机。因此，墨勒阿革洛斯把阿里达乌斯牢牢掌控在自己手中。他飞快地找到王子，将其带到欢呼的臣民面前。此时，马其顿士兵热情地为阿里达乌斯喝彩，就像从前面对亚历山大那样。

佩尔狄卡斯建议，让自己与列奥纳托斯共同监护未出生的孩子，希望以此恢复之前失去的优势。他们看中这位未来王子的高贵身份，想要吸引集会中的马其顿人。然而，时机早已过去。墨勒阿革洛斯及其党羽已穿好铠甲，将阿里达乌斯推上王座，大呼他就是腓力三世国王。身份高贵的指挥官再也无法控制局面，并挽回原有优势。此时，军队陷入一种狂乱氛围。各派系的人仿佛一群暴徒，眼看就要开始自相残杀。佩尔狄卡斯及其支持者的人身安全受到威胁，他们意见不合且优柔寡断，使集会陷入混乱。这是他们最大的败笔。

这些贵族将领平时都是沉着冷静的人。亚历山大治下的生活让他们认识到，即使身居高位，也可能猝不及防失去一切。如今的情况让他们感到十分不安，他们统率多年的士兵，正考虑无情地杀掉他们，并拥立一位无能的君主。将领们陷入绝望。佩尔狄卡斯与大部分高级将领以及大约 600 名追随者退至停放亚历山大遗体的房间，为国王的葬礼做准备。一大群士兵追赶着他们。虽然他们仓促间锁上房门，但士兵仍然破门而入。正如昆图斯所言：

> 盛怒之下，佩尔狄卡斯想把所有希望保护亚历山大遗体的人都叫到一起，但闯进房间的士兵向他投掷标枪。在许多人受伤后，一些年长的士兵脱掉头盔，好让别人更容易认出他们。他们请求佩尔狄卡斯的部众停止战斗，放下武器，向国王及其近臣投降。佩尔狄卡斯首先放下武器，其他人也选择效仿他。随后，墨勒阿革洛斯要他们留在亚历山大遗体旁边，但他们认定这是墨勒阿革洛斯的诡计。于是，他们从皇宫另一侧溜了出来，逃往幼发拉底河畔。[7]

实际上，高级将领到停放亚历山大遗体的房间寻求庇护，并非任意为之的行为。他们认为，士兵看到尸骨未寒的亚历山大，会感到羞耻，并停止追杀先王的伙友和近臣。就这一点而言，他们的确成功了。虽然逃亡路程不远，但他们也是经过努力争取，才获得足以逃脱的时间。受挫的将领从尼布甲尼撒的宫殿回廊逃出来的时候，军队被一分为二，已不复之前的模样。步兵与墨勒阿革洛斯最狂热的追随者留在集会现场，骑兵则去其他地方扎营。亚历山大刚刚过世几个小时，其追随者就已经开始争斗。

墨勒阿革洛斯虽然取得一时的胜利，但前路依旧充满艰辛。新任国王在集会的热烈气氛中，向大家呼吁继续热爱马其顿祖国。但在巴比伦明亮的日光下，他惶惑的神情与蹒跚的身影，更像是对亚历山大尸骨的侮辱。更加严重的是，骑兵已经明确表示，他们不会听凭墨勒阿革洛斯的领导。骑兵往往出身名门，本能地倾向于他们的贵族朋友。墨勒阿革洛斯意识到，自己的权力基础正变得越发脆弱，而可供选择的路径愈来愈少，于是同意暂时停火。他的下一步行动，让现场气氛变得更加凝重。墨勒阿革洛斯恫吓新任国王，要求他授权逮捕佩尔狄卡斯。这位右辅大臣一直在自己的寓所，没有搬到可以获得万全保护的骑兵营。这也许是因为他太过自信，也可能是因为他希望自己不要跟某一派系完全捆绑，而失去其他势力的支持。他仍然期待能够说服步兵也站到自己这一边。被派去围守佩尔狄卡斯的人逐渐失去勇气，墨勒阿革洛斯希望简单地砍下敌人头颅来赢得胜利的谋划被粉碎。右辅大臣身边只有很少几个护卫，但他的口才与权威不可小觑，并以此成功击退前来逮捕他的众人。佩尔狄卡斯随后意识到，只要自己还留在巴比伦城内，早晚会遭到暗杀。于是，他迅速与骑兵会合，率领他们来到城外平原地带。

墨勒阿革洛斯一觉醒来，发现对手已经离开这座城市。这就表明，在必要情况下，佩尔狄卡斯一定会战斗到底。更何况，在离开巴比伦之前，他已经将怀疑和分歧的种子播在步兵队伍之中。此时，步兵即将卷入内战，但他们并不情愿就这样开战。当骑兵封锁巴比伦，切断此城的补给之时，城内步兵的安全和舒适受到威胁，这令他们更加惶恐。但是，骑兵和步兵之间的裂痕不可能持久存在，他们毕竟一同作战许多年，战友情谊无法在一夕之间消弭。墨勒阿革洛斯若是想通过控制城内步兵攫取利益，很快就会被他们抛弃。在如此情形下，许多人都在寻找一个为当前窘境负责的人，而墨勒阿革洛斯显然是首选。

一个有趣现象是，所有的史料都表明，促成双方和解的主要是希腊人，而不是马其顿人。也许是因为，在某种程度上，希腊人是超然的。他们不忠于任何一方，因而有能力承担这一角色。欧迈尼斯曾任腓力与亚历山大的秘书，此后还将活跃在历史舞台上，而且会扮演引人注目的角色。除了他以外，使者还有色萨利人帕萨斯（Pasas）和梅格洛城^①人达弥斯（Damis）。当骑兵与将军逃走的时候，他们一直在城内宫廷。实际上，他们很可能更倾向于佩尔狄卡斯。因为佩尔狄卡斯代表亚历山大时代的延续，代表他们的峥嵘岁月。当使者见到佩尔狄卡斯的时候，大概会告诉他，其对手现在是如此孤立无援。如果城内外势力能够达成一致，那么佩尔狄卡斯将处于一个强大位置，因为许多步兵也希望效忠于他。墨勒阿革洛斯很难拒绝这个协议，因为如果双方继续僵持下去，过不了几天，城外封锁就会让巴比伦陷入饥荒。人们都知道，墨勒阿革洛斯想要降伏佩尔狄卡斯，但大多数人希望双方和解。

城内外很快达成妥协，双方核心诉求都被考虑。协议再次确认阿里达乌斯为王，号称"腓力"。罗克珊娜未出生的孩子，就这样被轻易遗忘。佩尔狄卡斯继续担任右辅大臣，并且是整个军队的实际总指挥。这样一来，佩尔狄卡斯作为新国王的守护者，虽不能随心所欲地将国家当作自己的囊中之物，但还是登上了最初寻求的地位。唯一令他不满意的是，墨勒阿革洛斯成了他的副手。安提帕特留任欧洲的指挥，克拉特鲁斯则被授予一个模糊头衔——"国王的卫士"。协议没有提到对托勒密、列奥纳托斯与培松等人的安排，这一点着实令人瞩目，因为这意味着佩尔狄卡斯迈出了独掌大权的第一步。这么看来，两方没有丝毫真正想要达成协议的诚意，国王的伙友无法接受墨勒阿革洛斯超越自己的地位。即使有可能实现真正和解，两大阵营首领之间的个人恩怨，也会使合作恶化。佩尔狄卡斯认为，墨勒阿革洛斯既虚荣自大，又反复无常，实非一个可以长期合作的对象。

佩尔狄卡斯重新获得主动权。此前，他在集会上的不当行为，已经危及自身安全。这次，他再也不愿在这方面有失。佩尔狄卡斯现在控制着阿里达乌斯，更关键的是，他确信禁卫军不会再为墨勒阿革洛斯及其追随者而战。佩尔狄卡斯在这个问题上十分谨慎。在不清楚情况的时候，他不会冒险。

为了让全军从前些天的冲突中走出，使所有矛盾都得到和解，马其顿人

---

① Megalopolis，本义为"大城"，也作一般名词使用，并进入现代英语等语言中。在本文中，该词是专有名词，特指伯罗奔尼撒半岛的一座城市。此城在半岛中南部，至今仍存。

安排了一场净化仪式。这种仪式是马其顿人在创伤之后的传统活动。墨勒阿革洛斯欣然同意，因为拒绝合作只会暴露他对自己的力量信心不足。亚历山大的将士怀着复杂的心情，从营地出发，来到巴比伦城外的大平原。

仪式的气氛十分严肃，有一定宗教意味。场地四角放着母狗的内脏，所有队伍都要在边界内行进。在仪式的过程中，马其顿将士全副武装。对大多数人来说，这种展现团结的活动将会清除前几天的不愉快。成千上万的将士有序列队，紧张的空气让所有人都一阵焦灼。前几天还互为敌人的官兵，如今披挂甲胄直面彼此。不过，鲜为人知的是，佩尔狄卡斯还为当天仪式安排了一个秘密活动。库尔提乌斯对这一场景也有描述：

> 现在，所有队伍都列在一处，双方阵营之间只有一条窄窄的空隙。新国王率领一支骑兵中队向步兵走去。在佩尔狄卡斯的敦促和胁迫下，阿里达乌斯要求处决前些天挑起军中不和的人。右辅大臣的威胁是，如果国王拒绝这么做，那么他就会攻击国王的所有中队与象阵。步兵没有料到佩尔狄卡斯还有这样的准备，霎时间被这打击惊呆，而墨勒阿革洛斯此时呆立当场。在这种情况下，最安全的做法似乎就是静候自己的命运，而不是再惹事端。佩尔狄卡斯看到对方毫无反抗任人摆布，十分满意。他选出前些天跟随墨勒阿革洛斯闹事的 300 人，当着马其顿全军将士的面，将他们赶至大象脚下，任由象群将他们踩踏而死。新任腓力国王冷眼旁观，既未加以劝阻，也没有出手干预。[8]

这场精心策划的暴行令人震惊。有些人认为，佩尔狄卡斯为了实现自己对最高权力的野心，不会顾惜同袍的生命。这种自说自话的推论相当荒唐。如果不是其他高层将领的纵容，这位摄政肯定不会冒着对抗全军的风险如此行事。要知道，站在其他将领背后的是马其顿全体骑兵。

墨勒阿革洛斯显然对此感到万分震惊，尤其是在看到步兵也默许佩尔狄卡斯的行动（尽管直接命令由新王腓力这个傀儡下达）的时候，他感到自己之前所倚仗的势力已经崩塌。佩尔狄卡斯为了避免激起敌对势力的反弹，暂时没有将墨勒阿革洛斯也扔给大象。当仪式结束后，墨勒阿革洛斯知道自己现在命悬一线，试图去当地神庙寻找庇护。但事与愿违，佩尔狄卡斯显然没有心情让宗教上的顾虑阻碍自己的计划。于是，墨勒阿革洛斯悄无声息地被摄政王暗杀。

墨勒阿革洛斯大概在历史舞台中心停留了一个星期左右，随后便被永远抹去。不过，他的悲剧主要在于自身。他力有不逮而犹不自知，一心想做大事，反而断送自己的性命。如果他更加谨慎，满足于在那些大人物背后做事，那么他的天赋和经验应该至少能胜任总督或将领。反之，墨勒阿革洛斯的行为激怒了那些亚历山大一手提拔起来的年轻人。他们经验有限，当发现自己的判断不足以控制时局时，就转而对墨勒阿革洛斯产生极大不满。

亚历山大此时僵硬冰冷的遗体犹未下葬，仍是人人心头的阴影。古代世界最富戏剧性的一幕，此时开始上演。但是，这并不意味一个稳定的新时代就此开启。与之相反的是，这场骚动不过是此后 40 年动乱时局的先声。

在全军的一致支持下，佩尔狄卡斯停止了亚历山大进攻阿拉伯半岛的计划，在国王的文件中发现的其他未竟心愿也一并放弃。[9] 现在他们需要面对的是组织和开发这片已经征服的土地，这个任务足够艰巨。这是人类有史以来最庞大的帝国。尽管在未来的几年里，各个势力的版图一再变化，但亚历山大为他们留下的这个框架却持存许久。托勒密分到埃及行省，他与他的后代将统治这片物产富饶的古老土地。直到公元前 1 世纪末，克里奥帕特拉（Cleopatra）遇到来自另一个世界的马克·安东尼（Mark Anthony）与屋大维（Octavius）。托勒密仅仅是马其顿许多高级将领之一，也就是佩尔狄卡斯的众多潜在对手之一，他们的地位换来非常丰厚的回报。佩尔狄卡斯意在摆脱这些让他胆战心惊的人，因而将他们遣至遥远的地方。列奥纳托斯便是其中之一，他血统高贵，是亚历山大的祖母欧律狄刻（Eurydice）的亲戚。他获得赫勒斯滂-弗里吉亚（Hellespontine Phrygia）行省的统治权，此地是欧亚交通要道。

作为亚历山大的侍卫之一，利西马科斯得到色雷斯。当地内部纷争不断，在它成为未来几十年的强国之前，利西马科斯首先需要解决内部问题。在波斯地区，朴塞斯塔斯接管此前"独眼"安提柯（Antigonus Monopthalmus）手中的大弗里吉亚（Greater Phrygia），其余地区则被重新分配。

佩尔狄卡斯在巴比伦暂时取得胜利。然而，在为期两周的狂欢活动之后，马其顿王国的许多问题仍然等着他解决。最重要的一点是，在得知佩尔狄卡斯升任摄政之后，远处的安提帕特与克拉特鲁斯会作何反应。巴比伦不会忘记欧洲还有两位虎视眈眈的重量级人物。亚历山大生前委任他们二人共同执掌欧洲地区的军事。不过，直到目前为止，他们还没有尝试过真正指挥欧洲军队。佩尔狄卡斯大概希望他们能在西方自相残杀，这样他就有时间在亚洲建立自己的霸业。此刻，继业者战争的主角还没有做出什么大动作，但亚历山大之死的影响已然初现。马其顿帝国走向混乱，高级将领拉帮结派，迅速对立起来。

佩尔狄卡斯摄政时代

第二章

佩尔狄卡斯能征善战，也长于收集情报。

刚毅的性格使他能够充满信心地直面一切危险。

然而，他骄矜自大，不把任何人放在眼里，因此总有人嫉妒他的成功。

人们往往不愿屈居人下，仇恨因之而生。[1]

谈及安提帕特一生的故事，仿佛在讲述马其顿发迹的历史。在腓力与亚历山大统治期间，他都是马其顿王国的重要人物，见证自己的祖国一步步崛起，最终成为世界上最强大的力量。他出生在公元前398年，比腓力二世年长15岁。他出生时，希腊世界还是苏格拉底与色诺芬的时代，斯巴达赢得伯罗奔尼撒战争的胜利也去日不远。[2]

在希腊历史中，马其顿仅仅扮演着十分次要的角色。在希腊人看来，马其顿是野蛮的北部边地，那里的人们更接近色雷斯人和伊利里亚人，而不属于希腊社会。他们更像一些经济和政治都很落后的部族的聚合，常常需要为了维护国家的完整而忧心。近100年来，其王室才宣称自己是希腊人。公元前5世纪早期，波斯人占领马其顿。到了安提帕特出生的这个世纪，马其顿君主也往往是希腊强邦、波斯总督以及色雷斯-伊利里亚部落头目的傀儡。

在生命的前40年里，安提帕特亲身参与战斗、暗杀以及抵抗外国侵略。马其顿面对这一切无能为力，变得四分五裂。安提帕特目睹了不下8位国王轮番掌权，甚至出现过5个人同时伪装成国王的情况。国王通常难逃被流放、被亲族杀害或被外国侵略者迅速击败的命运。[3]

这一切在腓力上台后改变了。公元前342年，因表现出色而深得腓力倚重的安提帕特，被任命为摄政王。腓力则在此时计划一场持续几个月的东征，而事实上耗时多年。在腓力最后10年的时光里，摄政王处理的国内事务，比国王还要多。

就安提帕特而言，我们能大致把握一个清晰稳定的形象。这是一个严肃的人，不仅拒绝马其顿人的"国民娱乐"——饮酒，还不参与赌博。他身材不高，但并没有给人幽默滑稽的印象。他可能不够有魅力，但沉稳的性格使他更适合留守马其顿进行严苛的内政管理，而不是跟随国王在东方开疆拓土。腓力被刺杀后，亚历山大迅速控制局面，这让安提帕特宽慰许多。亚历山大对敌人的无情，恰合安提帕特的胃口。于是，他坚定地支持亚历山大。他从年轻的国王身上看到了乃父英明统治的影子，坚信亚历山大将为马其顿带来繁荣。

公元前334年5月，马其顿军队准备就绪。在离开欧洲时，亚历山大任命安提帕特为故土的总督。安提帕特辅佐了阿吉德王朝的三代国王，而这次却与以往有所不同。亚历山大在遥远的东方征战，再未回到家园，安提帕特简直像是在管理一个独立王国。亚历山大离开后的几年，安提帕特的统治受到罗德岛的门侬的威胁。彼时，门侬统率大流士的舰队，迅速打完了与亚基斯三世（Agis III）的战役。不过，马其顿本土从来不是安提帕特一家独大。当亚历山大启程前往亚洲的时候，将母亲奥林匹亚丝留在了马其顿，这就为他的总督理下之后若干年烦恼的种子。安提帕特与太后之间的关系一直很紧张。随着亚历山大远离马其顿，奥林匹亚丝的权威日益下降。她设法除掉安提帕特的女婿，甚至亲自监督执行死刑，但她却无法动摇儿子对安提帕特的信任。亚历山大对这位老臣的忠诚一贯放心。让奥林匹亚丝愈发烦恼的是，亚历山大离开欧洲越来越久，她的影响逐渐萎缩。最终，她逃到伊庇鲁斯。直到马其顿内部再次开始血战，她的流亡生涯方告结束。那时，她的儿子和老对头都已去世。

公元前324年，亚历山大做了一个看起来有些令人费解的决定。他让克拉特鲁斯回到马其顿代替那位老臣。要理解他的这一人事调换，必须将此事置于当时希腊世界的政治背景中。从印度返回后，亚历山大见到了许多从希腊来的使者，他们纷纷表示对安提帕特统治的不满。诚然，在之前的岁月里，安提帕特的马其顿驻军一直维持着希腊的稳定，但这一做法却为未来埋下更大的祸患。大量希腊流亡者与雇佣兵对马其顿的统治构成威胁。[4]为解决这一困局，亚历山大决定让希腊流亡者返回故乡。在公元前 324 年的奥林匹克运动会上，马其顿政府颁布《流亡者法令》（Exiles Decree），在场观众中大约有 20000 人可能会因此受益。这一法令直击安提帕特的核心政策，直接威胁他本人及其朋党的权势与财产。克拉特鲁斯在希腊地区没有个人利益牵涉，因而被寄予转变政策的期望。

对于这一政策，希腊各个城邦反应各异。例如，雅典就极其不欢迎这一政策。从公元前 4 世纪 60 年代起，雅典实行战略移民，让许多富人迁往萨摩斯（Samos）岛。如果萨摩斯的移民都必须返回，那么他们的这一布置也将随之告终，他们在岛上建立的友好关系也将丧失殆尽。与雅典情况类似的还有埃托利亚（Aetolia）人，他们以相似手段试图吞并一个阿卡纳尼亚（Arcanania）城市。此时的雅典国库充实，就在几个月前，亚历山大的前财政官哈帕拉斯（Harpalus）才将自己的不义之财存入这里。[5]公元前 324 年 7 月，列奥斯典纳斯（Leosthenes）当选为雅典的将军之一。列奥斯典纳斯久处雇佣兵团之中，与他们当中的许多人相熟。如今的政策使雇佣兵团解散，不少人因此失业，列奥斯典纳斯因此得以在伯罗奔尼撒半岛的泰纳罗海角（Cape Tacnarum）集结一支十分强大的力量。

萨摩斯的局势、《流亡者法令》的颁布、现成的军费、经验丰富的军队以及渴望战斗的埃托利亚人——此时的希腊世界如同一个火药桶，只等一点火星就能轰然爆炸。次年，即公元前 323 年，亚历山大去世的消息震惊全希腊。这一刺激是其他任何事情都难以比拟的。起初，人们对征服者已死的消息大多抱怀疑态度，觉得这不过是个谣言。实际上，很多人希望这个消息属实。迪马德斯（Demades）展现了自己的修辞艺术：“尸体的恶臭早就飘满全世界。”他一方面迎合当时希腊人反马其顿情绪下的恶毒心理，一方面也力图打消人们对这位世界巨人就这样骤然离世的怀疑。[6]

随着亚历山大之死，再也没有人能阻止这场大规模叛乱的到来。近些年，雅典完成了彻底的军事改革，所有公民都被征召入伍接受训练，并被派往边境。国库充盈使雅典人有能力翻修防御工事，并重建舰队。很快，400 艘战船准备就绪。唯一仍须烦恼的事情是，战船缺少桨手和水兵。此时站出来的是反马其顿的旗手德摩斯梯尼（Demosthenes），他一生都致力于唤起希腊世界对腓力与亚历山大的反抗。寻找盟友的重担落在德摩斯梯尼肩上，他争取到科林斯（Corinth）、西锡安（Sicyon）、伊利斯（Elis）、梅斯尼（Messene）以及阿戈斯（Argos）的帮助。与此同时，列奥斯典纳斯从雅典国库要到50塔兰特，用于装备和运送军队。他一路行来顺利到达埃托利亚，那里已经有7000名来自同盟城邦的战士整装待发。希腊中部的其他城邦也派来一些小股队伍支持这次军事行动。希腊人清楚地意识到，如今可能是他们摆脱马其顿枷锁的最佳时机。

安提帕特的靠山在亚洲，目前他必须依靠自己的力量直面这场叛乱。虽然他在博奥提亚（Boeotia）有盟友，但他们弱小而分散。因此，安提帕特只能指望驻守在底比斯的马其顿军队。但很快，这些力量也被击败。列奥斯典纳斯已经率军穿过温泉关（Thermopylae），与雅典人一道向东南方向挺进。他们打垮人数众多的博奥提亚军队，随后又回到温泉关。

面对这场汹涌而来的战争，安提帕特能调动的只有约13000名步兵和600名骑兵。当他穿越边境到达色萨利时，更多坏消息接踵而至。他的敌人越来越多：多利斯（Doris）、洛克里斯（Locris）及福基斯（Phocis）纷纷加入反叛同盟。安提帕特此时面对的，是从埃托利亚到雅典的敌军防线。在埃托利亚北部，他还有马里阿（Malia）、亚该亚（Achaea）与弗西奥蒂斯（Phthiotis）等敌人，他们的土地环绕整个马里阿海湾（Malian Gulf）。

安提帕特在色萨利人身上投入颇多。然而，这些优秀骑兵首次为马其顿效力时，就在到达温泉关之时转投列奥斯典纳斯麾下。因为他们得知，自己的故土已经向希腊人臣服。色萨利人的加入对于列奥斯典纳斯可谓一个意外之喜，他就此不必专注于防守，可以放手一搏。安提帕特性格刚强，并不怯于战斗。于是，两军在关隘以北的某地交战，希腊人赢得一场名留史册的胜利。在这般危急的情况下，这位老将军把自己的军队带到拉米亚（Lamia），此地以往一直还算忠诚。安提帕特的敌人此时一路追来，刚刚尝过胜利果实的希腊人开始围攻。但是，这座城池防御坚固，在联军开始围困之前，安提帕特已做好相当细致的准备。而后，列奥斯典纳斯在一场战壕中的小冲突中被杀，一位名叫安提菲洛斯（Antiphilus）的雅典人接管军队。

公元前 323 年的冬天，安提帕特一直被围困在城中，但期间也曾有过一线曙光。大约在隆冬时节，有消息传来，列奥纳托斯正在赶来拉米亚的路上。公元前 322 年的春天，列奥纳托斯临时花重金雇来一支军队，队伍中有许多新兵。他们沿着色萨利行军，这正是一年前安提帕特走过的路。安提帕特试图与他们会合，一同对抗安提菲洛斯，但以失败告终。列奥纳托斯只好独力面对希腊联军。[7] 当时，希腊方面的兵力大约是 25500 人，而列奥纳托斯大约有 21500 人，双方悬殊不大。但是，联军的重要优势在于他们拥有 2000 名色萨利骑兵。这些骑兵帮助他们获得最终胜利。列奥纳托斯的军队被打散，他本人受了致命伤。随着这位勇武而鲁莽的将军殒命，这场比拼宣告结束。

希腊人直接宣称己方获得胜利，但事情并非如此简单。安提帕特接管列奥纳托斯留下的无主军队，与自己原本带的兵合并，在梅利提亚（Melitia）北部的山丘中扎营。现在手握军权的安提帕特信心大增。虽然己方一度被击败，且敌人的大规模骑兵仍然牢固地控制着城市周边地区，但马其顿人仍旧占有兵力优势。眼下，这位老将军只有一个选择，那就是向北退兵，回到马其顿本土。马其顿军队一步步撤退，安提菲洛斯紧随其后。

当希腊联军在陆地上节节胜利的同时，另一场战斗正在海上进行。雅典的海军上将埃维提昂（Evetion）在马里阿海湾封锁安提帕特的舰队，另一支海军则阻断赫勒斯滂到马其顿之间的增援路线。但不久之后，克利图斯[8]带来马其顿部署在亚洲的舰队，他率领这支舰队三次击败希腊联合舰队。[9]

对于正在小心翼翼地撤退的安提帕特来说，这个消息着实令他感到振奋。更令他喜出望外的是，亚洲方面也将前来增援。作为亚历山大军中最杰出的将军之一，克拉特鲁斯率领军中老兵正在前来欧洲增援的路上。这支军队包括 6000 名参加过亚历山大历次战役的骑兵，他们年纪虽长但作战经验丰富。其中 1500 名骑兵经过特殊训练，专门对抗色萨利骑兵。克拉特鲁斯率领他们跨过赫勒斯滂海峡，顺利抵达色萨利北部，与安提帕特会合。

自从在拉米亚被围困以来，安提帕特第一次拥有如此可观的军事资源。这让他信心倍增，在战略上采取主动攻势。他目前有大约 40000 名重装步兵、3000 名轻装步兵和 5000 名骑兵，还有军功最显赫的马其顿将军克拉特鲁斯从旁协助。希腊人发现时局变得更利于马其顿，便开始退兵。安提帕特此时却意在一战，不仅在几天之内切断希腊军队的粮草补给，还数次向他们发出挑战。不知是出于饥馑还是别的缘由，安提菲洛斯接受了挑战。公元前 322 年 8 月初，两军在克拉农（Crannon）交战。这场战斗的细节不甚清楚。[10] 尽管希腊骑兵装备精良，但在面对马其顿长矛方阵时仍旧无计可施。这一天结束时，马其顿人守住了这片土地，胜利的天平已经向他们倾斜。现在，亚欧之间的道路畅通无阻，安提帕特在这场动乱中幸存，马其顿依旧统治着巴尔干半岛。当南方的消息传来，安提菲洛斯已知增援无望。他们是希腊世界最后的希望，前景却一片黯淡。于是，希腊联军同意与安提帕特达成停战协议。安提帕特熟于城邦间的政治，利用对方联盟内部的紧张局势，对停战谈判做出自己的安排。他拒绝与整个联盟对话，而是坚持要求与每个城邦的代表分别谈判。安提帕特深知，一旦他们那脆弱的联盟关系被瓦解，希腊诸城邦合作的基石将不复存在。果然，在谈判时，只有联盟的两大牵头者埃托利亚人和雅典人还能保持坚定立场。

安提帕特由北向南推进谈判进程。在色萨利的紧要城镇，他扶植亲马其顿的政府，并建立要塞。温泉关一带没有反对势力，故而他继续南进，与那两个主要敌人谈判。雅典人意识到，再进行抵抗已是徒劳。于是，德摩斯梯尼提前逃离城市。其他人也做好最坏打算，派出一个代表团去找安提帕特寻求和解。

这个代表团由福基翁（Phocion）与迪马德斯共同率领，其成员都是素有名望之人，且并非反马其顿分子。福基翁向来名声显赫，而且与安提帕特有多年的交情。事实上，亚历山大在书信中对这两人有独特的敬称以与众人区别。迪马德斯或许不像福基翁那样完美正直，但他是个非常与众不同的人。他至少从未支持反对马其顿的势力，并且主持了亚历山大在雅典的祝圣仪式。与福基翁一样，他的政治立场与贵族相同，而且由于他们的寡头倾向，他们更乐于接受马其顿的领导。安提帕特威胁道，如果他们闪烁其词，就会派兵攻击。最后，他们就这样与安提帕特达成协议。

同往的还有其他使者，如柏拉图学园的园长色诺克拉底（Xenocrates）等。但是，无论他们再怎么斡旋，也只能激怒那位如今已无心在阿提卡（Attica）事务上浪费精力的老将军。最终，雅典人意识到，这一切努力都是徒劳。这种带羞辱性质的条约，无异于将雅典政府置于以财产为基础的寡头集团与驻防比雷埃夫斯（Piraeus）的穆尼齐亚（Munychia）要塞的马其顿士兵手中。萨摩斯殖民的问题确定下来之后，海外的雅典人回归母国，雅典人的命运已定。[11] 雅典在经济、政治乃至文化上都被侵犯。马其顿军队入驻穆尼齐亚的日子，恰在雅典人举行厄琉息斯秘仪期间，这是雅典人最隆重的庆祝胜利的传统节日。

这场耗时两年的战争终于以马其顿的胜利而告终，人们就此彻底知晓安提帕特的脾气。雅典不是唯一承受他怒火的地方，其他一些希腊城邦也被迫接受驻军。亲马其顿的寡头们被遣至别处。马其顿军队越过科林斯地峡进入阿尔格利斯（Argolid），在返回马其顿途中威慑沿路的希腊人。

回到佩拉后，安提帕特把他最宠爱的长女嫁给克拉特鲁斯。此举不仅旨在巩固拉米亚战争中两人结下的友谊，更是相当于在当下不稳定的时局中互相扶持的盟约。安提帕特的其他女儿则分别许给托勒密与佩尔狄卡斯，以与亚洲和非洲的领导者建立姻亲联系。尽管在公元 321 年的前几个月里，外交花去安提帕特与克拉特鲁斯这对新翁婿的大多数精力，但他们无法忘记，仍有一个敌人正在对他们虎视眈眈——那便是固执的埃托利亚人。在刚刚过去的战争中，虽然埃托利亚人及其希腊盟友最终败给马其顿，但他们依旧狠狠地动摇安提帕特的势力。未来的几年里，埃托利亚人将一再证明自己是马其顿不可小觑的对手。安提帕特构想的解决方案规模宏大而手段粗暴。他计划将埃托利亚人围困起来，然后强行把他们迁至亚洲内陆。

计划总比实践容易得多。马其顿人入侵埃托利亚，但埃托利亚人抛弃自己的城市与乡村，带着孩子与家当逃进崎岖的山区。借助地形优势，埃托利亚人开始与装备精良的马其顿侵略者僵持。克拉特鲁斯率军占领埃托利亚，围困他们整整一个冬天。他希望能够以此逼迫饥寒交迫的埃托利亚人自己走出山区，他有足够的耐心等待下去。这的确是一场持久战，双方都以耐心为武器。最后，亚洲发生的事情解救了久受围困的埃托利亚人。

类似的事情也发生在亚洲。有道是"打天下容易坐天下难"，亚历山大的继任者很快发现，取得国王的权威比维持它容易得多。伊朗东部的希腊社群仿效希腊本土的方式，抓住亚历山大去世的时机开始公开反抗。之前为几场战役应征而来的雇佣兵，已经在这一区域驻守或者定居。他们由波斯雇主带来，或是效力于入侵波斯的马其顿人。难以驯服的希腊士兵不满足他们的处境。毕竟，对习惯舒适的地中海的人来说，伊朗内陆着实是一块冷硬荒芜的土地。成为这一地区的统治者，并不能弥补失去橄榄油和海洋的遗憾。简言之，这里的生活远非他们当初卖命奋斗的目标。巴克特里亚的要塞早在亚历山大征伐印度之时就已开始反叛。如今，眼看国王去世，更多的人参与反叛行动。他们计划联合起来，推翻那些对马其顿保持忠诚的将领，然后返回希腊。如果大部分平民看到这些东部边地的人的行动还只是觉得滑稽，佩尔狄卡斯则是真切地感到忧虑。如果当真允许这些人离开他们的要塞和城市，底格里斯河以东的大片土地将很快丧失防御能力。反叛者推举出一位名叫菲隆（Philon）的色萨利人作为他们的领袖，在新任摄政王还来不及对他们的行动做出回应的时候，就已把大批人马带到米底地界。

佩尔狄卡斯派培松率军镇压叛变的雇佣兵，后者是他在巴比伦时最坚定的支持者。培松曾对佩尔狄卡斯提供极大的支持，因此得到米底总督这一肥差。他是亚历山大的 7 名侍卫之一，不但拥有王族血统，还有不错的军事才能。但是，他同时还是一个鲁莽而阴险的人。虽然反叛雇佣兵人数众多，但培松早有准备。早在战斗开始之前，他就已买通一位反叛军的将领。马其顿军队不出所料迅速取得胜利。尽管培松也对浪费高质量兵源有所犹豫，但他还是依佩尔狄卡斯之命，将叛军尽数斩杀，随后带着自己的部下回到摄政王营地。

佩尔狄卡斯目前的主要任务是巩固自己在安纳托利亚的地位，他希望巴比伦殖民者能够维持那里的秩序。另外，他的门生欧迈尼斯是战略要地卡帕多西亚（Cappadocia）的总督，也是他统治这一地区的助力。安提柯与列奥纳托斯受命对这一地区加强治理，以巩固马其顿的势力。不过总体来说，安纳托利亚还是一片较为独立的地区。

起初，安提柯毫不理会这一命令，而列奥纳托斯则率军从位于达达尼尔海峡附近的驻地出发，加入欧迈尼斯的部队。不过，他的意图不是平息安纳托利亚的叛乱，而是为了最终控制马其顿。他有意与欧迈尼斯结盟，让对方跟他一起回到欧洲。这就令我们不禁怀疑，这个做法是否太过冒险？这位卡迪亚人①明

---

① 译注：指欧迈尼斯。

显不赞同这种投机行为，于是从列奥纳托斯的营地遁走，回到佩尔狄卡斯身边。

佩尔狄卡斯对此的反应是，着手做一些他的副手们绝不会干的事情。他深知此时仍需要这位杰出的希腊人管控国土。与此同时，现在还该有一场胜仗来振奋人心，例如击败一个外族的王室成员，这能够提升全军的忠诚度。

我们不难理解欧迈尼斯之于佩尔狄卡斯的重要性。亚历山大死后群雄逐鹿，他依然在其中显得与众不同。作为一名将军，他的生涯表明了他的智慧。而作为一位学者、外交官和行政人员，也只有安提帕特可以与他相提并论。他从秘书做起，最终独自率领一支马其顿军队。他是唯一在普鲁塔克的传记中独占一篇的继业者。想想看那部著名的传记里与他同列的那些名字，这可算得上一种殊誉。对于摄政王来说，欧迈尼斯的价值不仅在于其天赋非凡，更在于他是一位生活在马其顿环境中的希腊人。他没有马其顿血统，而这血统往往会诱使那些马其顿贵族拉帮结派，做出违背佩尔狄卡斯意愿的事情。因此，在摄政王看来，欧迈尼斯比其他马其顿官员更加可靠。

虽然欧迈尼斯仅仅比亚历山大年长 10 岁左右，但他还是顺利成为腓力的首席秘书。亚历山大登基后，依然保留这一职位。于是，欧迈尼斯就在国王秘书任上跟随大军一同来到亚洲。如今，我们无法确知他作为征服者王庭首席秘书的职责。但我们可以推测，他至少要负责保管军中文书与军事将领所撰写的大量记录和报告，还要负责记录亚历山大的起居和日程。亚历山大身兼军队总司令、最高祭司与首席大法官三职，有欧迈尼斯这样一位秘书从旁协助相当必要。此外，欧迈尼斯还需管理很多新征服的土地，以确保帝国新领土的稳定。总而言之，欧迈尼斯为制定帝国的政策耗尽心血。他唯一没有涉足的领域大概是财政，因为在亚历山大帝国中，财政独立于军事与政治之外，由专人管理。

虽然欧迈尼斯身负如此多的行政任务，但他仍然在军事上有所建树。如果他不曾因军功给亚历山大留下深刻印象，那么很难被拔擢指挥军队。亚历山大离开波斯前，欧迈尼斯的战绩不为我们所知。当伟大的征服者来到南亚次大陆的新世界，发现那里的一切都与以往所见大不相同。当地的国王被称作"罗阇"（Raja），军队大规模使用大象。在印度，这位卡迪亚秘书在佩尔狄卡斯的辅助下，率领 300 名骑兵扩大了马其顿军队在奢羯罗（Sangala）的胜利。

随后，欧迈尼斯在军中的事迹再次从史籍中消失，直到大军回到希达斯皮斯河岸之前，我们找不到任何有关他军功的记载。毫无疑问，他一直忙于组织押运军队粮草和财物的艰巨任务，以至于难有精力兼顾作战。之后，他被任命为一艘三桨座战船的指挥，该任上有 10 个职务，而欧迈尼斯据其一。他与马其顿以及来自东方的同袍一道，护送舰队在充满未知危险的印度河航行。在返程途中，另有一段有关亚历山大与欧迈尼斯的轶闻。当时，国王迫切地需要更多钱来供应尼阿库斯的舰队，而跟随自己穿越马克兰（Makran）沙漠的大军也同样需要更多补给。国王向所有伙友和官员寻求捐款或者贷款，但没人愿意拿出钱去填这个无底洞。国王向他的卡迪亚朋友索取 300 塔兰特，但欧迈尼斯仅仅拿出 100 塔兰特。即便如此，欧迈尼斯还是不停地向国王哭诉自己的清贫。亚历山大对自己朋友的搪塞感到沮丧。一天夜里，国王派一些仆从去欧迈尼斯的营帐放火，这样欧迈尼斯的财富就会暴露无遗。这位秘书的财富比国王想象的还要多，大火焚毁了 1000 塔兰特的金银，同时被烧掉的还有欧迈尼斯保管的王室文件与军中通信。这使双方都感到尴尬。最终，亚历山大还是只获得 100 塔兰特，而且还要让自己的将军和总督尽可能送来那些被毁文件的副本。

当佩尔狄卡斯成为右辅大臣之后，他原先的骑兵统帅之职由欧迈尼斯担任。这一事实从侧面反映出他们之间的关系愈发亲密。欧迈尼斯也是一个极有权势的人，从苏萨婚礼上可见一斑——他娶了阿尔塔巴佐斯（Artabazus）之女阿托尼斯（Artonis）。阿尔塔巴佐斯是阿契美尼德王朝的重臣，同时也是巴克特里亚的总督。欧迈尼斯的新婚妻子的姐姐就是芭悉尼，她早年嫁给罗德岛的门侬，后来成为亚历山大的情妇，并为之诞下一个儿子。苏萨婚礼使欧迈尼斯成为亚历山大那唯一（但不合法）的男性后代的姨丈，也表明亚历山大有多么看重欧迈尼斯的才能。亚历山大之死改变了时局，继承危机迫在眉睫，而这基本上是马其顿内部事务。分裂的马其顿军队最终握手言和，欧迈尼斯在这一过程中起到关键作用。而马其顿军中达成和平，则最终给予佩尔狄卡斯摄政的机会。

作为报答，佩尔狄卡斯让欧迈尼斯担任帕夫拉戈尼亚（Paphlagonia）与卡帕多西亚的总督。此地在马其顿军队行进的方向上，他们准备路过该地时让欧迈尼斯留下。然而，在那片区域里有一位名为阿里阿拉特斯（Ariarathes）的实权人物，他是波斯老臣，彼时已届耄耋之年。欧迈尼斯想要奉命在这里建立统治的话，就必须推翻阿里阿拉特。摄政王此时率马其顿军队前行，一如多年以来的成例。此时却风云突变，罗克珊娜生下一名男婴，号曰"亚历山大四世"。这使佩尔狄卡斯原来扶持的腓力·阿里达乌斯不再是唯一令人信服的国王。

公元前322年夏，摄政王将军队从北方的陶鲁斯（Taurus）山带到阿里阿拉特的王国，这段旅程平平无奇。因为此时克拉特鲁斯已经离开此地，佩尔狄卡斯得以在奇里乞亚平原上畅通无阻，并顺利地穿过群山，到达奇里乞亚山口。战争爆发了，而结局一望便知。阿里阿拉特的军队惨败，大约10000名士卒被杀或被俘。阿里阿拉特本人被佩尔狄卡斯刺死，摄政王为这个老头造成的麻烦和耗费的军费大为光火。[12]卡帕多西亚的其他地区就好制服得多，欧迈尼斯开始建立他的新统治。随着对安纳托利亚这一大片地域的征服，摄政王治下的帝国领土超过亚历山大在位时期。

安纳托利亚的问题显然不可能因卡帕多西亚的这一场战役就完全解决。在欧迈尼斯的行省的东北方，亚美尼亚总督奈奥普托勒姆斯（Neoptolemus）就没能镇得住他治下的臣民。因此，佩尔狄卡斯命令欧迈尼斯协助奈奥普托勒姆斯作战。奈奥普托勒姆斯是莫洛西亚（Molossia）① 王室成员，与奥林匹亚丝是近亲，也是亚历山大的亲密伙友之一。这位新任总督在亚美尼亚拥有一支包括几千名马其顿步兵的军队。然而，他在镇压起事的战斗中却没有取胜。按照普鲁塔克的记载，"亚美尼亚被奈奥普托勒姆斯弄得一团糟。"我们无法确知具体发生了什么，但可以肯定的是，该地区的骚乱远未平息。[13]公元前322年，欧迈尼斯率军抵达亚美尼亚。自此起，两人之间产生浓烈的敌意。奈奥普托勒姆斯对未能以一己之力收服自己的总督领地心有不甘。他和他的手下明示，不会听从欧迈尼斯的调遣。欧迈尼斯别无他法，只能启程回到自己的行省。他在卡帕多西亚的领主们手里募集6000名骑兵，随后回到亚美尼亚。而奈奥普托勒姆斯再次拒绝合作。于是，在公元前322年的战役之后，欧迈尼斯回到佩尔

---

① 译注：伊庇鲁斯部落之一。

狄卡斯身边复命。

对摄政王来说，这几个月的征战没有白费。他在卡帕多西亚培养了一个至关重要的副手。同时，这场征战也向他的追随者们表明，佩尔狄卡斯可以成为亚历山大式的征服者。然而，此时有消息传来，安提帕特和克拉特鲁斯最终镇压希腊的叛乱，此时正在进行战后恢复工作。他们天赋异禀，名声在外，而且拥有重兵。这对佩尔狄卡斯来说的确是潜在的竞争对手，而且比以往任何对手都要强大得多。不过，拉米亚战争的结果并不完全令佩尔狄卡斯感到失望，至少列奥纳托斯就是一个惊喜。

更令人振奋的是，事实证明，列奥纳托斯不是佩尔狄卡斯此时唯一的安慰。一位来自欧洲的觐见者告诉佩尔狄卡斯，欧洲的将领并非满怀敌意。安提帕特要将女儿尼西亚（Nicaea）嫁给摄政王，但这一联姻并非由安提帕特主动提出。在亚历山大死后不久，佩尔狄卡斯就曾向他提亲。摄政王一直担心克拉特鲁斯的立场，所有他很想通过与尼西亚结亲来确保安提帕特不会加入任何敌对阵营。然而，由于拉米亚战争，这场联姻到目前为止尚无进展。战后，安提帕特显然希望重续这个婚约，但眼下局势殊异，他必须仔细考虑佩尔狄卡斯所有举动背后的深意。

诚然，西方的重要势力若与佩尔狄卡斯结盟的确有利可图，但欧洲的两员大将也对赫勒斯滂以东地区怀有野心。佩尔狄卡斯并不确定，以改变巴比伦局势的风险为代价，与安提帕特和克拉特鲁斯结盟，是不是太过危险。他从美索不达米亚行军至皮西迪亚（Pisidia），没有遇到什么反抗，信心十足地继续前行。佩尔狄卡斯迟迟没有动身迎娶新娘的意思，尼西亚只好在闺中空等。如果这一切仅仅令安提帕特父女感到沮丧和羞辱，接下来发生的事情则彻底打破他们忍耐的底线。这桩婚事出现一个竞争对手，即亚历山大的妹妹克里奥帕特拉。在这个时代，她的成婚年龄大概能创造一个记录。

此时，克里奥帕特拉已经32岁，是一个很成熟的女人。她早先嫁给伊庇鲁斯一位名为亚历山大的国王，正是在他们那场盛大的婚礼上，腓力二世被暗杀。克里奥帕特拉的丈夫战死于意大利，她的儿子继位为王，她本人则成为伊庇鲁斯王国的摄政。公元前331年，奥林匹亚丝来到伊庇鲁斯投奔自己的女儿。6年后，克里奥帕特拉回到佩拉，并与列奥纳托斯成为情侣。列奥纳托斯想要与她结婚，以提升自己对马其顿王位的竞争力。然而，随着列奥纳托斯死亡，这些阴谋也一并结束。毫无疑问，克里奥帕特拉本人就是一位强大的女王，与她成婚有大利可图。当时，她在吕底亚（Lydia）建立自己的王庭。此地自波斯立国以来，就是爱琴海与赫勒斯滂诸省的行政中心。

有证据表明，奥林匹亚丝是她女儿的阴谋的背后推手。她与安提帕特的斗争持续进行，意在借克里奥帕特拉之手获得支持。如今，克拉特鲁斯与她的敌人坚定地站在一起。列奥纳托斯死后，唯一能帮她的只有佩尔狄卡斯。摆在面前的几种联姻选择让摄政王陷入一种两难境地。无论他的决定如何，都同时意味着机遇与挑战。若选择克里奥帕特拉，就意味着他与亚历山大的王朝紧密相连。如果他还有机会去争取王位，那么克里奥帕特拉就是一个无与伦比的强援。然而，这肯定会使他与安提帕特和克拉特鲁斯产生直接冲突——这两人一定会将他的行为理解为他对欧洲领土的野心。如果选择与尼西亚成婚，则意味着与她的父亲安提帕特和连襟克拉特鲁斯共同统治帝国。佩尔狄卡斯向自己的幕僚寻求建议，欧迈尼斯是他除了家人外最堪信任的心腹。但是，这位卡迪亚人也有自己的算盘。早在腓力在世时，欧迈尼斯就与奥林匹亚丝和克里奥帕特拉相识多年。甚至有证据表明，由于他们同样厌恶安提帕特，故在政治立场上十分接近。欧迈尼斯当然极力主张佩尔狄卡斯与克里奥帕特拉成亲。有人认为，这位丧偶的王后迁居至亚洲，也是欧迈尼斯与奥林匹亚丝共同促成。他们之所以如此煞费苦心，为的就是有朝一日将佩尔狄卡斯送上克里奥帕特拉的婚床。摄政王的兄弟阿尔塞塔斯带头反对这一意见，这一方面是为了与欧迈尼斯竞争，更重要的是他担心自己的地位不保。阿尔塞塔斯清楚，如果与克里奥帕特拉联姻，那么在接下来面临的冲突中，自己可能会失去一切。最终，佩尔狄卡斯还是认定自己兄弟的意见更加谨慎，更有利于己方的利益。于是，他下令安排与尼西亚的婚事。

事实上，占据帝国舞台中央的女性岂止尼西亚一人。另有两位马其顿王室女性此时来到亚洲（虽然安提帕特曾试图阻止她们，但显然没有奏效），她们要来一展抱负。这两位女士是一对地位尊崇的母女，属于王室的核心成员。年纪大一些的，是腓力的公主库娜涅（Cynane），她的母亲是伊利里亚人奥妲塔（Audata）。公元前358年，腓力征服伊利里亚人之后，娶回了奥妲塔。库娜涅嫁给佩尔狄卡斯三世的儿子阿敏塔（Amyntas）。不幸的是，这位王子不但是腓力夺取王位的牺牲品，而且后来又因为亚历山大的王位潜在竞争者而被处理掉。库娜涅与阿敏塔的女儿是阿德亚（Adea），她正是适婚的年纪，又有纯正王室血统。此时，阿德亚陪着母亲来到亚洲。早在几年前，她的婚事就已定下。当她成年之后，便要嫁给腓力·阿里达乌斯。这位不起眼的王子，如今已是国王。那对母女决定亲自去见阿里达乌斯，以逼其兑现承诺。如果现在还有什么能令佩尔狄卡斯稍感宽慰，恐怕就是幸好阿德亚不是来嫁给自己。不过，这也不是什么真正的安慰，因为若这桩婚事果能成行，就会直接威胁他的朋党对傀儡君主的控制。尽管公主母女并不与任何一个派系有亲密关系，但此后她们肯定会有足够的机会左右国王。佩尔狄卡斯对这两位公主的耐心很是不够。在她们到来之前，他甚至听从阿尔塞塔斯的意见，打算以血腥手段一劳永逸地解决这两个女人。

佩尔狄卡斯给阿尔塞塔斯全权指挥的自由，让阿尔塞塔斯的部下在海岸旁的山路伏击两位公主。不过，这个计划最终只成功了一半，而且严重损害摄政王的名声。阿尔塞塔斯率领士兵袭击公主的马车，士兵们还没有反应过来他们面对的是何人，就杀死了库娜涅。不过，他们很快认出年轻的阿德亚，并且立即收手，拒不伤害她分毫，还护送她走完接下来的旅程。现在真相大白，全军对他们的总指挥谋杀亚历山大家族成员的行为感到震惊。亚历山大在巴比伦去世距今仅仅两年，人们对他家族的爱戴还没有消减。马其顿士兵都支持阿德亚，反叛气氛悄悄弥漫。佩尔狄卡斯别无选择，只能承认她为腓力的王后。他草率的暗杀行动适得其反。阿德亚嫁给"愚蠢的"国王，称为"欧律狄刻"。摄政王在军中的威望大受打击，而杀死库娜涅埋下的祸根，要到次年才会在埃及显现出来。成为王后的欧律狄刻冷静而机智，这些品质在未来数年也将一再展现。自从墨勒阿革洛斯去世后，在佩尔狄卡斯的"辅佐"下，腓力·阿里达乌斯的统治还算和平有序。然而，他的新婚妻子将再次把他带入政治纷争之中。

佩尔狄卡斯在军务与内政方面不算卓有成绩，但至少还没出现敢于直接挑战他权威的事件。而如今，一切都改变了。罪魁祸首是托勒密，他起事的方式是偷运亚历山大的遗体。这位埃及总督从不掩饰他对佩尔狄卡斯的反感。他在埃及杀死佩尔狄卡斯给他的副手克里昂米尼（Cleomenes），吞并昔兰尼（Cyrene）

时也丝毫没有要知会摄政王的意思。佩尔狄卡斯之前从未想到托勒密也有反叛的一天。在他们的交往中，佩尔狄卡斯对托勒密细小的不当行为往往采取纵容态度，因为这些小过失在摄政王看来也是将领合理的应变。

然而，近来发生的事情让摄政王无法视而不见。亚历山大的遗体在幼发拉底河水中躺了两年有余，而他的陵寝还在建造中。负责监督修建王陵的正是阿里达乌斯（众所周知，这是一位精神有问题的国王），[14] 这座陵墓在当时被认为是世界奇观之一。此时，阿里达乌斯与佩尔狄卡斯的关系已经恶化，以至于国王发觉在摄政王的操纵下没有前途，于是从别处寻求自己的政治资本。恰好，亚历山大的遗体在阿里达乌斯手里。他与托勒密结盟，安排一队士兵护送遗体穿过幼发拉底河谷，再经过大马士革，最终与埃及总督的军队会合。佩尔狄卡斯最初不相信阿里达乌斯有此意图，派出波列蒙（Polemon）和阿塔罗斯两员大将逮捕作乱者。但这并没有奏效，护送遗体的军队先一步穿过边境，进入埃及地界。他们最开始想把遗体运送到哪里，至今仍然是个引人争论的问题。最合理的推论是，他们意欲护送灵柩在亚洲巡游一周，然后在埃格（Aegae）的马其顿王室墓地举行葬礼。但也有人认为，亚历山大在死前曾留下指示，因他与宙斯 - 阿蒙神的联系，他的遗体应送到埃及安葬。不过，就算事实如此，我们也很难相信追随他的继业者能接受让国王的尸骨安葬于距故土万里之遥的非洲。这种说法更可能是托勒密为了粉饰自己的行为向散布的谣言。埃及总督并非遵从先王的遗愿，而只是劫持。[15]

这场劫持极大地损害佩尔狄卡斯的权威，几乎是全盘否定他的地位。托勒密劫取亚历山大的遗体，是在表明自己也要争取继承帝国。对于那些跟随亚历山大征战的士兵来说，与先王相关的任何事物都有重要意义。库娜涅事件的败露就已让佩尔狄卡斯深切地体会到，马其顿将士对亚历山大有多么依恋。因此，佩尔狄卡斯无法坐视托勒密的这种亵渎行为。

亚历山大去世后，他的部将一直没有真正拿起武器互相争斗。这种和平虽然脆弱，但好歹一直维持着。但从现在起，马其顿的内战终于打响，而且会在之后的 40 年里一直持续。对于摄政王来说，把战火限制在埃及地界当然是最好的，但显然他没能成功。

摄政王没有成功地利用自己与尼西亚的婚姻，未能与安提帕特和克拉特鲁斯建立稳固的同盟关系。相反，他的举动让克里奥帕特拉的问题更加严重。他不仅允许这位守寡的王后继续留在萨迪斯（Sardis），还把吕底亚总督之位给了她，而原先的总督米南德（Menander）现在不得不听她差遣。欧迈尼斯继续扮演两方势力的中间人。他深知，一旦佩尔狄卡斯与安提帕特之间的关系有所改善，他在两方阵营的影响力都会下降。虽然佩尔狄卡斯最终与尼西亚成婚，但摄政王在这桩婚事上的优柔寡断太令人不安，所以他的岳父总觉得他没安好心。阿尔塞塔斯煽动了之前灾难性的库娜涅事件，在佩尔狄卡斯那里的话语权便有所下降。这给欧迈尼斯可乘之机，使他有机会在摄政王那里重提与安提帕特结盟的考量。不过，尼西亚似乎并没有抱怨她的糟糕处境。佩尔狄卡斯也没有否认，或者试图否认尼西亚作为自己妻子的身份。至少我们看不到这样的记载。

佩尔狄卡斯任命克里奥帕特拉为当地总督，此举使小亚细亚一片怨怼之声。米南德不是甘于沉默忍受一切的人，他鼓励佩尔狄卡斯解除与尼西亚的婚姻关系，迎娶克里奥帕特拉。此外，卡里亚总督阿桑德（Asander）对摄政王也不再唯命是从。另一个与之相关的坏消息是，欧亚两阵营之间的关系开始恶化。大弗里吉亚总督安提柯拒绝协助欧迈尼斯征服卡帕多西亚，因此遭到佩尔狄卡斯弹劾。为了保住一条性命，安提柯逃往佩拉，在那里声称摄政王现在是安提帕特的敌人了。另有消息称，欧迈尼斯去萨迪斯面见克里奥帕特拉，还送上礼物（暗示正式求婚）。这无异于为那些本就有意挑拨佩尔狄卡斯与安提帕特之间关系的人提供攻讦的把柄。原本大家预料，大概会是托勒密最先对佩尔狄卡斯发难。而今结果揭晓，最早开始准备与佩尔狄卡斯作战的，是欧洲的总督安提帕特及其女婿。

这是一场两线作战的战争，亚历山大昔日的部将几乎都卷入其中。安提帕特与克拉特鲁斯先是打了一场镇压埃托利亚人的战役，又将军队撤下战场，为公元前320年春天向亚洲开进做准备。如今，骰子已然掷下 ①，速度至关重要。

---

① 译注：语出恺撒，拉丁文为"Alea iacta est"，英文作"The die was cast"。公元前49年1月10日，恺撒率军渡过卢比孔河，对庞培和元老院宣战。他在渡河前，说了这句话。英语亦有谚语"渡过卢比孔河"（Crossing the Rubicon），意为"决定已下，破釜沉舟"。

一切要看他们能否抵挡佩尔狄卡斯的进攻。安提帕特与克拉特鲁斯不太可能真的敬重托勒密的人品，但托勒密是他们最强大的盟友，因此必须不遗余力地帮助他渡过难关。

随着战争迫近，摄政王做了最终决定。他既想保住自己现有的势力和财富，也要一举消灭埃及背信弃义的手下。于是，他决定亲率军队主力去埃及与托勒密交战，而欧迈尼斯则被留下保卫赫勒斯滂，抵抗从欧洲来的势力。这种策略乍一看相当危险，因为安提帕特与克拉特鲁斯的军队远强于托勒密。但佩尔狄卡斯还是根据自己多年来统领马其顿军队的习惯，定下这样的安排。佩尔狄卡斯已经做好准备与托勒密一战，可是他不清楚自己是否有能力与安提帕特和克拉特鲁斯这样广受爱戴的将领对抗。后来战局的发展证明，欧迈尼斯遇上这两员猛将着实吃力。按照摄政王的想法，待他大胜托勒密之后，就能率领凯旋的马其顿军队与另一条战线的敌人作战。

根据佩尔狄卡斯的指示，安纳托利亚中部的奈奥普托勒姆斯与皮西迪亚的阿尔塞塔斯将听候欧迈尼斯的调遣，协助欧迈尼斯作战。摄政王的兄弟奈奥普托勒姆斯首先找好借口——马其顿士兵往往对安提帕特十分尊崇，而他们对克拉特鲁斯的感情也是如此。当两军对阵之时，他手下的军队很可能背叛他，对方就能不战而胜。当欧迈尼斯领兵至赫勒斯滂的时候，奈奥普托勒姆斯还毫无音信。欧迈尼斯既不知道奈奥普托勒姆斯行军至何处，也不清楚他现下的态度。欧迈尼斯紧张地应对接下来的战争，他必须加强防御，守住进入亚洲的路口。这其实是他第一次独立指挥的军事行动。欧迈尼斯要与亚历山大手下最优秀的两名将领对战，他究竟能否保持忠诚，实在值得怀疑。

然而，欧迈尼斯未能在赫勒斯滂等待敌人来临。很快，来自其他方向的威胁又把他引向别处。在欧迈尼斯南边很远的行省，敌人正要发动海上攻击。安提柯特意带一支小部队去了卡里亚，当地总督阿桑德很快与他会合，而米南德也很乐意合作。如此一来，佩尔狄卡斯在爱琴海沿岸行省的统治即将被破坏殆尽。欧迈尼斯知道不能指望阿尔塞塔斯，只能自己独力回击。但是，就在他刚刚到达南部的时候，就有消息传来——安提帕特与克拉特鲁斯已经进入亚洲。这要归功于赫勒斯滂驻军的叛变。欧迈尼斯别无他法，听从了克里奥帕特拉的警告，为避开安提柯的埋伏，率领两支部队撤至弗里吉亚中部。

如今，对于欧迈尼斯而言，如果奈奥普托勒姆斯能带兵前来，那么他们迎战那两员欧洲来的大将还多少有一战之力。虽然安纳托利亚西部的陆地广袤无垠，但欧迈尼斯麾下士兵还是很快找到这位难缠的莫洛西亚王子。大约10天之后，两位"盟友"终于在赫勒斯滂海峡东部相见。

当欧迈尼斯向奈奥普托勒姆斯发号施令时，这位王子明显和阿尔塞塔斯一样不愿服从。奈奥普托勒姆斯的意图其实是投靠欧洲来的入侵者，因为他觉得眼下摄政王的军队七零八落，而安提帕特和克拉特鲁斯更有可能取得胜利。欧迈尼斯看到这位名义上的属下此时正与自己兵戎相见。很明显，欧迈尼斯在与敌人交手之前，得先和自己人对战。风险不言自明，佩尔狄卡斯的亚洲大厦或许在安提帕特与克拉特鲁斯未出手的时候就轰然倾塌。弗里吉亚这场遭遇战很快就结束，奈奥普托勒姆斯兵败遁走，随之撤退的仅有区区几匹战马。余下的士兵失去了将领，粮草辎重也被夺走。他们别无选择，只能加入欧迈尼斯的阵营。欧迈尼斯的兵力固然得到补充，但这些新加入的士兵的忠诚却值得怀疑。

几天之后，安提帕特与克拉特鲁斯遣使来见欧迈尼斯，希望他背叛佩尔狄卡斯。安提帕特与克拉特鲁斯许诺，可以保留欧迈尼斯当前的总督之职，且给他更广袤的领土和更庞大的军队。[16]欧迈尼斯却不认为自己有必要抛弃摄政王，他相信佩尔狄卡斯会在埃及取得胜利，然后驰援自己。但实际情况是，摄政王已经准备进行谈判，而不是冒险一战。欧迈尼斯提出自己作为中间人，在克拉特鲁斯与佩尔狄卡斯平等分享亚洲权力的基础上，让双方握手言欢。至于安提帕特，虽然欧迈尼斯没有明言，但推测应该是打算让他继续统治欧洲领土。

在继业者战争早期，类似的战前谈判并不少见。多年来的同袍之情尚未彻底断绝，而且也没有人真正愿意看到马其顿人自相残杀。然而，此次双方的分歧实在太大。奈奥普托勒姆斯的到来则像一支催化剂，战争一触即发。这位莫洛西亚人纠集一些残存主力，还有新征募的士兵。他向刚从欧洲来到这里的新盟友保证，尽管欧迈尼斯此刻正信心十足地朝赫勒斯滂出发，但他自己的军队绝不可能投靠欧迈尼斯，与安提帕特和克拉特鲁斯对垒。有了他的保证，欧洲来的军队中止了眼下这种不见成效的和谈，决定正式开战。他们将军队一分为二，安提帕特沿奇里乞亚的道路向叙利亚方向前进，通过在北部威胁佩尔狄卡斯来援助托勒密。克拉特鲁斯则留下来对阵欧迈尼斯，争夺小亚细亚。奈奥普托勒姆斯作为副手加入克拉特鲁斯的军队，未加耽搁就领兵与欧迈尼斯开战。

亚历山大的将军们，在他去世后的第 3 年首次开战。国王留下的阴影一直在他们头上盘桓。如今，战争终于爆发，所有人都不以为怪。战争前夜，欧迈尼斯甚至梦到两位亚历山大在对战。

此时，欧迈尼斯就像一个表演杂耍的人，脑海中盘旋的纷繁思绪仿佛在空中不断抛接的球，令他心绪不宁，手忙脚乱。面对奈奥普托勒姆斯的变节，欧迈尼斯对麾下马其顿将士的忠诚越来越没有信心。他深知，面对克拉特鲁斯来袭，他很难劝服自己的军队与这位公认最优秀的前战友交战。[17]他想出的关键性策略是，在他利用骑兵优势确保战斗胜利之前，不能让自己的士兵知道敌人是谁。他面对的敌人的确强大，其核心是由 20000 名马其顿步兵组成的方阵，其中士卒大都久经沙场，在战斗中所向披靡。

这种方阵的弱点恰是骑兵，克拉特鲁斯只有 2000 名骑兵可派上战场。尽管他们意在通过步兵优势夺取最终胜利，但高级将领却纷纷与骑兵排列在一起。克拉特鲁斯率领超过一半的骑兵守在军队右翼，他本人位于"荣誉战位"①，奈奥普托勒姆斯率领左翼骑兵。

佩尔狄卡斯有 20000 名左右的步兵，但欧迈尼斯深知他们不是敌方步兵的对手。这其中有几千名士兵是原本跟随奈奥普托勒姆斯的马其顿人，其余的则是来自小亚细亚的雇佣兵或来自美索不达米亚与伊朗高原的轻装步兵。欧迈尼斯知道，他不可能对己方将士永远瞒住克拉特鲁斯的身份，一旦将士们发现交战的对手是谁，就有可能立即叛变。因此，他必须依靠自己的 5000 名骑兵取得胜利。为了确保克拉特鲁斯之名不会立即影响到己方的战斗，欧迈尼斯在

---

①译注：the position of honour，指全军第一排最右边的位置。在冷兵器时代的战争中，士兵的主要装备是剑或矛等攻击性武器，以及用于防护的盾牌。由于多数人都是右利手，因而通常左手持盾，右手持攻击型武器。这样，士兵的盾就可以防护自己身体的左侧与左手边战友的右侧。位于"荣誉战位"的人右边没有战友，会暴露更多身体部位，战斗中的危险性也就更高。因此，前排末端这一位置在传统上被视为最勇武的战士所居之位。古代文献经常出现国王或将领亲自站在"荣誉战位"英勇作战的描述，用以突出其人英武不凡、身先士卒。

左翼只安排了欧洲与亚洲的蛮族骑兵。这些人由两名外国将领统率，分别是特内多斯的菲尼克斯（Phoenix of Tenedos）与法尔纳瓦兹（Pharnabazus）。[18] 右翼是欧迈尼斯率领的多数骑兵，这些骑兵是他求胜的希望。

为了不让自己的手下知道敌人是谁，欧迈尼斯用上了双保险——首先，他声称对方不过是由奈奥普托勒姆斯率领的一些当地骑兵；其次，他又利用地形调动军队，使两军之间隔着一座小丘，这样军队就看不到克拉特鲁斯。当欧迈尼斯率领骑兵进攻的时候，军队主体仍处于看不到来人的位置。这一策略使进攻风险加大，但欧迈尼斯此时最需要确保己方不出差错。所以在两军短兵相接之前，他不能让双方有任何交流。欧迈尼斯最终做到了，这是他军事生涯的伟大胜利。

欧迈尼斯在右翼率领数千名卡帕多西亚人出战，获得决定性胜利。与欧迈尼斯对决的是奈奥普托勒姆斯，这个非常讨厌欧迈尼斯的男人又回来了。他们之间的战斗证明，右翼的胜负很大程度上取决于两位将军的个人能力。当欧迈尼斯用剑刺穿奈奥普托勒姆斯的脖子，这场惊心动魄的决斗宣告结束。随着奈奥普托勒姆斯阵亡，他的部队士气大减。

在战场的另一侧，克拉特鲁斯信心满满，率领人数占优的士兵向敌方挺进。然而，这位伟大将领在混战中丧生。克拉特鲁斯之死，对继业者战争的局势产生深远影响。作为亚历山大麾下最优秀的将领之一，克拉特鲁斯在历经无数战事后终于战死。此时，克拉特鲁斯与奈奥普托勒姆斯的部队失去指挥，两翼骑兵也被击溃。步兵已失去战斗的必要，别无选择之下只有接受欧迈尼斯的休战协议。不过，卡迪亚人的运气不像上次那么好，没能劝服这些士兵归顺于自己。他希望这支部队能在眼下的战斗中保持中立。不过，事实还是令他失望。夜幕降临之后，大多数士兵在夜色掩护下逃走，去投奔奇里乞亚的安提帕特。尽管如此，欧迈尼斯的这场胜利还是相当令人瞩目。他独自面对亚历山大麾下最伟大的将军和第一流的队伍，不但全面击溃对方，还亲手杀死一个劲敌。这场胜利使佩尔狄卡斯重新控制赫勒斯滂海峡。不幸的是，其他方面的不顺利会侵蚀这次胜利的成果。这次战役的溃兵与欧迈尼斯的其他敌人会合，构成新的威胁。

对马其顿人而言，这次战役最重大的事件即克拉特鲁斯之死。此人在希腊化世界的地位毋庸置疑。在亚历山大眼中，他与赫菲斯提安同等重要。在马其顿官兵看来，克拉特鲁斯甚至比赫菲斯提安更得人心。欧迈尼斯深知这位对手的影响力，给这位死去的将军安排了一场体面的葬礼，并派人护送其遗体回家。这一切都有权谋的味道，而欧迈尼斯的目的也很明显——当人们了解到克拉特鲁斯死于谁手，就会铭记欧迈尼斯的功绩。[19]

北方的战争已经结束，欧迈尼斯为了佩尔狄卡斯的事业竭尽全力。但这终究只是波澜壮阔的战争中的一个串场演出。佩尔狄卡斯最终决定，要在远离希腊的埃及与托勒密决战。然而，战争刚开始，佩尔狄卡斯就有新的想法——或许，他不应该将欧迈尼斯派向北方。途径奇里乞亚的时候，佩尔狄卡斯撤换了当地总督，并让多喀摩斯（Docimus）坐镇巴比伦。[20]另外，他听闻托勒密颠覆了塞浦路斯的一些小王国，于是派阿里斯托诺斯率领一支舰队前去支援。

摄政王的军队需要经过一场漫长的行军之后，才能真正见到他们的敌人。托勒密无疑想在叙利亚或巴勒斯坦开战，他耐心等待佩尔狄卡斯军队的到来，等他们遭遇尼罗河这一天然防御。10年前，亚历山大就沿这条路来到埃及。在伊苏斯、推罗和加沙的战役后，埃及终于落入亚历山大手中。佩尔狄卡斯亲历了这些战役。现在，他迫切希望自己在尼罗河的敌人不会比当时大流士的军队更强。如果摄政王和他的幕僚对埃及历史洞察更深，他们应该会更谨慎地对待这场战役。对于昔日的亚述人和波斯人来说，埃及虽然物产富饶，却始终是个大麻烦。

贝卢西亚（Pelusium）一直是埃及这个河流之国的门户。佩尔狄卡斯一路行来没遇上什么困难，更未见任何抵抗。佩尔狄卡斯知道，要想把他那庞大的队伍和辎重迅速送上战场，就必须利用运河及其支流。于是，摄政王着手清理河流的淤塞。也许是他找的施工队不称职，也许是托勒密的势力潜入其中，贝卢西亚的尼罗河支流冲毁了清理好的河道，还损毁了营地。更加严重的是，军队中开始有人叛逃到敌方阵营。这也许是士兵将河水泛滥看作一种凶兆而做出的选择，也有可能是托勒密行贿的结果，他们与佩尔狄卡斯的关系本就不够密切。为了解决这一困局，佩尔狄卡斯只好用财物收买自己的军队，并许以重诺。然而，长期忍受辛劳艰苦的军队却不吃这一套。这些手段充其量只能影响部分军官，普通士兵基本不买账。

佩尔狄卡斯应对士气低落的方式，是果决地进行下一步行动。在夜幕的掩护下，他带兵到达尼罗河浅滩上的骆驼堡。佩尔狄卡斯希望以迅捷的行动，在敌人发现他们之前，出其不意地袭击对方要塞。但他不太走运，托勒密时时保持警惕，很快击退他们的进攻。[21]

佩尔狄卡斯率军撤退，但其目的还是为在别处发动突袭。一天，他再次试图夜袭，这次的地点选定在孟菲斯附近。如果说摄政王的军队哪一点最不寻常，大概就是他们孤军深入这个通信没有保障的沙漠国家，这已足称奇迹。在征途中，佩尔狄卡斯发现一件幸事，那就是在孟菲斯附近的尼罗河中部，有一座足可驻下全军的岛屿。佩尔狄卡斯的军队很快开始渡河，但很快发现河水比想象中的更深更猛。当年亚历山大面对横渡底格里斯河的难题时，佩尔狄卡斯也在场。现在，面对同样的困难，佩尔狄卡斯想要套用那次经验。当时，亚历山大在渡河点下游部署几排骑兵，一方面能在此稍阻水流，另一方面也能及时救起落水的人。摄政王也效仿这一做法，但他用的是大象，且将其置于上游。他认为这样更能有效地控制水流。他的策略见效了，许多人顺利登岛，除了浑身湿透，没有任何损失。不幸的是，这批人和那些大象搅起河床上的沙，水流将沙带走，河床随之降低，水位升高。一些渡河的人被水卷走，就此失踪。现在，剩下的部队不可能再到对岸去。为了避免部队被分开，佩尔狄卡斯下令让已经登岛的人再回到岸上。但是，更大的灾难降临了。成百上千的士兵被水流夺去生命，还有人被敌军劫到对岸。一夜下来，佩尔狄卡斯折损 2000 名士兵。这个数字几乎与一场大战的伤亡人数相当，却是毫无意义地白送性命。更糟糕的是，许多溺亡者都被鳄鱼吞食，因而无法获得一场恰如其分的葬礼。这极大地影响佩尔狄卡斯麾下将士的士气。

此时，全军被困在埃及内陆，陷入绝境。他们既远离友军要塞，也无法占领一个可为军队提供足够庇护和补给的敌方市镇。士兵向摄政王大声叫嚷，认为摄政王把他们带进灾难之中。当佩尔狄卡斯的权威摇摇欲坠之时，自然有军官利用这个机会来挑战他的领导地位。培松发动政变，其追随者众多。既然已经背信弃义，培松索性一不做二不休，提剑闯入佩尔狄卡斯的帐篷，决心要杀死他。这一次，再没有忠心耿耿的侍卫保护佩尔狄卡斯，也再没有人被摄政王的雄辩说服。佩尔狄卡斯最终死在培松和其他高级官员的剑下，而这些人都曾蒙受他的恩惠。

摄政王尸骨未寒，北方的战报就传来了。如果欧迈尼斯战胜克拉特鲁斯的消息早一点传到埃及，佩尔狄卡斯也许就不会被杀。这片刻工夫足以要了佩尔狄卡斯的命。这位在巴比伦登上权力巅峰的人的结局黯淡无光。亚历山大去世后，佩尔狄卡斯将统一帝国维持了 3 年时间。虽然这统一实在不稳固，但之后再也没人能实现。其他的继业者未来建立的功业，恐怕也没有比这更大的。佩尔狄卡斯身后的名声不算太好，少有文献持同情态度。关于他生前最后一场战役的记载，像是特意诋毁。这些文字来自狄奥多罗斯（Diodorus）：

> 佩尔狄卡斯为人残暴血腥，就连他的指挥权也是篡夺他人而得。他深信武力能够统治一切。托勒密则相反，他慷慨而公正，让所有指挥官都能畅所欲言。[22]

狄奥多罗斯对亚历山大的这位首任继业者的分析，实在不算公允客观。他对这一时期的描述，主要征引希洛尼摩斯（Hieronymus）的记载。① 但其评价倾向表明，其所利用的文献多出自托勒密的支持者之手，甚至可能是托勒密本人的手笔。[23] 无论文本源流如何复杂，以一种不偏不倚的眼光来看佩尔狄卡斯，会发现他的失误主要来自个人性情和政治手腕两方面。他在政治上优柔寡断，甚至有些无能。在最后时刻，他对时局的判断又少了点运气。但是，他在亚历山大麾下的军旅生涯堪称典范，建立了赫赫功勋。也许佩尔狄卡斯的领导才能有限，但我们不应该忘记，自那位伟大的征服者死于幼发拉底河畔之后，他是如何在最初混乱残酷的几年统治整个帝国。

以上事件发生在公元前 320 年，是亚历山大去世后其手下互相残杀的第一次高潮。亚历山大去世后，整个世界充满机遇，但同时也非常危险——不论是对于军队高层还是普通士兵都是如此。亚历山大生前的亲密伙伴在几年内纷

---

①译注：希洛尼摩斯，公元前 354 年—？，卡迪亚人，希腊化时代历史学家，先后在欧迈尼斯、安提柯及德米特里乌斯一世麾下任职。他所写的主要历史文献是一部有关亚历山大继业者及其后代的作品，年代跨度从亚历山大逝世到皮洛士战争，已佚。部分内容保存在狄奥多罗斯《历史丛书》中。

纷陨落，他们出身高贵，历经无数战事且天赋过人。他们的去世，给那些没能在亚历山大面前崭露头角的人留下崛起的空间。在亚历山大去世之前，赫菲斯提安已经病逝，列奥纳托斯死于希腊的一场骑兵小冲突。现在，克拉特鲁斯与佩尔狄卡斯都已死去，活着的重要人物只剩下安提帕特。然而，安提帕特年事已高，且对亚洲没什么野心，所以他不曾插手亚洲事务。

不久之后，一些新面孔会走上帝国舞台。但就目前而言，人们只能寄希望于位高权重的老摄政王——腓力二世的朋友安提帕特解决目前的困局。不过，他的影响此时还不明显。当克拉特鲁斯兵败被杀的消息传来，安提帕特正在通往奇里乞亚的路上。从战场上逃出来投奔他的士兵形状凄惨，无声地明示着赫勒斯滂战役是何等惨烈。肯定有不少士兵希望与欧迈尼斯决一死战，那个希腊人此时正安坐于马其顿的交通要道上。克拉特鲁斯麾下的大量幸存士兵此时前来投靠安提帕特，他有足够兵力对抗欧迈尼斯。然而，他没有这样做，渐长的年龄没有削弱他的军事判断力。安提帕特撤回到后方作战，也许是对马其顿的保护，但也意味着他对黎凡特战事将毫无影响，而这场战役将决定未来很多年他在巴尔干的统治。

安提帕特身在安纳托利亚腹地，无从得知佩尔狄卡斯已经死于同袍剑下。因此他能想象到，他的敌人很快就会凭借埃及的财富迅速扩张势力，此中危机真实而迫切。我们无从得知安提帕特是在何时得知埃及的消息，有可能是在他到达奇里乞亚之时。这个海港城市的消息相当灵通，一点风吹草动就会尽人皆知。如今局势大变，托勒密不战而胜。从埃及北归亚洲的军队由亲托勒密的将领率领。他们可以打道回府，不用继续在这里作战。

当然，这并不是说行军途中的托勒密内心丝毫不感到恐惧，他脚下是亚历山大在伊苏斯战役走过的路。他无法把握取代佩尔狄卡斯的两位敌方将领的态度。比起安提帕特，这两位简直无足挂齿，但他们所带的兵都离家已久，对亚历山大时代的代表人物托勒密很难心存足够的敬畏。

事实证明，托勒密面临的危险并非强大的敌军，而是来自佩尔狄卡斯死后留下的权力真空和混乱局面。虽然王庭的政变速战速决，看似平稳度过，但马其顿的凝聚力就此失去，新上台的指挥官不知能否挽回这一损失。佩尔狄卡斯之死导致其支持者的势力大为衰减。为此，军中特意召开集会，在欧迈尼斯与阿尔塞塔斯等佩尔狄卡斯阵营的高官缺席的情况下大力谴责他们。克拉特鲁斯之死让许多普通士兵有复仇的想法，这对亲佩尔狄卡斯的将军的确是一个威胁。

托勒密渡河去参加这场集会，并发表演说。大家有意让他担任摄政，但托勒密不想接手这个烫手山芋。他动用自己的影响力，全力支持培松和阿里达乌斯。托勒密的影响力相当可观，因为他不仅能供应马其顿军队此时的粮草，还能保证所有人从沙漠中安全撤离。

一旦军队走出埃及，摆脱危险，新首领权威的不足很快就显现出来。先前，在托勒密的安排下，军队不得不让杀害佩尔狄卡斯的凶手上位。但事实上，他们很难对这个自私的机会主义者怀有忠诚。军队沿巴勒斯坦海岸向叙利亚进发，并没有听命于某人的感觉。培松与他们充其量算是一起行军，谈不上统率他们。而且，这位新任将领连士兵的薪水都付不起。此时，王室权威与部族忠诚都消失殆尽，无法作为主帅拖欠薪金时维系军队的纽带。

就在这支队伍从埃及向北跋涉的同时，另有一人开始着手实践长久以来的雄心壮志，此人正是欧律狄刻。她嫁给阿里达乌斯，如今贵为王后。佩尔狄卡斯阻挠过这桩婚事，在他还活着的时候，欧律狄刻没能挑战他的权威。现在，这位杰出的女性觉得，既然她的丈夫在她的辅佐下逐渐掌控权力，就不再需要那些庸才。欧律狄刻的谋划在军中获得不少支持，在她的运作下，培松和阿里达乌斯那一点权威被一扫而光。这些刚刚上位的将领无法把控兵变，也没有能力解决欧律狄刻这一新威胁，不得不辞去职务。佩尔狄卡斯的残部继续向前行进，但这再也不是一支纪律严明的军队，而是一个充斥着党派斗争和不满的聚合体。他们此行的目的地是叙利亚的会合点，他们要在那里等待南下的安提帕特。

两军会合点是一位波斯贵族建造的复杂围场，他在此地统治 10 年之久。一条长河穿过围场，丰富的水源使这里绿荫如盖。然而，那无头苍蝇一般的队伍到来后，一切都被搅乱。在此时的王庭中，欧律狄刻声名大显，因为她是唯一有纯正马其顿血统的成年王室成员。整个帝国都找不到第二位有如此权威的人，内政机构纷纷为其马首是瞻。培松和阿里达乌斯都已失势，他们位卑言轻，难堪大任。安提帕特即将采取行动，欧律狄刻迅速找到自己的盟友，那就是阿

塔罗斯。如今,阿塔罗斯手握的资源足够帮助欧律狄刻得到她梦寐以求的权力。他的妻子是佩尔狄卡斯的妹妹,在埃及被秘密处死。他把舰队从贝卢西亚带到推罗,尼罗河灾难的幸存者此时聚集在这里。阿塔罗斯现在坐拥舰队和越来越多的士兵,愈发声名显赫,而且还掌握大量财宝。这些财宝用于支付佩尔狄卡斯残部的薪水。不论是通过自己的关系,还是有人从中牵线,阿塔罗斯在特里巴拉德苏斯(Triparadeisus)同欧律狄刻一起接管佩尔狄卡斯留下的部队。[24]

炎炎夏日炙烤着地面,大象享受着河里的淤泥。营地里的帐篷无法为士兵带来足够保护,薪水也迟迟未到,他们变得越来越好斗。在这种境况下,一些老战士带头起事。士兵都记得,当他们跟随亚历山大在印度、比阿斯(Beas)、奥匹斯与巴比伦作战的时候,这些头发花白的枪兵就垂垂老矣,乃至脊梁都弯曲了。军官无力维持正常纪律,而且也十分理解士兵的愤怒。军队欠了商人的债,商队就一路追着战士要债,丝毫不顾他们未履约的理由。

面对这场混乱,欧洲的总督安提帕特赌上自己的尊严,拿不准士兵的不满到底有多强烈。他的军队经过长途跋涉早已疲惫不堪,许多人都受到克拉特鲁斯大败的影响,士气低落。士兵在河的一边扎营,然后过桥走向国王军队的营地。安提帕特与来人相见,军中暴徒立即被激怒,大喊着要他归还拖欠的工资。

桥梁在厮打中倒塌,幸得从埃及来的两人相救,安提帕特才幸免于难。其中一人是塞琉古,他从埃及回来后就没有什么安排,也没有做好直接挑战培松和阿里达乌斯的准备。尼罗河一役之前,他与军中许多人职衔相近,但他后来取得更高的权力。"独眼"安提柯在塞浦路斯的战役里与佩尔狄卡斯对决,之后很快在军中有了些影响。塞琉古与安提柯一起去保护安提帕特,让安提帕特有足够时间渡河回去保护自己的营地。

士兵很快醒悟,他们差点杀掉一名在亚历山大和腓力朝中效力多年,为国家尽心尽力服务的人。更重要的是,眼下只有安提帕特能给马其顿带来和平,而其他想要掌权的人只能埋下内乱的祸根。我们并不清楚双方是如何和解的,但结果是安提帕特获得无可争议的领袖位置,或许还找到资金,用来暂时缓解拖欠薪金的问题。他开始重新调整帝国的秩序,亚历山大创造的战争巨兽在老摄政王的领导下暂得喘息。安提帕特承诺,他会为帝国带来稳定。但人们很快就会知道,这次他们迎接的依旧是虚假的安宁。

时间将会证明，如同在巴比伦那场集会中角力的人一样，但凡登上权力巅峰的人，很少能活得长久。托勒密与利西马科斯的总督之职被再次确定，不过这不能算政治任免，而更类似于对现状的承认。塞琉古因其忠心获封巴比伦，但他很快就与其他人一样，被安提帕特新任命的亚洲将军驱逐出境。安提帕特在佩拉积累了足够丰富的治国经验，他联合马其顿最高层官员，在这里建立新的定居点。不过，他们还需要解决佩尔狄卡斯余党的势力。[25] 安提帕特的年纪太大，难以长期统治帝国。可以肯定的是，在不久之后，马其顿又将陷入亚历山大刚去世时的那种混乱状态。而接下来的，就是未来40多年的持续纷争。

马其顿的挣扎

第三章

波利伯孔每饮必乐而起舞。

尽管他年事已高,

尽管全军论军功和威望无出其右者,

他还是穿着藏红花染的外衣,踩着西锡安拖鞋,

不停地舞蹈。[1]

安提帕特于公元前 319 年去世,当时他身任亚历山大留下的整个帝国的摄政。这个他亲眼看着一点点发展起来的国家如今已经过于庞大,穷马其顿之力也难以继续控制。而且,人们一直怀疑安提帕特实际上并不对亚洲事务感兴趣,因为他一生中只有在晚年才来到亚洲,且仅此一次。虽然安提帕特在众人之上发号施令,但真正统治亚洲的是安提柯。这位老摄政王更重视马其顿和希腊地区,那里遍布他的驻军或盟友。还是婴儿的亚历山大四世与腓力·阿里达乌斯两位国王都跟随安提帕特住在佩拉,享受王室应有的待遇,但实权还是归于安提帕特。现在,这位老摄政王的生命走到尽头,是时候选择接替他的人了。[2]

安提帕特临终前决定,不让安提柯或其他在亚洲争逐权力的将军来掌控帝国,而是提名波利伯孔继任。那些将军肆无忌惮,野心昭然,已经做好准备接受安提帕特的任命。所以在此时任命波利伯孔,将是一个巨大冲击。波利伯孔也不年轻,公元前 319 年他已 60 多岁。与安提帕特和安提柯一样,波利伯孔也曾在腓力麾下效力。在他当下地位的背后是扎实的军功。与许多人一样,

他在腓力手下的事迹鲜为人知，但亚历山大继位后，波利伯孔开始闻名于军中。在伊苏斯战役中，一名方阵指挥官阵亡，波利伯孔临时受命去填补这一空缺。不过，波利伯孔成为高级军官已经是很晚的事。他是提菲亚（Tymphaea）王室成员，他的国家是腓力征服的最后一个小王国。他的血统与亚历山大关系颇远，也许他的年龄是获得提拔的原因。不过，当适合他的空缺职位出现后，他很快就获得令人瞩目的地位。

直到征讨巴克特里亚人与索格狄亚那人之前，波利伯孔才在波斯门（Persian Gates）①的战斗中独立指挥战争。他的主要工作是在亚历山大手下指挥步兵方阵。在斯瓦特高地那场破釜沉舟的战役中，波利伯孔率军作战取得胜利，拿下了进入奥纳斯（Aornus）岩地路上的重要城市奥拉（Ora）。

亚历山大在位期间，波利伯孔最引人注意的举动，恐怕就是在索格狄亚那战役期间的晚宴上。亚历山大日益以大流士的继承者自居，追随他的波斯人也乐见其成。波利伯孔不太看好这种变化，在宴会上公然嘲笑一位波斯朝臣。这位波斯人在向亚历山大行礼的时候，下巴几乎磕在地上。波利伯孔嘲讽道，他应该磕得再重些。这引起亚历山大强烈的反应，他把波利伯孔拖到地上，强迫波利伯孔学波斯人的样子行同样的礼。[3]直到伟大的征服者寿终，波利伯孔也未曾与其在帝国政治上形成统一意见。当克拉特鲁斯率10000名老兵返回欧洲时，波利伯孔担任他的副手。

在亚历山大统治期间，波利伯孔的履历虽然没有什么严重的污点，却也的确未能取得很高的军衔。他的身影被托勒密、培松、列奥纳托斯、朴塞斯塔斯及塞琉古这些冉冉升起的新星的光辉所掩盖。亚历山大去世时，波利伯孔不在巴比伦。他前路迷茫，完全听凭克拉特鲁斯的选择。在拉米亚战争中，波利伯孔为最终的胜利出过一份力。因此，公元前320年，当安提帕特、克拉特鲁斯以及卡山德都前往亚洲与佩尔狄卡斯对决之时，波利伯孔自然成为统治希腊的唯一人选。

安提帕特选择这样一位差不多与自己同辈的人作为继任者，主要是考虑

---

① 译注：波斯门是一个地理概念，为扎格罗斯山脉的一部分。

到他与自己一样长期效忠于亚历山大帝国，应该会有足够的忠诚守护国家和国王。如果波利伯孔活得足够长，那么他还有可能看到亚历山大四世登上王位。不过，这一决定令朝中另一人感到惊讶，且感到深深的侮辱。此人就是安提帕特的长子卡山德，他原本希望自己可以继承父亲的衣钵。卡山德与亚历山大同龄，却没有与国王共同前往亚洲冒险，而是与安提帕特一起留在佩拉。有人认为，卡山德自青年时期起就与亚历山大是死对头。这一结论有失肤浅。要知道，卡山德的弟弟伊奥拉斯（Iollas）就陪着亚历山大远征，担任国王的司酒官。这是一个相当令人尊敬的职位，因此很难说亚历山大对摄政王一家有什么敌意。

卡山德是一个有智慧且有教养的人。腓力在世时，他在宫廷中与亚历山大一同学习，一起上亚里士多德的课。当亚历山大在亚洲时，卡山德辅佐其父在马其顿摄政。他的协助应当非常有用。因为我们知道，安提帕特把一项重大任务交给了他，那就是在亚历山大提出让克拉特鲁斯取代安提帕特坐镇欧洲时，前往国王身边阻止这一计划。对于卡山德和国王的私人关系来说，这一任务无疑会带来灾难。二人就该问题发生多次冲突，这对卡山德未来的行动造成深远影响。此事还没有解决，亚历山大就已去世，安提帕特一家不再需要就此继续纠缠。卡山德在巴比伦见到许多已经 10 年未见的人，但并未干预巴比伦的诡谲风云就回到了马其顿。[4]

虽然卡山德在拉米亚战争中没有起到什么重要作用，但在特里巴拉德苏斯，他还是陪伴在父亲身边。他一度与安提柯密切接触，当安提帕特带着两位国王回到佩拉的时候，卡山德却回到父亲身边，分担日益繁重的政务。公元前 319 年，雅典的迪马德斯遣使到访，卡山德迅速做出回应。这位雅典人此行的目的是，请求马其顿撤回拉米亚战争后驻守在穆尼齐亚的军队。不过，迪马德斯不知道，自己和佩尔狄卡斯之间的通信早已被安提帕特掌握。卡山德十分恼怒雅典人的这番行径。因此，迪马德斯父子一到达佩拉，就被卡山德处死。[5] 这一冲动暴行未经审判或其他任何正当程序，也并非病中的安提帕特之过。

这一事件让安提帕特感到忧虑，他不确定自己的儿子能否胜任帝国管理者的角色。卡山德在巴比伦的作为以及他明显的个人野心让安提帕特感到，他可能不适合保卫与指引亚历山大四世。于是，这位老人决定不把监国重任交给自己的儿子。但安提帕特又的确看到卡山德的能力，希望他能为王朝所用。最终，安提帕特任命卡山德为下任国王守护者的副手。

卡山德完全不想成为另一个老人的助手，他想要为自己的继承权奋斗。他对安提帕特的决定的不满和愤怒几乎难以掩饰，但还是在其父过世几天内，为这位公民领袖安排了一场恰当的葬礼。起初，波利伯孔以为卡山德甘心成为自己的下属，便放松了警惕。当波利伯孔终于察觉到卡山德的野心之时，后者已经撕下忠诚的伪装，以狩猎的名义带着一众追随者出走佩拉，穿过赫勒斯滂海峡去找安提柯。

在离开马其顿之前，卡山德就已经开始自己的布局。他在国内外都找到盟友，布下自己的力量。他与托勒密结盟，又通过一些中间人，与其父在希腊的老朋友继续保持联系。最重要的是，他取得一次地方政变的胜利，那就是夺取比雷埃夫斯的要塞穆尼齐亚。完成这一壮举的是卡山德手下最优秀的将军之一尼卡诺尔。在安提帕特的死讯传到这里之前，尼卡诺尔迅速扳倒前任指挥，将此地收归卡山德的势力范围。[6]

安提帕特临终前的一切安排都是为了让权力和平过渡，然而这一切都在他儿子的野心下分崩离析。波利伯孔迅速采取行动，召集了一场会议。参会人员都是波利伯孔认为没有被卡山德收买的人。他们的讨论触及帝国的各个地区各个方面。现在，安提帕特的儿子投靠安提柯，那么波利伯孔也需要在亚洲找到一个能制衡他们的盟友。波利伯孔以监国的名义废黜卡山德的一切官职，也夺取他在奇里乞亚的军权与财富，转而将之归于欧迈尼斯。作为佩尔狄卡斯的旧属，欧迈尼斯在埃及受到集会的追究，但后来却被轻易放过。波利伯孔的思路很简单：既然安提柯用卡山德搅乱欧洲局势，那么他也以牙还牙，用欧迈尼斯在亚洲给安提柯找点麻烦。

波利伯孔想要拉拢的另一位盟友离他更近，那就是腓力之妻、亚历山大大帝之母、亚历山大四世的祖母——奥林匹亚丝。几年前，奥林匹亚丝与安提帕特争执后被迫出走佩拉，回到祖国伊庇鲁斯。因此，她不太可能对安提帕特的儿子存什么善心。波利伯孔邀请她回到佩拉，照看孙子亚历山大四世，并将他培养为国王。奥林匹亚丝的确是一个重要的政治资本，她不但可以带给波利伯孔声望，还能为波利伯孔带来伊庇鲁斯同胞的军事支援。但事情的结局令波利伯孔惊讶而失望，因为奥林匹亚丝在垂询老友欧迈尼斯的意见后，拒绝了他的请求。奥林匹亚丝在等待时机。她知道，在斗争的结果变得明了之前，暂且不要贸然参与其中。她表面上依旧保持中立，但经常利用自己的影响力左右波利伯孔的行动。

波利伯孔的政治手腕暂时取得成功，但来自南方的威胁使他不得不采取更激进的措施。安提帕特过去控制希腊主要是依赖各城邦的寡头政治集团。寡头为了换取马其顿的支持，也很乐意以独立自主权和国内民主作为交换。如今，他们正在与安提帕特的儿子接触，希望借此继续保持自己的权力。卡山德也一直努力扶植他们。为了对抗这一力量，波利伯孔以两位国王的名义发布公告，号召寡头的政敌们发动战争，推翻寡头，建立民主政体。公告驱逐了安提帕特设立的政府，将投票权扩大到财富较少的公民，并宣布马其顿不再控制希腊。尽管这些动作的确符合波利伯孔的直接意图，但他却开了一个危险的先例，使马其顿再难掌控希腊本土了。[7]

波利伯孔谋划已定，现在他要做的是在军事上彻底取得成功。雅典一直是最令人瞩目的地方，承载着希腊的历史与文化。后人回看古史的时候，往往会夸大雅典在政治和军事上的重要性。不过，比雷埃夫斯的港口及其强大的海军力量的确很有战略意义。因此，雅典是一个值得拉拢的盟友。当马其顿的号令传来，雅典重归自由的时候，整个城市陷入混乱。很多雅典公民都对波利伯孔的倡议充满热情，但想到驻守在比雷埃夫斯的尼卡诺尔，不由得感到忧虑。此时，整个港口都在尼卡诺尔的控制之下。

卡山德很幸运，虽然眼下没有任何迹象表明他的大业真的能维持长久，但其手下尼卡诺尔对他的忠诚还是坚如磐石。就连奥林匹亚丝写信劝说尼卡诺尔把比雷埃夫斯的控制权归还雅典人，也不见丝毫收效。不久之后，尼卡诺尔更迫切的威胁出现了。这次不再是太后的纠缠，而是波利伯孔此前默默无闻的儿子亚历山大。公元前318年的春天，亚历山大担任其父手下的第一将军，率领一支王室军队，受命前来驱逐卡山德在阿提卡的势力。此后数年，亚历山大将展示自己的军事才能和政治野心。消息传来不久，亚历山大便已率大军压境而来。当他到达阿提卡，就不可避免地身陷雅典的国内事务之中。

雅典贵族此前一直在安提帕特的支持下统治着这个城邦，而现在突然被波利伯孔的自由宣告动摇了权力，不复往日荣华。福基翁是其中的典型，因为他有与尼卡诺尔合作的嫌疑。人们怀疑，福基翁想要将比雷埃夫斯据为己有。亚历山大使雅典国内民主派找到机会，他们趁机召开公民大会。昔日的贵族统治者轻则被驱逐出境，重则被处以死刑，财产尽数充公。这些陷入绝境的人在他们统治多年的城市中竟找不到一点支持的力量，于是在宣判之前慌不择路地逃到亚历山大的营地。亚历山大做出一个明智的决定，将这些人交由其父处理，他自己当下有更紧迫的军务。

监国波利伯孔既不希望雅典就此与自己为敌，也不想永远失去比雷埃夫斯，因此别无选择，只能继续打压这些贵族。现在，他最重要的任务是与雅典结盟。吕底亚总督克利图斯不久前从阿提卡的营帐中逃走，现在正听候波利伯孔的差遣。此次便由他押送福基翁及其同僚回到雅典。

在雅典，这些镣铐下的贵族再次被定为死罪，且不容赦免。之前被流放的一些人，在波利伯孔的允许下又恢复公民身份。这一次，雅典的民主派不想再因手软而给对手东山再起的机会。在这些死刑犯中，福基翁曾是在马其顿的扩张过程中最后一批政治斗争的赢家。多年来，他始终务实，一直依附于马其顿强权。这种依附给他带来不少便利。如今，在马其顿各派系分裂倾轧之际，他最终死于自己的苦心经营。

尼卡诺尔依旧是个问题。监国者的儿子亚历山大也曾尝试谈判，尼卡诺尔与其展开周旋。此后，尼卡诺尔的援兵赶来，而马其顿王室的军队还没来得及布防福基斯到比雷埃夫斯这一小段距离。卡山德率一支由35艘战船组成的舰队驶入港口，舰上有4000名士兵。尼卡诺尔看到自己效忠的人赶来非常欣慰，因为他自己的能力有限，很难控制整个港口并对抗迎面而来的王室军队。

波利伯孔来得太晚。比雷埃夫斯三面环海，坚不可摧。卡山德的舰队控制着港口所有水域，即使是进攻陆地上短短的防线，也会非常困难。阿提卡已经不能为大军持续不断地供给粮草。雅典这座城市的粮食供应一直依赖进口，而现在海上道路被封，眼看就要发生饥荒。波利伯孔不得不移兵他处，转向伯罗奔尼撒半岛，留下亚历山大进攻比雷埃夫斯。当军队穿越科林斯地峡的时候，波利伯孔期待热烈的欢迎。因为有消息称，伯罗奔尼撒本来由安提帕特的一些盟友控制，寡头们统治血腥残暴。而现在，波利伯孔的政策让民主派掌握权力。

卡山德试图向陆地上的人们展示，他的舰队并非通过切断补给来消耗对方的战斗力。阿提卡的公民对此无动于衷，波利伯孔更是直接从伯罗奔尼撒派来一支舰队，使卡山德施展不开拳脚。如今，安提帕特之子居阿提卡一隅，孤立无援，四周都是敌军的包围。不过，发生在梅格洛城的事件扭转了这一局面。

梅格洛城是伯罗奔尼撒半岛的主要城市之一。梅格洛人没有赶走寡头，且继续忠于安提帕特家族。波利伯孔无法容忍这样一个大城市违抗自己的命令，决定让它受点惩罚。他率大军前来，并带来大象与攻城车。尽管梅格洛城的防御工事规模宏大，波利伯孔的军队还是很快包围这座城市。不久，波利伯孔的士兵们就接连攻下 3 座塔楼，塔楼之间的防御工事也被一并破除。但在接下来的攻击中，他们却被守城士兵仓促间建起的第二道城墙拦住。

第二波攻击打头阵的是波利伯孔从马其顿带来的象军，计有 65 头大象。面对这样的进攻，守城将士很快铺设了蒺藜 ①，使大象残疾，失去战斗力。然后，他们以密集的投掷武器击伤驭象的士兵。

波利伯孔的包围几乎完全瓦解，军队主力被打得七零八落，只剩下主帅周遭一点象征性的力量围着这个伤痕累累却一直没有屈服的城市。这一战事影响很大，整个希腊都为之哗然。从波利伯孔陷入如此尴尬境地的瞬间开始，他苦心营造的成功景象如泡沫一般消解。王室军队的士气受到严重影响，一些希腊城市见机投靠卡山德。比雷埃夫斯与梅格洛城的大逆转削弱了波利伯孔的势力，巴尔干半岛的军事平衡再一次动摇。

更糟糕的事情还在后面。波利伯孔在陆地上的棘手局面因海上更大的失利变得愈发复杂难解。他的盟友克利图斯一直率舰队控制着普罗彭提斯海（Propontis，今马尔马拉海），以阻挡安提柯从亚洲前来支援卡山德。然而，尼卡诺尔此时率领安提帕特的海军前来挑战，双方在拜占庭附近展开一场激烈海

---

① 译注：蒺藜原为一种植物，后来被借用指称一种防御武器。蒺藜四角分叉，置于地上时其中一角自然向上，可有效阻挡或减缓敌军通过的速度，对步兵、骑兵、骆驼兵与象兵都很有效。

战。尽管克利图斯的舰队最初占据优势，但还是因搁浅而被歼灭。克利图斯遁走色雷斯，最终被利西马科斯的士兵俘杀。他戎马一生，却落得如此不光彩的下场。

雅典人此时的态度也表明，波利伯孔的影响力急剧下跌。雅典城的领袖们意识到，他们的盟友波利伯孔无力赶走占据比雷埃夫斯的卡山德，也无力召集一支强大海军。雅典人要想夺回港口，就必须与安提帕特之子达成协议。协议的条款包括：允许雅典保留基本的自治权；比雷埃夫斯港重归雅典；卡山德保留在穆尼齐亚的驻军，且有权为雅典任命一名政府监督者。这一重要人选是法莱卢的德米特里乌斯（Demetrius of Phalerum），在未来的岁月里，他对卡山德事业的贡献是无价的。德米特里乌斯是一位哲学家，同时也是个精明的政客。他为雅典带来和平与繁荣，而不是为了争取所谓的独立而让整个城邦冒险。这一职务的任命如此重要而微妙，但卡山德对雅典的控制，还是着眼于穆尼齐亚要塞的军事力量。

尼卡诺尔得胜后，乘坐克利图斯的船凯旋。这让希腊人察觉到，那段不情不愿的自由时光已经结束，真正决定权力的还是武力。卡山德因舰队凯旋而感到喜悦，又担忧尼卡诺尔的个人野心，两种情绪难分高下。尼卡诺尔一直以来都足够忠诚，也非常有能力，为卡山德与波利伯孔的斗争贡献良多。然而，这并不能消弭卡山德的忧虑。卡山德认为，尼卡诺尔此来的目的，实际上是让自己的部队进入穆尼齐亚，然后伺机发动政变。若说尼卡诺尔仅仅是回来重掌战役前在此地的势力，卡山德是万万不相信的。疑心很重的卡山德逮捕了尼卡诺尔，在一场集会上判处他死刑。[8]

如今，卡山德在希腊占据上风，波利伯孔本就岌岌可危的地位被发生在北方的事进一步撼动。这位老将军在马其顿的统治受到挑战，大祸迫在眉睫。这些事情的幕后推手是腓力·阿里达乌斯的妻子欧律狄刻。当王室从巴比伦移驾马其顿的时候，安提帕特并没有刻意要求欧律狄刻一定要扮演一个顺从的妻子角色。安提帕特死后，一系列冲突给欧律狄刻更多的机会开始自己的谋略。现在，她一心想要推翻波利伯孔。这位老将军南下的时候，她留在佩拉。最近，当波利伯孔一连串失利的消息传来，欧律狄刻便趁势而起。她先是拉拢一批马其顿首都最重要的贵族和官员，把他们培植成自己的势力，又与他们一同策划让波利伯孔下野，而她自己升任摄政。她一定得到卡山德留在马其顿的势力的协助，就算双方没有事先联系，他们对监国者的共同敌意，也足以让他们走到一起。

对欧律狄刻来说，非常不幸的是，马其顿王室另一位位高权重的女性介入她的霸业，那就是太后奥林匹亚丝。奥林匹亚丝一直没有真正投身于波利伯孔的阵营，她留在祖国伊庇鲁斯，观察着马其顿和希腊的风云变幻，却未曾插手。通过安插在佩拉的伊庇鲁斯眼线，奥林匹亚丝得知马其顿王国正面临严重威胁。她的孙子亚历山大四世过些年才能接管王国，而作为摄政或王室佐臣，没有人能够永远保持对一个未成年国王的忠诚。欧律狄刻的野心昭然若揭，而她的冷酷也是远近闻名。这就意味着，如果欧律狄刻掌权，亚历山大四世注定不会活到成年那一天。

奥林匹亚丝首先从伊庇鲁斯派了一个使者去见波利伯孔，提议双方结成一个正式同盟，共同对抗欧律狄刻和卡山德。这对波利伯孔而言，简直是一根救命稻草。与奥林匹亚丝的合作，不仅意味着他可以利用伊庇鲁斯的兵力，而且让这位陷入僵局不知所措的老人一下子找回生活的方向。波利伯孔的确天赋极高，但比起独自任事，他更适合处于别人的领导之下。他依旧独掌大军，但自从梅格洛城的失利后，他再没有什么实际举动，因为他不知道自己的目标何在。奥林匹亚丝虽然是个有很多缺点的女人，但她唯独不缺决断。经验丰富的老太后与老将军的合作，让马其顿现今的合法政治势力重新焕发活力。

我们并不清楚波利伯孔是怎样离开伯罗奔尼撒的。总之，他在公元前318年到公元前317年的那个冬季将尽时来到伊庇鲁斯，与奥林匹亚丝及其堂弟会合，而太后的这位堂弟就是伊庇鲁斯国王埃阿喀得斯（Aeacides，皮洛士之父）。春天的时候，他们率领波利伯孔的残余部队及伊庇鲁斯军队，浩浩荡荡地进入马其顿地界。欧律狄刻相当惊讶，赶紧逃离佩拉，向西北方撤离，并向南方的卡山德求救。奥林匹亚丝与波利伯孔的联军进入佩拉，亚历山大四世终于得到祖母的直接呵护。太后容不得欧律狄刻这样逍遥法外，一路将她追到马其顿与伊利里亚交界处的埃乌亚（Euia）。

欧律狄刻组建了一支庞大的军队，但战士们一看到腓力二世的妻子、亚历山大大帝的母亲来与他们对阵，立即腿软得丢盔弃甲。不幸的腓力·阿里达乌斯当场被捕,欧律狄刻则向色雷斯逃去(可能与利西马科斯一同逃难)。然而,当她快到安菲波利斯(Amphipolis)的时候,还是被捉住。

几十年来,奥林匹亚丝一直梦想着掌握马其顿的最高权力。为了这一目的,她与丈夫腓力对峙,与安提帕特争执,还惹恼自己的儿子。因为奥林匹亚丝终究是自己的母亲,亚历山大没少为她感到头疼。现在,她终于登上佩拉的政治巅峰。很快,国内没有任何力量能束缚她的手脚,哪怕是名义上监护国王的波利伯孔,也无法对太后的举动置喙。奥林匹亚丝上台以来,马其顿国内人人自危。波利伯孔终于意识到,自己无力对抗这位盟友,只好重新南下,去与卡山德对战。

奥林匹亚丝的统治再无任何束缚,很快就显示出血腥的一面。多年以来,她生活在挫折、痛苦与屈辱之中,几乎没有安宁的时日。这让她的人格受到极大的伤害。如今,再也没有人能限制她的权力,于是她治国如同一场复仇的狂欢。我们不能把她的政治生涯看得太肤浅,不能只听信当时卡山德对她的宣传,诸如她如何残暴地对待安提帕特之子的故事都不能尽信。

现在,整个马其顿的权力都被这位年迈的太后牢牢掌控。欧律狄刻与阿里达乌斯被囚禁在一个小屋中,只留一个狭小的缝隙以供饭食。这种暴行逐渐在马其顿人中引起不满。在他们看来,阿里达乌斯尤为无辜,虽然他的妻子借他的名号来谋事,但他本人并不知情。而且,不管阿里达乌斯的精神状况如何,他的血统依旧属于阿吉德王朝。正因为他是腓力二世的儿子,也是亚历山大的潜在对手,奥林匹亚丝才一直对他怀有恨意。这种恨意并未因年岁增长而减弱。如今,奥林匹亚丝发现,对阿里达乌斯的人道主义态度反而激起不利的声音,于是决心让这个与她孙子竞争权力的人永远沉默。招募合适的刽子手并不容易,因为马其顿臣民往往不愿让一个拥有王室血脉的人死于自己之手,他们对王室充满感情。太后认为色雷斯雇佣兵应该是个不错的选择,因为他们垂涎丰厚的赏金,并不会因为杀死腓力·阿里达乌斯而心生畏缩。最终,腓力·阿里达乌斯死于色雷斯人的刀下。这位倒霉的国王在位6年,在此期间他背负整个已知世界的重任,被墨勒阿革洛斯、佩尔狄卡斯、培松、安提帕特、波利伯孔乃至于自己的妻子欧律狄刻所利用,自己却毫无影响力可言。他自己恐怕也很不愿意生活在这个政治权力的漩涡中心。在巴比伦集会的那场混乱中,墨勒阿革洛斯把默默无闻的他一举推向前台。现在，他悲哀的一生终于被那个让他处于如此精神状态下的女人终结。

欧律狄刻并没比阿里达乌斯活得更久。奥林匹亚丝给了她三个选择:自刎、服毒或自缢。失去伴侣的王后决心保全王室的尊严。她仔细清洗丈夫的遗体，为他穿戴齐整，让他至少死得像个国王。她或许想以这个方式为多年来的无情利用赎罪，纵然这来得太迟。她精心完成这一切，最后用自己的腰带悬梁自尽。

现在，阿里达乌斯与欧律狄刻都死去了，但奥林匹亚丝的恨意不曾消减。她继续对安提帕特一家赶尽杀绝，以报多年宿怨。虽然那位老人已经去世，而他的长子也不在近前，但其他亲属却难逃厄运。卡山德的弟弟尼卡诺尔很快被太后处决，而他们的另一位兄弟伊奥拉斯（据传正是他下毒杀死亚历山大）虽已身死，奥林匹亚丝还是刨开他的坟墓进行羞辱。另有100名马其顿显贵被判定为卡山德的支持者，列于追杀名单之上。这些年里，党同伐异再寻常不过，但如此残酷的清洗行动还是令人闻风丧胆。从长远看，这些暴行对奥林匹亚丝的事业毫无帮助，反而让许多人对她再无敬意。

这些动乱发生的时候，卡山德一直留在希腊。因为没有波利伯孔添乱，卡山德在收复伯罗奔尼撒的过程中取得不少胜利。当然，也不是所有城邦都乖乖听命于他。事实上，当马其顿的消息传来之时，他正准备围攻阿卡迪亚（Arcadia）的特迦（Tegea）城。

卡山德对奥林匹亚丝的做法震惊万分，但他却不能仅凭怒火的指使就贸然回去。卡山德很清楚，奥林匹亚丝现在大失民心。如果他此时回归，将会有很多人期待他推翻这位外族女子的暴政。即便如此，他还是有许多理由留驻此地。首先，波利伯孔之子亚历山大此时就活跃在半岛上。亚历山大手下的兵力强大，若卡山德离开，就要冒着将一切奋斗成果拱手让人的风险。而且，这一路充满艰险，埃托利亚人正准备拦下他的去路。他们在公元前320年被波利伯孔征服，此后一直效忠于这位年迈的监国。此时，埃托利亚人占领了温泉关，这是卡山德北归的必经之路。卡山德明白，自己若没有马其顿，就什么都不是。于是，他与特迦城达成零时休战协议，调头北归。当他行进至科林斯地峡附近的时候，他的盟友正在抵抗亚历山大的侵略，并准备与奥林匹亚丝进行最终对战。

卡山德行至温泉关附近的时候，已经对埃托利亚的防御系统了如指掌。突破这个关卡实在过于艰巨，而卡山德十分清楚，自己的目标是马其顿，而不是这个希腊半岛的战略要地。他找到在优卑亚（Euboea）海峡两岸的盟友，迅速召集一批小型船。随后，卡山德用这支临时海军把部队运到色萨利，绕过了温泉关，并未与埃托利亚人交锋。过了这一关，接下来还有一个障碍在等着卡山德。波利伯孔在佩雷维亚（Perrhaebia）山上的一个有利位置等着卡山德。卡山德要想穿过马其顿南部到达佩拉，就必须路过这里。届时，波利伯孔将占据卡山德军队左侧的位置，极易战胜他。卡山德依旧清醒，不允许自己偏离主要目的。不过，他也不能对波利伯孔放任不管，因为那样波利伯孔会在后方切断自己的补给线。因此，卡山德从卡拉斯（Calas）手下抽调一部分兵力，去与波利伯孔缠斗，而其他部队则直接前往马其顿腹地。奥林匹亚丝当然不会坐待卡山德前来，她另有计划。太后将王庭从佩拉转移到皮德纳（Pydna），这里地形条件优越，一旦事态发展不利，她可以迅速从海上逃走。

奥林匹亚丝带来大量非战斗人员，又把军队主力留在后面，以此在与卡山德的战争中尽可能留存实力。她此行选择的总指挥是阿里斯托诺斯。这位将领出身高贵，曾是亚历山大的7名侍卫之一。人们一提起阿里斯托诺斯，就会想到与他共事的另外6人：赫菲斯提安、佩尔狄卡斯、托勒密、培松、列奥纳托斯和利西马科斯。这些人素有名望，而阿里斯托诺斯也就因此闻名于世。

卡山德很高兴看到阿里斯托诺斯暂时离开，这样他就可以专心面对奥林匹亚丝一人。不知是卡山德的行军速度太快，还是奥林匹亚丝手下的将军无法及时调动军队，最终卡山德轻易地穿过皮德纳南部，将太后围困起来。他率军布下防守工事，从陆地一侧阻断奥林匹亚丝的去路，又让战船聚集起来，以隔绝从海上来的支援。现在看来，奥林匹亚丝插翅难逃。然而，在面对这样一个多方向同时存在威胁的局面之时，卡山德还是感到自己在进行一场豪赌，他把赌注都押在敌人的头目身上。事实证明，他赌对了，因为奥林匹亚丝的支持者们反应各异。波利伯孔这次依旧没有插手。在佩雷维亚山上，卡拉斯向波利伯孔的军队广施贿赂。很快，大部分士兵都离开波利伯孔。他不得不以努力生存为要务，再没余力来管奥林匹亚丝。

现在，从波利伯孔那里获得帮助的可能已绝，奥林匹亚丝转而向她最后的希望——她的祖国伊庇鲁斯求助。她派人去伊庇鲁斯找埃阿喀得斯，请求他派出援军。这不是她第一次动用伊庇鲁斯的军事力量。卡山德方面也有对策，他派一位名为阿塔里亚斯（Atarrhias）的将军封锁伊庇鲁斯到马其顿的道路。奥林匹亚丝注定要又一次对埃阿喀得斯失望。伊庇鲁斯军队无意插手马其顿的战争，因为除了国王的那位亲戚，这场外族人的战争与他们实际上毫无关系。很显然，国王的野心与臣民的愿望很难达成统一。伊庇鲁斯的军官和士兵都不愿离开祖国，他们在不久前刚发动过一场兵变。如今，又要他们在严冬作战。大多数将士都拒绝前往。埃阿喀得斯别无选择，只好让大部分人回家，带领剩下的几人去帮助他的堂姊。我们不知道这微不足道的几个人能做些什么，只知道在被拒绝后，他又领兵回到伊庇鲁斯，而这时等待他的只有危险。那些半途归来的人们发动了一场政变，放逐埃阿喀得斯的幼子皮洛士——这位未来的国王将会是最热爱开疆拓土的伊庇鲁斯人。

奥林匹亚丝将自己最后一线生机托付在阿里斯托诺斯及其在马其顿的部下身上。当时，阿里斯托诺斯正在安菲波利斯，这座城市位于斯特鲁马（Strymon）河口，与色雷斯接壤。色雷斯的重要城市中还驻有不少马其顿将军。然而，他们面对卡山德对皮德纳的封锁，丝毫没有反应。如果在下一场战役中他们能够动员足够兵力，完全可以给卡山德带来不小的麻烦。他们对奥林匹亚丝的忠心毋庸置疑，此时并未出击不是由于个人的意愿，而是因为他们手里的军事资源实在有限。除了驻军部队的数量限制之外，还有一个制约因素让他们迟迟无法反击卡山德，那就是国家征税。他们无法像伊庇鲁斯人一样，在一年之内征收到许多税款，更不可能让马其顿农民在公元前 317 年的战役中直接上场冲锋。

这一年冬季，孤立无援的奥林匹亚丝的处境变得愈发艰难。卡山德也没有轻松多少，接连不断的暴风，使他难以派出舰队从海上进攻。他只能依靠围城战术，用饥饿逼奥林匹亚丝投降。卡山德其实也不愿意被束缚在这里，他意在佩拉，但又不能离开皮德纳。这座城市把守着从奥林匹斯山到大海之间的要道，如此重要的战略据点必须拿下。无论如何，在这严酷的冬季，攻打首都实在是一个过于艰巨的任务。

奥林匹亚丝的选择还算明智，因为皮德纳城的防御能力很强，能对付长期围攻。但是，奥林匹亚丝仍然充满忧虑。这是因为她带来为数众多的非战斗人员，包括她的孙子亚历山大四世、儿媳罗克珊娜、腓力二世的女儿塞萨洛尼切（Thessalonice）以及新近被流放在外的伊庇鲁斯王室成员。这些人还有大量随从，他们都需要粮食，但无益于防守。此外，奥林匹亚丝还有一支大象部队，这些大象从梅格洛城的战斗中存活下来，在严冬里穿越巴尔干半岛来到这里。在如此负担下，城中粮草很快出现短缺。

春天来临时，奥林匹亚丝手下的许多士兵受够了饥馑，一心想要离开这座城市。依照奥林匹亚丝往日的性格来看，很难相信她会就此允可。但事实是，太后默许他们离开。这些士兵转投卡山德的阵营。卡山德对他们十分友好，因为他清楚，虽然太后不受欢迎，但若想真正接手她的权柄，还需赢得马其顿人民的拥护。成功不仅取决于他能否击败奥林匹亚丝，还取决于他能否战胜她手下那些正在招募新兵的将军。考虑到这一点，卡山德派克拉特瓦斯（Cratevas）带兵去攻打正驻守安菲波利斯的阿里斯托诺斯。克拉特瓦斯很快发现，这一地区的军队十分庞大，对马其顿王室忠心耿耿。阿里斯托诺斯以实际行动证明，虽然当年没能在亚历山大麾下扬名，但他依旧是个伟大的将军。他在斯特鲁马河下游击败敌人，并将其残部赶到附近一个小镇里。短暂围困之后，卡山德的士兵就投降了。

皮德纳城中的粮草马上要见底。奥林匹亚丝知道，自己恐怕守不住皮德纳，唯一救命的机会就是与北方盟友取得联系。奥林匹亚丝在港口备好一艘五桨座战船，但卡山德早得风声，不待太后乘船离开就先行围捕这艘船。奥林匹亚丝陷入绝望，最后不得不以城中人员全部投降为代价，换取和谈机会。她的将军们纷纷从命，放下手中的武器。此时，无所凭依的太后再无讨价还价的机会，只获得卡山德对她个人性命安全的保证。奥林匹亚丝的将军之中，只有阿里斯托诺斯不愿从命。这也不难理解，阿里斯托诺斯刚刚打了一场大胜仗，很难愿意将刚刚摘得的果实拱手让人。不过，当他收到太后的手谕之后，还是同意投降。阿里斯托诺斯的担忧不无道理。卡山德在明面上承诺确保他性命无虞，但不久之后就派克拉特瓦斯的亲戚去行刺。这位著名的马其顿将军的人生，就此以悲剧收场。

当奥林匹亚丝打开皮德纳城的大门，就相当于亲手判自己死刑。如果时局逆转，她站在胜利者的角度也一定会这样处理手下败将。不过，她既是一位伟大的马其顿国王的妻子，又是另一位大帝的母亲，要想处决她而不引发众怒，实在是十分艰难的任务。为此，卡山德召集了一场由自己全盘掌控的集会，在奥林匹亚丝本人不在场的情况下判处她死刑。这场集会是他此举合法性的外衣。不出所有人意料，在场没有人为这个被告辩护。不过，就算如此安排对她的判罚，找到一个敢于处决太后的刽子手也非常困难。卡山德原先的计划是，在奥林匹亚丝企图逃跑之时杀掉她。然而，这位固执的女人却没有这么做。卡山德旋即派士兵去处决她，但当他们面对这位素有威势的太后之时，便感到提刀的手一点也使不上力气。最终，奥林匹亚丝死于她之前杀害的人的亲眷手下。这些人用石头将她活活砸死。到此为止，卡山德终于消除这一心腹大患。[9]

这位自古以来最强大的马其顿王后的一生就此结束。这种死法显然不符合奥林匹亚丝的身份。在掌权期间，她那恶毒而残忍的报复心令人胆寒。然而，她又是如此充满活力，天赋异禀，还具有某种神秘魅力，使无数马其顿人甘心为她效忠。正如安提帕特所料，一旦她掌控佩拉，将带来无止境的灾难。也许亚历山大对她的矛盾态度，就是她复杂人格的最佳体现。亚历山大希望，在自己死后，奥林匹亚丝能继续坐享荣华。但他也曾发表一番著名言论，说自己在她子宫里住9个月的租金实在太高。在这样一个时代，没有多少女性能在历史舞台上一展抱负。然而，这位年迈王后的人生表明，她与这个时代的男性一样，同样能以暴力和政治手腕来掌控一个庞大帝国。

安提柯的发迹

第四章

安提柯常常以自己的独眼自嘲。

有一回，他收到一封大字请愿书，

笑称："就算对一个瞎子来说，这也够清楚了。"

然而，后来有人说："你若站在国王眼前，便会得救。"

而希俄斯（Chios）的忒奥克里托斯（Theocritus）回道："照你这么说，是没法得救了。"

安提柯立即处死忒奥克里托斯。[1]

公元前 320 年，后亚历山大时代的两位重量级领袖殒命。这意味着，当初在巴比伦集会上的安排就此分崩离析。在累年的血腥战争中，克拉特鲁斯和佩尔狄卡斯的军旅生涯都以光荣开始，而以惨败告终。此时，逐渐有人发现，在阿吉德王朝的名义下勉强维持一个统一的马其顿实在没有什么意义。新时代需要的，是一个重新设计的政治格局。开创这一局面的是安提柯。当时，年迈的他是大弗里吉亚的总督。在此后大约 20 年的时间里，他没有掌握任何一地的实权。在 60 岁以前，安提柯的活动不见于史籍。但是，从 60 岁开始直到去世，安提柯展现出远超竞争者的精力、才华和野心，而他的对手们往往都是 40 岁左右正值壮年的人。

安提柯的父亲名为腓力。我们对他所知甚少，仅仅知道除了安提柯他还有两个儿子。安提柯娶了哥哥德米特里乌斯的遗孀，并以哥哥的名字为长子命名。安提柯的另一个兄弟托勒梅乌斯（Ptolemaeus）为亚历山大的霸业贡献颇多，他一直活到公元前313年。[2] 除了这两位兄弟，安提柯还有一位同母异父的幼弟，名叫马尔叙拉斯（Marsyas），他几乎比安提柯小了一代。马尔叙拉斯本人很有趣，他曾与亚历山大一同学习，写了三本书，分别是有关马其顿和阿提卡的历史，以及有关亚历山大的教育的作品。不幸的是，这些书早已佚失。不过，马尔叙拉斯与亚历山大的亲密关系证明，安提柯家族与马其顿王室的关系应该也是很近的。[3] 安提柯大约出生于公元前382年，与腓力二世几乎是同时代的人。在腓力统治期间，他便已是一名国家官员。他参与过许多战役，其中一次使他失去一只眼睛，"独眼"之名由此而来，并伴随他终身。不过，他对待这个伤口似乎并不心平气和。曾有人以独眼巨人的名字"库科洛普斯"（Cyclops）唤他，很快被他杀掉。此外，他一直坚持在画像中只描绘侧影，以掩盖他的残疾。

安提柯身材高大，到了晚年则变得肥胖臃肿。他精力充沛，慷慨而勇敢，这些领袖气质使他在马其顿人中一呼百应。在与亚历山大一同进军亚洲的时候，安提柯率领盟友的部队。这支部队中有来自希腊的士兵。自从亚历山大在卡拉斯会盟中成为希腊的霸主后，就有不少希腊士兵追随他。因为其中一些士兵来自早些时候被马其顿折辱过的城市，所以在战斗初期，马其顿军官不得不对他们的忠心保持谨慎的怀疑态度。安提柯没有把希腊士兵安排在队伍前方，因为他们有可能会看到，在对面大流士军中也有自己的同胞。安提柯指挥的这支军队未在格拉尼库斯河战役中发挥作用，他也就没有被提拔的希望。

战斗结束后，安提柯被亚历山大留在大弗里吉亚，担任这一地区的总督。这就意味着安提柯不会跟随年轻的国王前往印度河和奥克苏斯河流域，但他的地位依旧相当重要，因为他据守着交通要道。他管理的这个行省位于安纳托利亚高原西部。

根据安提柯在战斗中的表现，亚历山大认为这位坚韧的老将应该更适合驻守在远征军的后方。国王这么做还有另外一个原因，那就是安提柯比他年长许多，已经是腓力时代的人，不再适合新一代的朝廷。

不过，大弗里吉亚总督也并非闲职。当亚历山大渐渐远离安纳托利亚，后方安定对这样一个愈发庞大的帝国至关重要。安提柯与其他在小亚细亚的总督一起进行了许多后续战役，但大多并未见诸史册。

安提柯的军队虽称不上一流，但他还是果断配合吕底亚总督阿桑德（日后他们将成为对手）一同对抗波斯人，在三场陆地上的战役与一场赫勒斯滂附近的海战中大获胜利。公元前 332 年的战役改变了小亚细亚的均势局面，马其顿人开始采取主动进攻的策略。[4]

安提柯决定与赫勒斯滂 - 弗里吉亚总督卡拉斯联手作战，以扩张马其顿的疆域。卡拉斯向东北进入帕夫拉戈尼亚地区，安提柯则向东南的利考尼亚（Lycaonia）进军。他们都成功了，这两地成为马其顿领土，帝国的势力已经深入安纳托利亚的核心地带。在海上，马其顿舰队逐渐征服伊奥尼亚（Ionia）海岸，而奇里乞亚总督巴拉克鲁斯（Balacrus）也重新夺回米利都（Miletus）。然而，不管是当时的人还是后世历史学家，都往往把注意力集中于亚历山大身上，而忽视安提柯及其同僚的功绩。他们的贡献对国王的最终成就也具有非凡意义。

公元前 332 年，安提柯已经 50 岁，他与妻子斯特拉托妮可（Stratonice）育有两子：德米特里乌斯和腓力。安提柯这时一定觉得，自己生命中最煊赫的时光已经过去，再多的野心也只能留待子孙去实现。在接下来的 10 年里，他的活动不见于任何记载。他统治的行省的政治与军事中心是首府阿巴密亚 - 凯莱奈（Apamea Celaenae），这是一个山脉与湖泊交错的地区，门德尔（Maeander）河发源于此。有些讽刺的是，公元前 301 年，他的军事生涯终结之地距此不远。

亚历山大死后，帝国被重新瓜分。安提柯没有受到多少影响，佩尔狄卡斯再次确认他的大弗里吉亚总督之职。不过，他的东边迎来新的邻居。卡帕多西亚一分为三，分别由卡迪亚人欧迈尼斯、安提柯与列奥纳托斯统治。安提柯与列奥纳托斯受摄政王之命，一同帮助欧迈尼斯镇抚自己的总督辖地。普鲁塔克这样描述安提柯此时的表现："他并未在意佩尔狄卡斯的命令，因为他的野心正炽，一众同袍皆入不了他的眼。[5] 不过，当佩尔狄卡斯亲临卡帕多西亚，安提柯的不合作态度就显得过于不合时宜。王室军队在大弗里吉亚东部边境驻扎下来，安提柯第一次感到自己的地位是如此岌岌可危。他没有出手支援欧迈尼斯，因此被佩尔狄卡斯传唤。但安于命运可不是安提柯的性格，他拒绝去见佩尔狄卡斯。安提柯公开宣扬自己遵守秩序，让人们放松对他的警惕，陷入虚假的安全感中，私下里却准备逃跑。很快，他联系上几艘雅典快船。在公元前321年到公元前320年的那个冬天，他与家人乘船到达马其顿。安提柯到达佩拉这一消息无疑加深安提帕特与佩尔狄卡斯之间的嫌隙。不过，这位叛逃者的地位很快就变得重要起来，因为他此行带来一个重要消息，那就是佩尔狄卡斯有意放弃尼西亚，转而迎娶克里奥帕特拉。也就是说，这位亚洲的摄政王在觊觎欧洲。

在随后的内战中，安提柯扮演的角色虽然游离于核心势力外围，但也还算重要。他在雅典舰队的帮助下攻下卡里亚，随后前往塞浦路斯与阿里斯托诺斯对战。[6]有关这次战役的记录很少，所以其细节不为我们所知。不过，安提柯在特里巴拉德苏斯的事迹广为人知。他救下乱军之中的安提帕特。随后，在军官们的集会中，这位从任上逃走的大弗里吉亚总督发觉，目前事态正在朝有利于他的方向发展。原先那些活跃在马其顿政治核心的人物凋零大半，不是已经死去就是名誉扫地。克拉特鲁斯和奈奥普托勒姆斯都已不在人世，培松和阿里达乌斯在护国者的位置上没呆多久就黯然离场，托勒密、朴塞斯塔斯和利西马科斯远离马其顿。至于安提柯本人，则因救了安提帕特一命而受到嘉奖。

安提柯获得一部分王室军队的指挥权，准备参与剿灭佩尔狄卡斯的残余势力。他们的敌人主要包括欧迈尼斯、阿尔塞塔斯和阿塔罗斯，这些人在埃及的集会上就被军队判了死刑。不过，安提柯的力量并非不受约束。安提帕特不希望他的势力过大，以至于威胁到自己在欧洲的统治。为了限制安提柯，安提帕特任命自己的儿子卡山德为副手，并且仅仅在有平叛战事的时候授予安提柯一定的权力。除了恢复大弗里吉亚总督的职务以外，安提柯没有得到其他土地。安提帕特已经快 80 岁，他希望尽快回到西方。于是，他与安提柯将军队一分为二，从叙利亚出发，越过陶鲁斯山进入安纳托利亚。

两支部队的征途都谈不上顺利。安提帕特发现，士兵们仍然对拖欠薪水心存怨愤。他不得不着力整顿军纪，以防止军队在返回欧洲的路上发生哗变。当安提帕特行军至安纳托利亚高原西部的边缘地带时，坏消息不断传来，他的军队正面临许多虎视眈眈的敌人。首先就是欧迈尼斯，在拿下赫勒斯滂那场战役的重要胜利后，他一直准备对萨迪斯平原下手。与此同时，阿尔塞塔斯在南侧的皮西迪亚建立一个仍忠于佩尔狄卡斯的军事基地。这些人誓要战斗到最后，让敌人感到绝望。

亚历山大大帝的妹妹克里奥帕特拉早已在萨迪斯多时，在小亚细亚西部的一系列战役中，她的重要性被无限放大，因为她的名字代表着马其顿王室。欧迈尼斯若能争取到克里奥帕特拉的支持，就意味着他的阵营有了合法性。虽然他们旧时是朋友，但如今的克里奥帕特拉不可能为了支持他而站在马其顿王室军队的对立面。没了这个巨大助力，欧迈尼斯不敢依仗在吕底亚平原大放异彩的骑兵再次开战。于是，欧迈尼斯向东退兵，给安提帕特让出一条通往欧洲的道路。现在，一个敌人消失，但安提帕特还要对付另外一个，他指派卡里亚总督阿桑德去镇压阿尔塞塔斯的势力。这场战斗艰苦卓绝，以阿桑德的失败告终。这一次胜利给了阿尔塞塔斯及其同袍信心。佩尔狄卡斯死后，这些人第一次找回自己在权力中心的感觉。这也将影响之后他们与欧迈尼斯的合作。

与此同时，安提帕特跟随两位国王的御车返回欧洲。他们走的路线，像是有意顺道去攻打欧迈尼斯在卡帕多西亚的据点。卡山德不算是一个听话的下属，他与父亲安提帕特在弗里吉亚会合，但他们之间已出现裂隙。安提帕特与安提柯两位老将在弗里吉亚到赫勒斯滂之间的某地分别，安提帕特带着两位国王和卡山德回到欧洲。安提帕特给亚洲总指挥留下的兵马并不多，大约有 9000 名马其顿步兵，以去年刚刚来到亚洲的新兵为主。那些跟随亚历山大四处征战的老兵，早已拿着丰厚的复员金回到马其顿。安提柯还有数千名精锐骑兵，其中多是之前的伙友骑兵。此外，他还有 30 多头大象。

欧迈尼斯为了准备与安提柯对抗，有意与阿尔塞塔斯、波列蒙以及多喀摩斯联手。他们在皮西迪亚招募一支军队，但几位将领在最高指挥权的归属问题上争执不下。更令人沮丧的是，欧迈尼斯为了支付军费，将这里劫掠一空，然后在冬季带领手下士兵撤退到他之前的辖地卡帕多西亚。

冬天发生的事的影响持续发酵，军队变得越来越不稳定。欧迈尼斯与安提柯军中都出现反叛势力。欧迈尼斯手下有 3000 多名步兵和 500 多名骑兵弃主帅而去，但他很快控制住局面。欧迈尼斯派遣忠心耿耿的干将菲尼克斯带重兵抓捕叛逃者。逃跑的士兵还未来得及惊讶，便被带回营地。欧迈尼斯处死带头者，余下众人则被重新编入军中。安提柯面临的困难更加严重，3000 多名马其顿人弃他而去，并且在利考尼亚和弗里吉亚的部分地区大肆劫掠。安提柯设法止住这一势头，但代价是让反对到底的士兵回到马其顿。

尽管如此，安提柯还是在公元前319年的春天与欧迈尼斯开战。而且，这场战役是安提柯主动进攻挑起的。卡迪亚人在卡帕多西亚的奥西尼（Orcynii）平原扎营，麾下有20000名步兵和5000名骑兵。安提柯的兵力则要少一些，但他的步兵更精锐。安提柯贿赂了欧迈尼斯军中一位名为阿波罗尼德斯（Appollinides）的将领，让他带领骑兵离开战场。最终，欧迈尼斯不得不承认失败并退兵。正如安提柯希望的那样，这场战役给欧迈尼斯造成惨重的损失。欧迈尼斯军中不仅有8000人伤亡，还有不少士兵离他而去，致使他几无可用的步兵。不过，这至少让欧迈尼斯的军队更加灵活机动（甚至一度威胁到安提柯的辎重），他的敌人只能忙于安纳托利亚高原的追逐战而无暇他顾。

欧迈尼斯往东向亚美尼亚进发。然而，安提柯的追兵越来越近。欧迈尼斯就要进入满是荒漠的山地，不敢多停留片刻。他释放了600名忠诚的仆人，调转方向逃入卡帕多西亚边境的陶鲁斯山中，把诺拉（Nora）当作避难所，在此度过公元前319年至公元前318年的冬天。

安提柯追到诺拉的时候，欧迈尼斯已经安顿好兵马。此地城墙坚固，崖壁陡峭，若是直接进攻，完全没有取胜的希望。安提柯很失望，决定先将这里围困起来。诺拉的具体位置一直模糊不清，但可以知道那是一块狭窄而偏僻的地方。若非必要，安提柯与欧迈尼斯都不愿在这里久留。[7]双方开始谈判，并拟定了一份休战协议。然而，究竟要如何处置欧迈尼斯，还须听从安提帕特从佩拉传来的意见。目前情况对安提柯的好处在于，他可以留一小队人马在此监视敌人，而余下大部分军队则可以用于他处。

当安提柯全神贯注对付欧迈尼斯的时候，佩尔狄卡斯的其他残余势力也在不断聚合壮大。他们的领袖是阿尔塞塔斯，还有在亚历山大去世后到特里巴拉德苏斯的大洗牌之前任巴比伦总督的多喀摩斯。因效力于佩尔狄卡斯，在埃及那场集会后，多喀摩斯失去继续留任的权力。他没有坐待塞琉古来挤走他，而是向西出发，加入反抗新政权的大军之中。他们这一势力的另一股补充力量是佩尔狄卡斯与阿尔塞塔斯的妹夫阿塔罗斯，他在特里巴拉德苏斯的集会后便自行离开推罗，想要利用佩尔狄卡斯的舰队，在罗德岛建立自己的海军基地。

但是，这个岛屿的居民有自治传统，无法接受自己的家园变为军事基地，组织了多次反抗。阿塔罗斯见此事无望，便撤出罗德岛，转而前往皮西迪亚与阿尔塞塔斯会合。

安提柯听说这些情况后，立即采取了行动。他将欧迈尼斯军队中的逃兵编入自己的部队，向皮西迪亚进发。皮西迪亚地处山区，山谷狭窄，山脊陡峭，植被茂密。安提柯的军队急行7天到达克雷特城（Cretopolis），那里现在是佩尔狄卡斯残余势力驻守地区的边界。阿尔塞塔斯与阿塔罗斯过于轻敌，正面迎击安提柯。他们的军队在人数上与敌人难以匹敌——全军大约有16000名步兵和900名骑兵，而安提柯有40000名步兵和7000名骑兵。叛军很快败下阵来，阿塔罗斯、多喀摩斯与波列蒙在战斗中被俘，阿尔塞塔斯则逃往特莫苏斯（Termessus）一带。[8]

与其他马其顿人和希腊人一样，阿尔塞塔斯在特莫苏斯很受欢迎。当安提柯追赶至此，发现很难从这些庇护者手里抢夺阿尔塞塔斯。不过，虽然特莫苏斯的年轻人都很欢迎阿尔塞塔斯，尽力保护他免遭安提柯的毒手，但他们的长辈则更关心如何与安提柯搞好关系。安提柯伪装成使者来与此地的长者会面，一起策划了一出好戏。安提柯佯装撤兵，引得城中年轻人出来袭扰。这时，城里年长的公民就可以去捉拿阿尔塞塔斯。事实上，阿尔塞塔斯对此已有所预料。他意识到，此地的主人打算把他交给安提柯以换取和平。当安提柯带兵折返之时，阿尔塞塔斯的尸体已经准备妥当。安提柯觉得如此不足以泄心头之愤，于是进一步侮辱阿尔塞塔斯的尸体。

特莫苏斯的年轻人找到尸体，为其做了防腐处理，还举行了一场隆重的葬礼。直到今天，此地还有一座坟墓的浮雕上刻画了这一时期的铠甲。据传，这正是阿尔塞塔斯之墓。如果事实如此，那么这也是对当时那群年轻人的忠诚的致敬。

安提柯松了一口气，很庆幸能摆脱这里的麻烦。如此一来，他的这位敌人再也不能对他造成威胁了。他在弗里吉亚的克雷特城重建了营地。此时，米利都的阿里斯托德摩斯（Aristodemus）给他带来一个消息——安提帕特死了。这预示着，希腊世界将再次陷入混乱之中。现在是公元前319年，距离亚历山大逝世已经过去4年。在这4年里，各种解决当前乱局的方案都未能起作用。

为了在这新天地中闯荡一番，这位独眼的老兵集结了大量官兵。在亚历山大最后一次作战后，很多年都没有再出现如此庞大的军团。此时，安提柯麾下有 60000 名步兵、10000 名骑兵与 30 头大象。继业者中没有谁的兵力可与之匹敌，包括希腊和马其顿的新统治者波利伯孔。

安提柯第一次以压倒性优势作战，是在他的总督辖地赫勒斯滂 - 弗里吉亚迎战阿里达乌斯。当安提柯在马尔马拉（Marmara）海岸作战的时候，一艘船自欧洲驶来，船上载着一位关键人物——卡山德。他正在四处游说，希望取得援助，以从波利伯孔手里拿回本该属于自己的遗产。尽管卡山德与安提柯过去并不友好，但共同的利益让他们站到了一起。安提柯希望在亚洲自由扩张，马其顿和希腊的力量太强的话，势必给他的野心带来麻烦。卡山德若能在西方挑起一场战争牵制住波利伯孔，安提柯的征战计划就会顺利许多。

尽管安提柯为波利伯孔提供帮助，但他仍与佩拉王庭保持联系。不过，用不了多久，他们就会恩断义绝。接下来，安提柯把目光转向吕底亚总督克利图斯。吕底亚包括许多伊奥尼亚的希腊城市，其中心在萨迪斯。与阿里达乌斯一样，克利图斯只能在最重要的几个城市留驻军队，自己则仓皇逃走。他投奔波利伯孔，向其报告安提柯的野心究竟有多么大。以弗所坚持抵抗，但在第一场正面战斗中一败涂地。此地城池坚固，但城里却出了叛徒。在叛徒的帮助下，安提柯攻下了以弗所。安提柯的部下在港口发现 4 艘来自奇里乞亚的满载白银的船，所携白银共计 600 塔兰特。安提柯直接没收这笔横财，这无异于光天化日之下的抢劫。由此，安提柯与波利伯孔最终决裂。

从现在起，安提柯的敌人不仅包括欧迈尼斯等被赶走的总督，也包括有合法地位的整支马其顿军队。与卡山德结盟后，安提柯在赫勒斯滂首次与自己的敌人作战。在这场战役中，尽管安提柯也带足兵力，但这实际上仅仅是他在马尔马拉海以东的大战的前奏。

最令安提柯头疼的，莫过于动作不断的欧迈尼斯，两者之间的争斗在古代世界犹如一部史诗。公元前 318 年，随着安提柯的计划一步步实施，亚历山大帝国的整个东方部分眼看就要落入安提柯之手。不管怎么看，固守一隅的欧迈尼斯都很难东山再起。自公元前 319 年的夏天开始，他就一直在此地，不但对外界战局无能为力，还要时刻担心自己的性命。山中生活一向沉闷而不适，冬季情况就更糟。

春天的到来也无法安慰欧迈尼斯。虽然天气转好，但他听到的消息全是安提柯的胜利。双方就是否释放欧迈尼斯的问题进行了谈判，拖沓许久却一直没有定论。如今，随着安提帕特身死，各方政治联盟也面临重新洗牌。欧迈尼斯已不再是总督，安提柯重新打量他时，便可将其看作一位有才能的军官。佩尔狄卡斯的势力已消失殆尽，欧迈尼斯再无所依凭，有可能成为实现安提柯的野心的助力。安提柯派历史学家希洛尼摩斯前往诺拉，此人曾充当欧迈尼斯的使者。现在，希洛尼摩斯告诉欧迈尼斯，如果他肯跟从独眼的将军，那么他和他的追随者都能获得自由，而他也将重新担任卡帕多西亚总督。欧迈尼斯向希洛尼摩斯做出了承诺，于是被允许带着一小群追随者离开诺拉，退到卡帕多西亚。[9]在当地贵族中，欧迈尼斯找到不少旧日的支持者，他们准备让他重获以往的力量。之前遣散的旧部现在回到他的身边，而新招募的部队中还有最精锐的骑兵。他的部队很快变得庞大，其中骑兵就超过 1000 名。

我们无法确知欧迈尼斯是否与安提柯立下誓言。无论如何，这种短暂的同盟关系很快随着奥林匹亚丝和波利伯孔的一纸命令破裂。太后来信是为了询问他，在波利伯孔与卡山德的斗争中，她应当采取怎样的行动。护国者的来信则更加关键。波利伯孔深知欧迈尼斯对阿吉德王朝一直以来的忠心，此番来信是希望与他结成同盟，一同对抗卡山德和安提柯。欧迈尼斯有两个选择：一是回到欧洲，与波利伯孔一起守护马其顿；二是留在亚洲对抗安提柯。虽然欧迈尼斯对破坏与安提柯的同盟尚存疑虑，但是选择后者就意味着他能获得丰厚的物质回报——丰厚到足以克服一切犹疑。于是，欧迈尼斯选择远离重返欧洲的风险，接管更近的地区。欧迈尼斯获准进入位于奇里乞亚的金达（Cyinda）国库，从中取得战争资金，并获得 500 塔兰特的个人赏金。金达国库是亚历山大在波斯征战期间累积战利品的仓库之一，其中所藏财富足可令欧迈尼斯安心作战。与这笔钱同样重要的是，欧迈尼斯收编了那些留下来看护国库的老兵。作为马其顿方阵中的精华，这些银盾兵（Silver Shields）将在未来几年影响历史的走向。

这些问题全部尘埃落定之后，欧迈尼斯带着这一小队人马越过陶鲁斯山，正式成为王室军队在亚洲的指挥官。他威胁卡帕多西亚安全的这些行动，被安提柯出兵的消息盖过。这支部队由前吕底亚总督米南德率领，很快来到近前。

欧迈尼斯的部队穿过奇里乞亚山口后，米南德就没有再跟上。欧迈尼斯及其部下得以慢慢向安提贞尼斯（Antigenes）和透塔摩斯（Teutamus）的驻地行军。他们是银盾兵的指挥官。这些老兵参与了马其顿征服的全过程，甚至包括腓力二世的早期战役。他们战无不胜，无论是伊利里亚人、色雷斯人、希腊人还是波斯人，只要对上他们，都只有以惨败收场。他们在亚历山大的征战中全程效力，遇城围城，遇山行军，还穿越了广袤的沙漠。如今，他们中的许多人都已年逾 60 岁，但老当益壮，风采不输当年。在接下来的两年里，他们将在军中最危险而光荣的位置继续征战。当安提贞尼斯被委以苏森（Susiane）总督的时候，他们正在特里巴拉德苏斯的前线，随即被调往苏萨。他们没能在古都苏萨久留，而是很快受命押送储在城中的财宝去了金达。

欧迈尼斯很清楚，尽管他的才能与睿智广受敬重，但没多少人认可他对马其顿国家的忠心。阿尔塞塔斯两度拒绝听命于他，而他的士兵也常有叛逃到敌方阵营的现象，只因对方是马其顿人。作为一个希腊人，而且是一个杀死克拉特鲁斯的希腊人，他在众多马其顿士兵眼中是个异类。

当欧迈尼斯面对银盾兵时，这种信任危机前所未见地爆发出来。这些上了年纪的人在漫长的一生中惯看风云，历尽沉浮。他们为剿杀波斯人的任务来到东方，逐渐从一群应招新兵变成一支高度专业化的军队。远离故土增加了排外情绪，他们最不愿看到亚历山大遵从那些手下败将的民族风俗，他们将之视为对马其顿的玷污。异族的头饰、波斯的参拜大礼以及成为他们同伴的伊朗人，都一次次震撼他们的世界观。亚历山大在世时，曾想强行让他们退伍还乡，但安提柯和托勒密一直为他们的利益奔走，他们始终保持着强大的力量。所以，当欧迈尼斯前来接管这支军队的时候，得到的只是不温不火的欢迎。

欧迈尼斯的一线生机全仰赖安提贞尼斯和透塔摩斯。[10] 这两人虽然收到波利伯孔要求他们合作的指示，但欧迈尼斯仍然需要略施手段，才能让他们加入他的计划。卡迪亚人向他们描绘了这样一幅图景：大家一起效力于正统的马其顿王朝，亚历山大遗留的影响力将帮助他们成就一番伟业。这并不是空口大话，因为欧迈尼斯正是在王室阵营中确立自己的地位。另外，欧迈尼斯还将波利伯孔赠给他个人的那 500 塔兰特拿出来献给军队，而这实际上并不算什么损失。

如果说得知欧迈尼斯公然违背在诺拉的承诺时，安提柯还只是愤怒的话，那么此时听说欧迈尼斯在奇里乞亚已然东山再起，安提柯就是惊怒交加了。为了扩充兵力，卡迪亚人派出自己的代表去所有能招募雇佣兵的地方。眼看安纳托利亚与黎凡特中间的战略要道要被欧迈尼斯的大军占据，安提柯焦躁难安。他先把西部地区安排妥当，便转头再次直面自己的敌人。

安提柯的想法是，在欧迈尼斯能反应过来组织起足以与自己匹敌的军队之前，杀他个出其不意。他不认为自己的行动能这么快就走漏风声，于是只带走身边能立即调遣的军队，也就是20000名步兵和4000名骑兵，准备奇袭欧迈尼斯。大象和马其顿重装步兵则被他抛在身后。不过，就算只是如此兵力的军队，穿越半个小亚细亚也足可见安提柯的野心。欧迈尼斯在卡帕多西亚有许多故交，他们很快将这些信息告诉他。欧迈尼斯因而有充足的时间去整军，随后向叙利亚进发。

欧迈尼斯最初的想法是为国王夺回腓尼基，不过这个计划很快就流产。托勒密一直控制着这个地区，掌握此地许多强大的城镇和富饶的港口。欧迈尼斯很快就意识到，想要从托勒密手中夺下这一地区将无比艰难。若非如此，安提柯恐怕早就让他来此完成这一任务。

安提柯照旧跟在欧迈尼斯身后，了无怜悯之意。现在，他既已失去出其不意的机会，便明目张胆带上象军和重装部队。他率军沿海岸穿过伊苏斯战役的战场，走出叙利亚山口，越过奇里乞亚平原，又翻过阿曼努斯（Amanus）山，终于来到叙利亚。但是，欧迈尼斯再一次从他手里溜走，直奔波斯腹地，希望能得到东方总督的支持。经历如此一番长途跋涉之后，安提柯的军队在美索不达米亚北部的宜人地区落脚扎营。[11] 在那里，安提柯收到塞琉古的来信。塞琉古在信中请求安提柯前来帮助支援，因为欧迈尼斯正准备攻下整个巴比伦。

在这个时代，唯一能时时保证畅通的道路是海路，因而向东追击卡迪亚人实在是一个风险极大的选择。安提柯的确对小亚细亚内陆的一些总督辖地握有重权，但他的力量建立在沿海城市之上。那里是一个人口稠密的沿海城市带，包括赫勒斯滂、特罗德（Troad）、爱奥利亚（Aeolia）、伊奥尼亚、卡里亚、吕基亚（Lycia）、潘菲利亚以及奇里乞亚。这里的人民都坚毅刚强，或为士兵，或为水手，或为富商，或为海军。正是他们给了安提柯充足的人力资源。实际上，安提柯继续追击欧迈尼斯并非轻率之举，而是为了切断他与地中海东部沿岸的联系。

欧迈尼斯一路向东，赢下许多东部的总督辖地，收获颇丰。为了逃开安提柯的追击，他率军队离开叙利亚，继续向北行进。他们沿美索不达米亚的总督辖地前行，走过亚美尼亚高地的南缘，穿过幼发拉底河和底格里斯河，这正是当年亚历山大向高加米拉进军时走过的路。欧迈尼斯在底格里斯河附近遇到麻烦。由于手下某些将领的不谨慎，欧迈尼斯的军队被不友好的当地人袭击。这些土著居民不但造成人员伤亡，还带走大批战利品。到了河流下游，欧迈尼斯又遭遇巴比伦总督塞琉古的抵抗。不过，欧迈尼斯凭借远超对手的力量和智慧，很快战胜塞琉古，攻下巴比伦城，就像先王亚历山大 10 年前攻取此地时一样迅捷。

欧迈尼斯与安提贞尼斯在巴比伦以北的几个村庄扎下营来。此时，他们的部队共计有 15000 名步兵和 3000 名骑兵，包括银盾兵及其他部队。欧迈尼斯在此地与伊朗一带的几位总督进行外交接触，因为这些人的支持将增大他的胜算。近来此地的一些新动向，使欧迈尼斯这一目的相对容易达成——那就是这些总督正在准备联手对抗时任米底总督的培松。

作为刺杀佩尔狄卡斯的主谋，培松虽然在特里巴拉德苏斯保住米底，但这并不令他感到满意。很快，在刻意经营下，他塑造起一个上层人物的形象，把自夸变为现实。他入侵帕提亚，让自己的兄弟取代当地总督。这一地区的其他首领很快做出反应，在面对如此危险的境地之时，也就顾不上往日的嫌隙。他们推举出波斯总督朴塞斯塔斯。这位总督最引人瞩目的时刻，是在亚历山大征讨印度木尔坦（Multan）的战斗中，当时他为了从马里阿人手中救下亚历山大而身负重伤。战后，他成为国王的第 8 个近身侍卫，这一职务素来只有国王最亲近的伙伴和幕僚才能担任。之后，他又成为波斯总督。在风云变幻的岁月里，他一直在那里。朴塞斯塔斯尊重当地文化，不仅身穿米底长裤，还学了波斯语言，一直广受臣民爱戴。如今，这位才华横溢的亲波斯者听闻培松的动静，便联合其他总督组织起庞大的军队准备作战，由此在这片土地上掀起狂澜。他在帕提亚与敌方开战，以压倒性优势拿下战役。培松再一次为自己的鲁莽付出代价。他意欲退兵到米底，再重新集结军队准备战斗，但朴塞斯塔斯等人紧追不舍，迫使他一路颠沛流离。

　　冬天发生的这些事情都传进欧迈尼斯的耳朵，他终于确定自己找到打败安提柯的方法。朴塞斯塔斯和其他总督一路追着培松来到苏森，于是欧迈尼斯决定去苏森与他们会合。欧迈尼斯把自己的军队分为三列，翻越埃兰山，直奔苏萨而去。欧迈尼斯为了让自己的计划顺利实现，预先给总督转去波利伯孔和国王的信，信中内容便是要他们通力合作。

　　这支联军共计有 18700 名步兵和 4600 名骑兵。除了朴塞斯塔斯，其他总督也都是这几十年来最令人敬畏的角色。卡曼尼亚（Carmania）、阿拉霍西亚（Arachosia）、阿里亚（Aria）以及德兰吉亚那（Drangiana）的总督都带来自己的军队，从印度来的欧德摩斯（Eudamus）还带来无比珍贵的 120 头大象。安提柯的威胁让这些本来各自为政的人聚集在一起。他们知道，如果依旧保持独立，他们就会被那位西边来的敌人逐个击破。而欧迈尼斯永远不会成为这样的一个威胁，因为他此刻正需要他们的兵力支持。

　　现在，苏萨附近的联军营地的气氛十分紧张。这些总督从来都是独自领兵，每个人都野心勃勃，从没有屈尊效忠于别人。朴塞斯塔斯当然也不愿意放弃领袖的位置，虽然他知道，其他人经常拿他的履历和血统与欧迈尼斯相比较。为了防止这种离心趋势继续强化，欧迈尼斯将他对银盾兵使用的招数，用在新盟友身上。他邀请他们在亚历山大帐中一同商议战略，那位已经去世的男人的影响犹在，国王的名字依旧能唤起众人的忠心。欧迈尼斯另有一个筹码，那就是他可以合法地进入苏萨国库，提前支取 6 个月的薪金发放给普通士兵，以此博得他们的好感。此外，他还以个人名义向总督们借了一大笔钱。由此，他将这些人的利益与自己牢牢地绑在一起。

　　安提柯带着庞大的军队越来越近。塞琉古一直追着欧迈尼斯，一路穿过美索不达米亚。在公元前 317 年的战役开始之时，欧迈尼斯的动向被这位敌人了解得一清二楚。安提柯到达巴比伦之后，塞琉古和培松也前来加入。就算他们带不来多少军事上的支持，至少也对这里的地形等情况很是熟悉。大军在底格里斯河上架起一座浮桥，就这样跨过横在苏萨前的最后一道天然屏障。

　　欧迈尼斯与那些总督知道，安提柯的兵力远在己方之上，故而在听说安提柯已经越过底格里斯河后，便决定拔营离开。他们一路向南，寻找可以抵消他们人数劣势的地形。终于，他们来到帕斯提格里斯（Pasitigris）河。这条大河发源于群山，流入波斯湾，将波斯波利斯到苏萨的道路阻断。河道宽且深，水流极快，是一条理想的天然护城河。欧迈尼斯和总督们希望借此阻挡安提柯。他们派兵驻守整个河流沿线，从河源到海边都不敢懈怠。不过，这个规模庞大的驻防体系不是几兵几卒能轻易完成的。朴塞斯塔斯从临近地区总督那里募集到 10000 名波斯弓箭兵。

安提柯已经距此不远，他正在通往苏萨的御道上行军。他把塞琉古和一小股军队留在底格里斯河岸，让他们占领那里的城市后，再来追赶大军。此时正是 6 月末，炎热天气使大军步履维艰，军队只有在夜间行进。然而，即使采取了预防措施，军中还是有不少士兵和动物因疲惫和脱水掉队。在到达帕斯提格里斯河之前，他们首先要面对它的支流科普拉塔斯（Coprates）河。欧迈尼斯预料到这一点，早就在此地部署侦察兵，以报告敌人的一举一动。安提柯在科普拉塔斯遇到一大难题——他的兵力太多，而此地又找不到足够的船运送这样一支军队。欧迈尼斯得知这一情报，立即率精兵突袭。安提柯大军因渡船有限，只好分散渡河。欧迈尼斯趁此机会俘获刚刚渡河的敌方士兵。这场胜仗打得干净利落，安提柯在此损失 4000 人。

安提柯沮丧不已。他简直想要就此与敌人进行决战。不过，他也知道，此时他的兵力不及对方。这场打击使安提柯明白，以武力消灭欧迈尼斯实为徒劳，他必须换一种思路。于是，他把军队撤到巴达赛（Badace）城，与幕僚商议下一步行动。哪怕仅仅是这样，也给他带来不小损失，军队在酷暑中再次严重受挫。他意识到，必须做点什么来鼓舞士气。此地以北的许多总督辖地现在处于无主状态，是绝佳的掠夺场所。安提柯决定去劫掠这些城市，这不仅是在鼓励他的追随者，更是在为欧迈尼斯制造麻烦。那些总督也许会为了保护自己的土地而迫使欧迈尼斯离开这里。安提柯率军向北出发，前往埃克巴塔纳。在过去，这里是波斯国王的夏都。它位于米底群山之上，大军可以在此避暑。

急躁往往会带来灾难性的后果。安提柯决定直接向北进入山区，而山里有顽强好斗的克塞亚人（Cossaeans）。他们要求安提柯支付高昂的过路费，否则不予通过。培松建议花这一笔钱换取平安，但被安提柯拒绝。这直接导致军队在此与山地居民发生一场激战，遭受惨重的损失。安提柯的大军历经一路坎坷后，最终还是到达米底。这是培松旧日的总督辖地，军队在此能稍作喘息。

安提柯试图挽回当前局面。就在此时，好消息传来，他对北部总督使用的激将法起效了。那些总督急忙返回家园，欧迈尼斯虽不情愿，但也不得不默默离开帕斯提格里斯要塞，以保持军队团结。他们向内陆行军 24 天，到达朴塞斯塔斯在波斯时的驻地波斯波利斯。他们不打算重蹈安提柯的覆辙，而是去了生活较为舒适的地方。那里水草充足，还可以招募投石兵与弓箭兵。

然而，敌人也越来越近，安提柯离开米底的营地，向波斯进军。欧迈尼斯在这里举行一场极尽奢华的宴会后，就不得不继续转移。但他犯了一个马其顿人常犯的错误——狂饮过多，以至于只能醉倒后，被官兵带着上路。军队临时指挥权交给了安提贞尼斯和朴塞斯塔斯。

经过好几个月的追逐，双方终于直面彼此。在充满沟壑和河流的地区当然无法战斗，而且他们目前的补给都越来越少。于是，两军分别行动，争相向富庶且未经掠夺的加邦（Gabene）平原进发。欧迈尼斯差点就率先成功到达平原，但他的殿后部队被安提柯的先锋赶上，双方开始厮杀。欧迈尼斯被迫调转军队开始战斗。这场仗从下午打到晚上，最初是象阵混战，其后的较量便是方阵的舞台了。银盾兵果然名不虚传，在战斗中依旧占了上风。然而，足智多谋的安提柯派重骑兵绕到欧迈尼斯节节胜利的方阵背后，迫使他们散开。

此时已近午夜，双方都精疲力竭，已经无力战斗。安提柯在战场上扎营，单方面宣布自己取得胜利，但事实上他的损失比对方惨重得多（安提柯损失 4000 人，而欧迈尼斯军队的伤亡人数大约只有数百人）。次日，安提柯不得不率军撤至米底，无法再追赶欧迈尼斯。而后者现在可以在加邦无拘无束地享受胜利果实。

欧迈尼斯实在太多理由为这场战役高兴。虽然这是一场未分胜负的战役，但他的士兵表现出色，那些身为总督的同袍也都一直忠心。自离开巴比伦之后，他的军队就一路艰辛跋涉至此。年底将近时，他们得以来到郁郁葱葱的加邦，在冬日里一享安闲。帕莱塔西奈（Paraetacene）战役的目标，就是争夺这一地带的控制权。这样来看，最终胜负不言自明。

此时，安提柯在米底休整。在这战争的间歇期，他终于得以深思近来发生的一切。他处在伊朗帝国的发源地，远离故土，也没有来自马其顿的新消息。[12]

在两军的人数方面，虽然目前安提柯仍有优势，但如果再来几场帕莱塔西奈战役这样的伤亡，他在兵力上的优势也将不复存在。虽然安提柯手中的资源远比这多得多，但其大部分财富和人力都在黎凡特和小亚细亚这些遥远的土地上。在那个时代，他无法短时间将军事和政治力量从萨迪斯转移到波斯波利斯。安提柯的野心很大，他虽然不觊觎欧洲，但希望能掌控亚历山大帝国的整个亚洲部分。因此，对他来说，伊朗的艰苦战斗实在没有什么吸引力。

不论安提柯思索的过程如何，我们看到的结果是他决定以迅捷行动打破僵局。米底的冬天刚刚来临，他就又离开那里。从米底到加邦的道路要走25天，但如果穿越卡维尔盐漠（Dasht-e-Kavir Desert），则仅需9天。安提柯选择后者，他可能希望让荒凉的盐漠隐蔽他们的行踪，以奇袭欧迈尼斯。他给军队下发10天的口粮，并下令此次行军不得用火。然而，5天之后，刺骨的寒冷就迫使军队无视禁火令。当地居民看到他们，并向欧迈尼斯传信提醒。欧迈尼斯的智慧再次显现，他没有惊慌失措，而是让手下点燃成千上万的篝火，让安提柯误认为敌方全军都在此等待他的到来。计策成功了，安提柯转移阵地重新整军，以准备应对他认为的敌方全军。

欧迈尼斯利用这一小段赢来的时间，尽力召集部队，只有大象部队没能调来。因为就在安提柯发现自己被愚弄之后，他的主力兵马立即返回袭击象军。不过，安提柯袭击商队的计划没能成功。欧迈尼斯消息灵通且反应敏捷，派出一小支人马救下商队。

尽管安提柯可能感到愤怒或沮丧，但他既然已经定好计划要诱敌前来开战，就坚持执行了下去。每年这个时候，这里的白天都很短，天气也阴晴不定，做一切事情都需要冒风险，所以战事再不能拖延下去。安提柯揣度对手的情绪，猜测这位希腊将军大概会接受挑战。因为安提柯的实力只会随着时间流逝而增强，欧迈尼斯已经没了犹疑的资本。欧迈尼斯本可以避而不战，率军退至伊朗腹地。但是，在他的计划中，他的盟友需要对敌人大开门户，但他的权威显然不足以让盟友如此信任他。经过几天的行军，两军终于碰面，在相距4英里半的地方分别扎下了营。

双方在一片未经开垦的盐碱平原上开始了加邦战役。正如在帕莱塔西奈时一样，手持长矛冲锋陷阵的银盾兵依旧是安提柯军队要面临的大麻烦，他们担心马其顿老兵可能扛不住这样的猛烈进攻。安提柯军队的阵形也和以往一样，他和德米特里乌斯率领伙友骑兵与重骑兵，把守全军右翼。左翼则是培松统率的米底人和帕提亚人。步兵和象军在中路前方。双方的士兵数量大约都是 40000 人。欧迈尼斯的骑兵略少，但他有 60 头大象，而安提柯只有 30 头。象军结束战斗后，银盾兵如刀锋一样刺穿敌军方阵。骑兵的战况颇具戏剧性，令人喜忧参半。但最终决定战局的，是培松麾下的一群士兵夺下对面"合法"军团的行李辎重。欧迈尼斯想要继续战斗，但手下的伊朗骑兵却不再配合。每个人喉咙里都满是尘土，情况变得明朗起来——没人愿意继续战斗，双方需要一场谈判。

象军尽力拼搏，骑兵也举足轻重，但决定战局的并不是他们。步兵是军队的中坚力量，正是他们的鲜血才换来胜利。银盾兵和重步兵决定战争的走向。他们从对朴塞斯塔斯的愤怒中冷静下来，转而讨论如何夺回行李辎重。因为他们被安提柯夺去的，可不只有财宝，还有女人和孩子。银盾兵的损失最大，因为他们既失去自己的家庭，还损失自己多年来在亚洲征战的战果。他们抛开欧迈尼斯和其他同袍，准备"与安提柯秘谈"。[13]他们处在劣势，极力想要弄明白独眼将军的诉求。原来安提柯想要的不过是欧迈尼斯个人的投降。另有文献称，早在这场战役开始前，就有两位将军背叛欧迈尼斯。卡迪亚人好像对战事不利早有预料，并在战前就写下遗嘱。这些迹象表明，在欧迈尼斯阵营的指挥层中，没有谁能真正拒绝安提柯的谈判条件。[14]

希腊将军很快被解除武装，并被看守起来。同时，银盾兵向安提柯传信，称他们制住了欧迈尼斯。欧迈尼斯在被这些将士拿下之前，向军队最后疾呼："这本应该是你们庆祝胜利的时刻，你们却因为行李被击败！太丢人了！"[15]他试图通过羞辱手下将士来唤起他们的忠诚，或者至少能让他用剑自刎，也好过兵败被俘。他尽力向军队呼喊，想让更多的人听到。但他们还是缺乏违抗银盾兵意志的勇气。在战争开始前，联军军营内就充斥着不和。现在既已战败，欧迈尼斯就更不可能找到足够的支持。普鲁塔克写道："有些人默默拭泪，但银盾兵不为所动，吆喝着带走欧迈尼斯。"[16]

现在，欧迈尼斯戴着镣铐站在安提柯面前。面对这个多次击败自己的老对手，安提柯的感受并非纯然的愤怒，更多的是松了一口气——他再也不用在伊朗的穷乡僻壤来回追击这个人。欧迈尼斯不是第二个斯庇塔梅内斯（Spitamenes）①，用不着安提柯再跋涉奥克苏斯河或印度河追击。敌方联军失去欧迈尼斯的领导，立即变得支离破碎。他们若不加入安提柯的军队，就必须四散逃走。收押欧迈尼斯的安提柯，此时尚未决定要如何处置他。[17] 他们在腓力的王庭中相识，就算二人没什么深厚感情，但安提柯的幕僚中还是有人为欧迈尼斯求情。尼阿库斯和德米特里乌斯都认为，应该将欧迈尼斯收为己用，因为他的军事才能难以估量。但是，这种声音立即被欧迈尼斯旧时同袍的反对声淹没。这些人在欧迈尼斯被俘后迅速转变立场，因为只要欧迈尼斯活着，他们的处境就会相当尴尬。一旦欧迈尼斯活了下来，他肯定会不遗余力地报复这些叛徒。

安提柯本人大概一心想要消灭这个敌人。这位卡迪亚人的确才华出众，但安提柯并不是没有尝试过将其收为己用。早在两年前，安提柯就这么做了，而后果是长达两年的艰苦战争。他不是一个可以托付信任的下属，给予他自由实在太冒险。死亡是他的唯一结果。在不同的文献中，有关欧迈尼斯之死的说法众说纷纭。不过，安提柯实际上对欧迈尼斯个人没有多少深仇大恨，他把欧迈尼斯的骨灰装进一只银瓮中，送还给他的妻子儿女。

欧迈尼斯之死并不是结束，安提柯随后在一个坑洞里活活烧死安提贞尼斯，印度总督欧德摩斯也被他杀掉。[18] 欧迈尼斯的其余追随者大多立即加入胜利者的军队。安提柯在失败的边缘险胜，他不打算就此浪费自己的好运。他现在是亚洲大部分地区的统治者，让自己的军队在米底首都埃克巴塔纳附近舒适的村庄里安度冬季，并不是什么难事。这支长期奔忙的军队，终于得以休整。

公元前 323 年，安提柯还只是马其顿众多总督和指挥官中的一员。而今，他登上马其顿的权力巅峰。尽管加邦战役只是安提柯伟业的开始，但他在未来取得的一切成就，都再也没有他与欧迈尼斯在伊朗高山荒漠中的竞逐这样精彩。这是古代世界最伟大的战役之一，堪与西庇阿（Scipio）和汉尼拔（Hannibal）

---

① 译注：亚历山大时期粟特反抗者的领袖。

的战事或是恺撒和庞培（Pompey）的对决相媲美。这场战役展现了安提柯的各种品质：果决、勇气、活力以及创造力。不过，虽然安提柯拥有如此多的优点，但在与欧迈尼斯的对决中，他也仅是险胜对手。欧迈尼斯在每一回合中，都漂亮地回应了他。他的奇袭和急行军，在欧迈尼斯面前都化为乌有。不过，这并不是说安提柯在能力上有什么缺陷。因为亚历山大帐下仍然在世的人中，这个卡迪亚人是最优秀的将领，其他人都难以望其项背。欧迈尼斯收服了银盾兵，得到的却是一柄双刃剑。虽然银盾兵战无不胜，但他们的不忠和他们在战争中的凶残一样可怕。

僵局

第五章

就我的判断而言，

所有国王中最恶劣的一位，

就是卡山德。

他在安提柯的帮助下重夺王国，

却在目的达成后过河拆桥，

回头去攻击那位慷慨帮助过他的人。[1]

卡山德对亚历山大大帝既恐惧又仇恨。据传，在亚历山大去世很久之后，卡山德见到他的雕像，还是会不由自主地颤抖。亚历山大逝世前，曾在巴比伦公开羞辱卡山德。当时，卡山德带着一个重要使命，即为其父安提帕特申诉。亚历山大有意将安提帕特的职务撤换掉，卡山德为此来到亚洲。不过，一直在马其顿的他显然对波斯礼数不甚熟悉，也不清楚此前波利伯孔等人就为此激怒过国王。当几个波斯人以这种礼节向卡山德致意的时候，他突然狂笑不止。也许此举为他博取了一些固守马其顿传统的人的好感，但显然不包括国王本人。亚历山大在盛怒之下抓住他，以头抵墙。他此来巴比伦的使命也进行得不顺利——许多希腊城市向亚历山大抱怨安提帕特在欧洲的作为。一旦这些指控坐实，国王一定会对安提帕特的统治追责。

腓力之子与安提帕特之子注定水火不容。当亚历山大在亚洲过着荷马式征战生活的时候，卡山德远在马其顿，远离战争的危险。卡山德在 35 岁时依旧只能坐在父亲的桌子旁，而不能拥有自己的靠榻——因为他尚未完成不用捕猎网而徒手刺死野猪的仪式。[2]亚历山大宁死也不会接受如此公开而持久的羞辱。有人认为，两人之间对立的最大恶果就是亚历山大之死。正是卡山德把毒药带到巴比伦，而在那场引发亚历山大重病的宴会上，国王的司酒正是卡山德的弟弟伊奥拉斯。不过，这一指控没有任何证据，几乎可以肯定出自奥林匹亚丝用心险恶的编造。亚历山大死后，卡山德未受任何阻拦就离开巴比伦。也就是说，当时没有人怀疑是安提帕特家族的人动的手脚。

有关亚历山大之死的流言纷杂，历史的真相消逝在传说背后。大家都一致认同，卡山德早年的挫折造就了他的性格。他先是在巴比伦经受羞辱，又遭受父亲把权力交给他人的打击，他的心理逐渐被这些挫折影响。在他的人生历程中，不被信任的伤痕和亚历山大遗留的阴影始终存在。当他日渐成熟起来的时候，人们看到的就是一个偏执的男人，常常对手下的成功抱有戒心。

如今，卡山德攀上权力巅峰。他父亲拒绝交给他的王国，最终被他攥在手心。他的敌人纷纷陨落——奥林匹亚丝已死，波利伯孔流离在外名誉扫地。他视野中唯一的阴云，就是波利伯孔的儿子亚历山大。此时，这位亚历山大正在伯罗奔尼撒。在安提帕特死后的两年半里，佩拉城风云变幻，而笑到最后的是卡山德。马其顿人乐意让卡山德长期掌权，他们实在太想从战争与阴谋里脱身出来。

对卡山德而言，现在万事俱备，似乎就差除掉罗克珊娜与亚历山大四世母子。但阿吉德王朝对马其顿的影响仍然巨大，这么做实在太过冒险。更何况，卡山德前不久刚刚处死奥林匹亚丝。他注意到，在阿里达乌斯与欧律狄刻多年来的压迫下，罗克珊娜已经习惯折辱和屈从。年幼的国王此时更像一种图腾，代表着卡山德渴望的合法统治。于是，年轻的太后和小国王被带离皮德纳，转而被软禁在安菲波利斯的城堡里。亚历山大四世的王庭被压缩到最小，甚至没有王室侍从。

佩拉的人民无从知晓罗克珊娜与亚历山大四世的真实情况。不过，只要他们活着，就足够平息政坛的议论。为了强化自身为王室守护者的形象，卡山德找来阿里达乌斯与欧律狄刻的遗体，以王室的标准厚葬。他还从别处找到了另一位王室成员的遗体，采用同样的方式安葬，以此展现自己对王朝的忠诚。这位王室成员便是欧律狄刻的母亲库娜涅，她5年前死于阿尔塞塔斯的刺杀。

她定然未曾料到，自己死后还要同女儿一起，成为卡山德塑造形象的工具。

　　但是，卡山德远不满足于此，他也想成为万民景仰的一员。他是幸运的，因为此时王室中还有一个地位高贵的女子——塞萨洛尼切（Thessalonice）。她是腓力的女儿，亚历山大同父异母的妹妹。她的母亲不太出名，她在父亲的宫廷里也一直低调。与克里奥帕特拉不同，塞萨洛尼切没有引起亚历山大的将军们的注意。对卡山德来说，这个漏网之鱼是绝佳的联姻对象。娶了塞萨洛尼切，就意味着他与阿吉德王朝联系在一起，而他的孩子将有机会传承这个王朝。因此，卡山德已经在考虑除掉亚历山大四世，让自己的血脉继承马其顿的王位。塞萨洛尼切的王室血统，会给他的雄心带来大众的宽容。马其顿王室一贯不采用长子继承制，但还是需要一位与王室有血脉联系的人继承王位。塞萨洛尼切嫁给卡山德后，其高贵血统将帮助卡山德实现野心。

　　基于与王室的这重关系，卡山德现在僭越使用了一项特权，即建立新的城市。腓力和亚历山大都曾建立新城市，卡山德此番效仿，其心昭然。马其顿新建城市与希腊城邦开辟殖民地的性质不同，希腊殖民城市或用来接收过多的人口，或为母邦的海外贸易服务，而马其顿的新城市则是王朝统治的工具。落户新城的人民与国王建立起一种交换关系——人们从国王手里拿到土地维持生计，在必要时为国王提供军事支持作为回报。无论是在亚洲还是在马其顿本土，这些新城市的人民都是王朝的后备军。一旦有人威胁王室正统的传承时，这些城市的忠诚便是最好的武器。公元前316年，卡山德在卡尔齐迪切（Chalcidice）半岛西南部建立卡山德里亚（Cassandreia）。他对这座城市寄予厚望，希望它能在这片仍然不太平的土地上发展为一个特别的要塞。更有长远意义的，还不是这座以卡山德自己的名字命名的城市，而是他为了纪念妻子塞萨洛尼切，在特尔马（Therma）建立的塞萨洛尼基（Thessalonica）。时至今日，塞萨洛尼基仍旧是希腊第二大城市。

　　与父亲安提帕特一样，卡山德也不太喜欢战场，而是更喜欢管理内政。他在众多继业者中的独特之处，正在于他对军事声望不怎么感兴趣。虽然他一生中经历过大大小小许多次战斗，但往往出于迫切需要，而不是对战争的热爱。在这个世纪末叶的几场大战中，他乐于让别人领兵打仗。然而，就在卡山德统治的第一年，他就不得不与波利伯孔之子亚历山大进行对抗。这时，亚历山大在伯罗奔尼撒的力量十分强大。

公元前317年至公元前316年的冬天，波利伯孔在佩雷维亚的山地上凄凄惨惨地挨过这个寒冷的季节。在卡山德与奥林匹亚丝的对峙开始阶段，这位年老的帝国守卫者十分看好老太后。直到听闻奥林匹亚丝的死讯，波利伯孔才急忙带着几个随从逃到埃托利亚。在逃亡途中，他还遇到伊庇鲁斯的流亡国王埃阿喀得斯。

两位名誉扫地的老战士在埃托利亚倒是交上好运。这里的人一贯讨厌马其顿的统治者，乐意与他们结盟，一同对付卡山德。听闻卡山德挥师南下，他们如同以往那样，在温泉关设下障碍。卡山德在一年前匆匆北归的时候，并没有在此作战，而是绕过这里。这一次，他的目的地不同了，必须保证从北到南的这一路补给线畅通无阻，不能再让这个大患留在身后。卡山德艰难地进入希腊中部地区，在穿过洛克里斯之后，来到博奥提亚。作为马其顿的统治者，卡山德在这里做出一个有些奇怪的决定，即重建底比斯，召回其人口。近20年前，亚历山大把这座城市夷为平地，其手段之凶残令希腊人闻之色变，但得到马其顿臣民的支持。马其顿人认为，底比斯是一个巨大的隐患。几年前，在腓力与雅典人的喀罗尼亚（Chaeronea）战役中，底比斯人背叛了他。后来，底比斯人又因觉得新继任的马其顿国王亚历山大在巴尔干半岛北部已被打败，就趁机起兵造反。虽然这些年过去，马其顿人对底比斯的抵触情绪稍有缓解，但卡山德的这一行动依旧冒着不小的风险。希腊人倒是极欢迎他的这一举措，就连远在西西里的殖民地都为重建底比斯出力，这在即将到来的战争中将发挥不小的作用。另外，新建的底比斯就如同北方的卡山德里亚一样，会成为卡山德个人在希腊中部的据点。

卡山德安排法莱卢的德米特里乌斯镇守雅典，便放心南下。波利伯孔之子亚历山大在科林斯地峡的拦阻造成不小的麻烦。这里就如同温泉关一般，是一个天然的防守宝地，卡山德的确很难破关而入。不过，要是不灵活，也就不是卡山德了。他在温泉关驱散埃托利亚人，并打算出其不意地绕过去，扰乱亚历山大的安排。他从墨伽拉（Megara）将军队用短帆船送过萨龙湾（Saronic Gulf），到达埃皮达鲁斯（Epidaurus），又行军至阿戈斯，对那里的城市高官威逼利诱，迫使他们与自己合作，从亚历山大身侧两旁向半岛西南进军。

卡山德希望进行一场决战，以此确立南方战事的最终胜利。然而，亚历山大却龟缩不出。眼看联盟诸城分崩离析，亚历山大没有一战之力，只能忍气吞声，继续躲在地峡的防御工事里。战争渐近尾声，卡山德留下 2000 名士兵。他们驻守在地峡旁边阿提卡一侧的戈拉尼亚（Gerania）山地，严防在伯罗奔尼撒的亚历山大。现在，亚历山大只能据守一隅，而卡山德在希腊的势力范围相对完整。对于卡山德来说，亚历山大仍然是个麻烦，却不再是威胁。

与此同时，远在东方的安提柯自从公元前 316 年打败欧迈尼斯之后，就成为亚历山大继业者中力量最强大的人物。虽然安提柯步入暮年，但没有一个人敢于与他那正在埃克巴塔纳山地安度冬季的军队一决高下。眼下，安提柯最紧迫的任务，就是保护并整饬他新取得的东部省份。这一本就复杂的任务，由于一向爱惹事的培松掺和，而变得愈发困难。失势后没多久，培松的命运就因安提柯的到来出现转机。培松跟随安提柯击败欧迈尼斯，而现在冬季来临，他再次使用以往的惯用手段。他在普通士兵中游说宣传，兼以利诱，准备发动政变，推翻安提柯取而代之。但是，安提柯素以消息灵通闻名，又怎么会察觉不到他的小动作。安提柯以商讨战略为由将培松召来，还不等他走到会议厅的大门，就立即将他拿下。培松很快被军事委员会定了死罪，旋即执行。这个一生充满躁动和阴谋的人，终于结束了生命。

解决米底的遗留问题后，安提柯从埃克巴塔纳的国库中取走 5000 塔兰特白银。他在新的一年移兵于阿契美尼德帝国的心脏——波斯波利斯。当安提柯进入城市的时候，民众称颂他为王。这并不难理解——这里的人曾经全力支持欧迈尼斯，如今对安提柯做足姿态，也是害怕他为此报复。

安提柯让许多老对头官复原职，包括卡曼尼亚和巴克特里亚的总督，还有罗克珊娜之父、亚历山大四世的外公奥克夏特斯。至于波斯行省的总督朴塞斯塔斯，就要另当别论。这人的情况比较特殊，他不仅是一位伟大的马其顿战士，还是亚历山大大帝生前的近身侍卫之一。而且，朴塞斯塔斯在臣民中也颇受欢迎。他有能力统合并管理一个多元联盟，那些高高在上的总督都对他唯命是从。朴塞斯塔斯的优势如此明显，所以在安提柯看来，他着实是一个不容小觑的危险人物。但是，在安提柯与欧迈尼斯的战役中，朴塞斯塔斯起了关键作用。所以，安提柯还是给予他丰厚的奖赏，虽然不能让他继续做总督，但好歹留了一条性命。从此，朴塞斯塔斯就在安提柯帐下做了一名幕僚，而且一直到 20 年后依旧活在世上。不过，在安提柯去世前，朴塞斯塔斯再无任何建树。直到摆脱安提柯的阴影，朴塞斯塔斯才在德米特里乌斯的支持下重新崛起。[3] 朴塞斯塔斯最终死在远离波斯波利斯的地方，对于一位真正热爱伊朗文化的马其顿人来说，这也许是一件憾事。

如果说朴塞斯塔斯的遭遇会引起我们同情，那么安提柯对惯于背叛的银盾兵的处置，则大为不同。欧迈尼斯勇敢地把银盾兵从塔尔苏斯（Tarsus）带到波斯，而银盾兵转眼就出卖了他。此时，作为银盾兵的新主人，安提柯不得不对他们常存戒心。尤其在听到传言称银盾兵与培松那场阴谋有牵涉的时候，安提柯更加忧心忡忡。他让重新担任阿拉霍西亚总督的西庇尔提亚斯（Sibyrtius）统率这群难以管教的老兵。西庇尔提亚斯的总督辖地是伊朗高原与印度河流域之间的一片山地，此地在后世成为英帝国南亚殖民地的西北边界。自古以来，这里一直是好战的游牧部落的家园，这些部落最近才不情不愿地臣服于马其顿。安提柯让西庇尔提亚斯用银盾兵对付这里的居民，还另有一个附加条件，即不能让银盾兵整体作战，而是必须分成小股，去执行不同的任务。安提柯的真实意图恐怕是通过骁勇的山地居民消耗掉这些银盾兵。

安提柯亲自率军从波斯波利斯出发，沿波斯山地而下，经过 20 天不算艰苦的行军来到苏萨，又从苏萨沿波斯帝国御道行进。由于路况优良，军队行进的速度相当快。往往不及传出消息，大军就已来到近前。就算塞琉古不惊讶于安提柯的突然到访，那么这位老人对他的态度则足可使他捏把汗。安提柯要求对其总督任上的收入进行精细核算，这让这位在任者想起培松与朴塞斯塔斯的命运。他深恐自己会重蹈朴塞斯塔斯的覆辙，赶忙逃往埃及寻求托勒密的庇护。

公元前 316 年 11 月，安提柯已经在东方待足两年。其他继业者都对他的成就眼红不已。在叙利亚北部的时候，安提柯见到了托勒密、利西马科斯和卡山德的使节。塞琉古在流亡中怂恿其他人向安提柯提出很多要求，指出他们在之前的战役中给欧迈尼斯的盟友添了不少麻烦，最终促使安提柯成功，那么他们也应该分享胜利果实。据记载，利西马科斯要求得到赫勒斯滂，托勒密想要叙利亚，卡山德觊觎安纳托利亚的大部分，塞琉古则希望拿回本属于他的巴比伦。他们声称，安提柯没有随意废黜总督的权力。他们提出这些要求，并不指望能被批准，只是希望把战争责任推到安提柯身上。果然，正如他们所料，安提柯让使节们回去告诉主人：我们战场上谈！

据狄奥多罗斯的记载，卡山德想要卡帕多西亚和吕基亚。但这一说法有争议，有人认为，觊觎吕基亚的是阿桑德。我们虽然很难理解为什么卡山德想要一块远在东部的土地，但通常不会认为这是阿桑德的希望。因为阿桑德不是安提柯的敌对联盟的重要成员，其地位还不足以提出这样的要求。这种想法没有考虑很多明显的证据。首先，阿桑德可能是帕曼纽的兄弟，他们都是菲洛塔斯的儿子；其次，阿桑德与安提柯是远亲；另外，阿桑德长期以来都是马其顿军中的高官，早在公元前 334 年，他就被亚历山大任命为吕底亚总督。公元前333 年，阿桑德在卡里亚与奥朗托巴提斯（Orontobates）对战，并于次年与安提柯联手打败安纳托利亚的波斯人。他最后一次在亚历山大手下受命，是公元前 329 年的事，当时的任务是给国王带去吕底亚的增援部队。佩尔狄卡斯主政期间，他是卡里亚的总督。亚历山大死后，其权力与地位约略等同于安提柯。特里巴拉德苏斯集会后，安帕特派阿桑德攻打阿尔塞塔斯。卡帕多西亚和吕基亚与阿桑德原有的势力范围很近，如此来看，他对这两地的归属提出要求，倒是比卡山德来得合理一些。[4] 正如 5 年前的佩尔狄卡斯一样，一家独大的安提柯很快发现，对手已经结成统一战线对他虎视眈眈。他不得不在亚洲各个地区辗转，忙于应付在亚历山大死后数年的混乱中幸存下来的其他继业者。安提柯目前的条件十分优越，他的军队无与伦比，他的国库取之不尽。在此前的两年里，他的敌人的活动从未止歇。联盟一直没有等到安提柯对他们要求的正式回应，终于开始入侵他的领地。趁安提柯前往奇里乞亚之时，阿桑德出兵卡帕多西亚。安提柯刚刚到达奇里乞亚，阿桑德已经来到阿米苏斯（Amisus）。另一边，托勒密在腓尼基和叙利亚山谷（Coele-Syria）两地加紧巩固自己的力量。

独眼的老将军为接下来的战争做足准备。他从东方获取大量财富，另外还有金达国库里的 10000 塔兰特。他控制的地区每年还可为他带来约 11000 塔兰特的收入，整个国家的财政状况良好而健康。在这笔钱的支持下，他重新部署赫勒斯滂到叙利亚的防线，招募了大量雇佣兵。安提柯对待臣僚也丝毫不吝啬，经常慷慨地分发钱财或其他赏赐，以确保他们的忠诚。他以此手段尽可能地拉拢敌方阵营中的势力。安提柯派人与塞浦路斯的小王国取得联系，进行了一番游说，让这些国家全部支持自己。另外，他还派特使前往罗德岛，守护这个海上共和国的安全。

海上力量是安提柯的短处。他深知这一点，但还是希望能够在海上获得控制权，以与他在陆地上的惊人兵力相称。为了实现这一计划，安提柯首先需要控制腓尼基的大海港。公元前315年初，他离开奇里乞亚的冬季大本营，率领整个军队向推罗行军。17年前，在亚历山大的征途中，这个城市尝尽苦果。但在面对新的征服者时，推罗人保持着骄傲，丝毫不显怯懦。

安提柯驻扎好之后，便着手准备建造属于自己的舰队。他的海上力量几乎为零，而面对敌人托勒密强大的海军，他需要数百艘战船。于是，他募集熟练船工，从第一艘战船开始造起。[5]黎巴嫩的雪松和柏树十分适于造船，但对安提柯而言，若要实现自己的野心，这些资源还远远不够，必须从陶鲁斯山运来木材以作补充。安提柯控制的所有港口都有船工和木匠驻守，腓尼基和叙利亚的一众小领主则被迫提供劳动力和其他一应服务。安提柯手下三大造船中心分别是特里城（Tripolis）、比布鲁斯（Byblus）以及西顿（Sidon）。这三座城市有悠久的造船历史，最早甚至可以追溯至马其顿人的史前时代。

推罗的造船项目并不足以让安提柯的士兵各安其事。除了一支用以控制推罗人的3000人小队之外，军队在造船方面起不了任何作用。有些士兵被派去运输木材，但这无疑是对精锐军队的浪费。就在此时，在托勒密的安排下，塞琉古前往腓尼基海岸上安提柯的营地，想要给他制造点麻烦。不过，塞琉古听闻托勒密在塞浦路斯的盟友正准备颠覆他们的新主人，便决定静待事态发展。安提柯把安德罗尼科（Andronicus）留在推罗，自己则带兵向南进军，来到巴勒斯坦。安提帕特死后，这里就一直是托勒密的势力范围，但他在这里的地位也并非稳如磐石。当安提柯大军压境时，这些城市便纷纷投降。只有两座城市为托勒密的一饭之恩而忠诚不屈，即约帕（Joppa）和加沙（Gaza）。约帕在今日特拉维夫（Tel Aviv）①的郊区，该城直到十字军东征时期才被毁。加沙距海

---

① 译注：以色列的海港城市。

岸2英里，是当地重要的要塞之一，自扫罗和大卫漫步于山丘的时代，这里就被非利士人（Philistines）占据。亚历山大曾在这里大费周折，该城久攻不下的原因是围城工事的规格不合适。在持续两个月的围攻之后，亚历山大终于破城，他把守军指挥官的尸体拖在战车后绕城而走，以此发泄这段时间以来的沮丧。而现在，安提柯没有心情拖延，他迅速派老兵攻下约帕和加沙，并将幸存守军编入自己的军队。他在加沙的战果相当惊人，这让人想起当年亚历山大在此苦战的经历。最有可能成立的假设，大概是亚历山大建造的围城工事仍然存在，安提柯成功地再次利用它们。

安提柯对这次胜利颇为自得，重新整顿军队后，班师回到北方的推罗大营。围攻耗时15个月，这不仅体现了这座城市的强硬，也展现出安提柯志在必得的决心。公元前314年的秋天，他加急建造舰队的第一个果实已经成熟。正如亚历山大一样，在对这里实施有力的海上封锁之前，这位老将军无力真正威胁这座城市。此前，托勒密为这座城市提供源源不断的补给，推罗的生活也就一如以往地过下去。当安提柯的第一批战船开始履职，这条海上补给线就被切断。新建的推罗城几乎满是建筑，没有空地养殖牲畜和种植粮食。因此，当托勒密的补给不能运到，这座城市就离饥荒不远了。在这种情况下，推罗人并没有战斗到最后，安提柯也没有前任征服者那样残忍。不过，他还是在此地部署一支驻防部队，以保证日后不再需要费力攻打该城。

不久之后，能容纳240人的战船也出现了，而更多的船也在如火如荼地建造中。其中一半产自腓尼基，其余则来自各地盟友。赫勒斯滂贡献了一些战船，罗德岛也出了一份力。最终，这些战船组成了最新海战技术所需求的舰队：10艘十桨座战船、3艘九桨座战船、10艘五桨座战船、90艘四桨座战船，再加上用于平衡的三桨座战船和一些小的无甲板帆船。这支海军驻扎在由约帕到奇里乞亚沿线的黎凡特海岸港口。每一个港口都挤满战船，船员和水兵排着队领取高额工资。海军霸权实际上就是资金的问题。若想拥有技术高超的水手，就必须付出最高薪水。

为了打破托勒密对爱琴海的控制，安提柯派出自己的侄子迪奥斯库里德斯（Dioscurides）指挥这支海上劲旅，并让在伯罗奔尼撒的盟友和幕僚尽力攫取爱琴海诸岛，因为这些岛正是敌方舰队的重要基地。不过，这位第一次涉足海上战事的老将军并非一帆风顺。海战开始的第一年，他的一整支中型舰队被托勒密的海军将领波留克列特斯（Polycleitus）摧毁。

不过，安提柯的海军实力雄厚，不会因这场失利而一蹶不振。公元前314年，爱琴海上依旧飘扬着迪奥斯库里德斯的旗帜。舰队征服大量岛屿，迪奥斯库里德斯手中掌握着越来越多的爱琴海军事资源。其中，基克拉底（Cyclades）群岛具有独特战略意义，这条岛链连接着希腊中部到安纳托利亚西南部的海上道路。若能控制这片群岛，就意味着会获得一条从小亚细亚的诸多殖民城邦到伯罗奔尼撒、阿提卡以及优卑亚的安全航线。这些位置极其重要，不但可以阻止南来的敌人进入爱琴海，还可以切断埃及的托勒密与马其顿和色雷斯的卡山德和利西马科斯的联系。

当然，安提柯的舰队不仅在爱琴海南部展开攻略，北部的利姆诺斯（Lemnos）岛也是一个重要的战略据点。这里从前是雅典的殖民地，在岛上可以监视通往赫勒斯滂的道路，以及至关重要的粮食贸易中心本都（Pontus，黑海沿岸的小亚细亚城市）。安提柯在这里的动作很快引起敌人的注意，埃及和雅典的舰队联合起来，想要把他的势力赶出利姆诺斯岛附近海域，最终却铩羽而归。这让人们清楚地意识到，安提柯这支速成的海上军队是何其强大。雅典舰队被迪奥斯库里德斯制住，塞琉古从埃及带来的战船也不得不离开这里，前往卡里亚和塞浦路斯更安全的水域。

在安提柯家族中，军功卓著的并不只有迪奥斯库里德斯一人，老将军的另一位侄子托勒梅乌斯（与其父同名）也用实力证明自己是一个干将。在特里巴拉德苏斯的集会上，托勒梅乌斯被任命为腓力·阿里达乌斯的侍卫，而他另一件值得一书的事件，就是在围攻诺拉时充当欧迈尼斯的人质。不过，就在公元前315年，托勒梅乌斯作为将军的勇武品质展现了出来。安提柯派他去阿米苏斯赶走阿桑德的军队，他不仅出色地完成这一任务，还一路威风凛凛地推进到比提尼亚（Bithynia）。当时，这里的人正处在麻烦和混乱之中。比提尼亚国王芝普特斯（Zipoites）正在攻击马尔马拉海东侧的希腊城市阿斯塔克斯（Astacus）和卡尔希登（Chalcedon）。比提尼亚的轻装部队明显无法与托勒梅乌斯的职业战士匹敌，这两座城市很快就从紧张的战事中解脱。托勒梅乌斯与心存感激的城市结下盟约，又从芝普特斯手里要来人质，以确保他们不会再添麻烦。就在来到比提尼亚的路上，托勒梅乌斯还抽出时间与赫拉克利亚（Heraclea）的僭主狄奥尼索斯（Dionysius）的女儿结成政治婚姻。此后不久，安提柯就将他的侄子派往别处。托勒梅乌斯身穿华丽服饰前往伊奥尼亚，成功守住正在经受塞琉古进攻的海岸。巴比伦前任总督不得不撤下对埃里特莱（Erythrae）的包围，这座伊奥尼亚小城就在希俄斯岛对岸。在伊奥尼亚太平无事的情况下，从这里向南前去他的下一个目的地卡里亚，只有很短的路程。

卡山德在希腊和马其顿的胜利，很大程度上依仗安提柯的支持。他最早起事的力量，即来自独眼将军的兵马与战船。不过，两年半的时间过去，很多事情都改变了。安提柯打败欧迈尼斯，把培松、塞琉古和朴塞斯塔斯从自己的土地上赶走。在叙利亚的谈判告破之后，安提柯的野心已经昭然——他想要重建亚历山大的伟大帝国。对于安提柯来说，有卡山德对付波利伯孔，给自己省了不少麻烦。但就目前的计划而言，卡山德的存在有些多余。塞琉古和托勒密的使节找到卡山德，邀请他一起组建一个抵抗安提柯的联盟。卡山德根本不需要劝说，很快就答应下来。

安提柯迅速做出回应，把米利都的阿里斯托德摩斯派往伯罗奔尼撒，与波利伯孔及其子亚历山大共同对抗卡山德。一直以来，伯罗奔尼撒都是亚历山大的软肋。阿里斯托德摩斯终其一生都在安提柯手下任事，他高度忠诚，又反应敏捷。虽然他不是军人，但他的优良品质使他成为一名举足轻重的外交官和幕僚。他对爱琴海和希腊十分了解，故而能在错杂的敌对关系中，以敏锐的判断力建立起一个强大联盟。他在半岛南部的拉科尼亚（Laconia）登陆，带来了大量的东方黄金，并用这笔钱招募 8000 名雇佣兵。当然，在此地招募雇佣兵，必须得到斯巴达的允许。不过，日渐衰落的斯巴达乐于见到一切能给马其顿制造麻烦的势力，因此未加阻拦。

波利伯孔听闻阿里斯托德摩斯的动作后，离开埃托利亚，穿越科林斯湾来到伯罗奔尼撒与其会合。他们迅速结成同盟。这位流亡在外的前任护国者，终于作为安提柯在伯罗奔尼撒的总司令重新找回颜面。为了巩固同盟，波利伯孔的儿子亚历山大还扬帆向东，亲见安提柯，研究合作的细节。

亚历山大在推罗的老兵营里见到安提柯，后者为他举行盛大的欢迎仪式。

为了支持希腊的战事，安提柯组织了一场马其顿将士的集会，公开谴责卡山德。此外，他们还指责安提帕特之子杀害奥林匹亚丝，强逼塞萨洛尼切成婚，虐待亚历山大四世及其母亲罗克珊娜。他们指出，卡山德想要自立为王的狼子野心路人皆知。集会还谴责他把马其顿的宿敌奥林休斯人（Olynthians）安置于卡山德里亚，并重建底比斯。因此，集会要求卡山德毁弃这两座城市，释放国王和他的母亲，另外还要向如今实质上的国王安提柯屈服。这场集会在某种程度上是一场自大的宣传，会上通过的法令对安提柯自己的潜在威胁，比对卡山德的打击更大。

这条法令是对全体希腊人的自由宣言，声明希腊将不再受任何外国势力干涉，也不再保留驻军。亚历山大对这一套很是熟悉，因为就在 4 年前，其父也颁布过一个内容几乎完全相同的法令。安提柯就这样不费一兵一卒，不花一分一厘，树立了一个希腊的解放者形象，还顺带在民主城邦和寡头城邦之间挑拨。[6]

波利伯孔及其子在伯罗奔尼撒基本上处于孤立无援的状态，当地城邦都不愿意冒着激怒佩拉那位强大统治者的风险来支持他们。此地居民虽然素来顽固好战，但近 20 年来，目睹过惨烈战事的人们，再也提不起对战争的兴趣，而是更加渴望和平与安宁。然而，安提柯将手伸向伯罗奔尼撒，确实让卡山德感到威胁。于是，卡山德不得不南下维护他得之不易的成果。

令卡山德忧虑的主要是阿里斯托德摩斯的到来。就在不久前，卡山德也像此人一样，带着大量金钱与一支优秀的舰队从亚洲渡海而来，他完全清楚这样的势力会在希腊掀起多大的波澜。他决心将这未成形的毒瘤扼杀在萌芽阶段，便很快挥师南下。与一年前向南进军的情况不同，这次卡山德没有在科林斯地峡遇到强劲的防御。他把亚历山大留在这里的驻军逐出要塞堡垒，并占领科林斯的海港。这场变局让人们震惊不已，而卡山德很快就向西南方向的阿卡迪亚进军，前去攻击奥尔霍迈诺斯（Orchomenus）。这座城市的一支派系投靠了卡山德，他因此轻取该城。而这支背叛城市的派系，则获准大肆屠杀他们的对手。

被追杀的人逃入阿尔忒弥斯（Artemis）[①]神庙寻求庇护，但还是被无情地赶尽杀绝。卡山德的马其顿军队一路畅通无阻地前进。对安提柯来说，也许唯一值得安慰的，便是当安提柯来到地处西南的伊托梅（Ithome）[②]后，面对坚强不屈的敌人只好撤退。尽管如此，公元前315年的这场战役依旧可谓精彩绝伦，卡山德的所有敌人都遭受或大或小的打击。

不过，这些足够可观的成就尚且不能满足卡山德，他还要谋划一场非凡的政变来为这场战役添彩。他找到亚历山大，邀请他与自己结成另一个同盟。令人惊讶的是，亚历山大居然很快应允，同意成为卡山德的盟友，并作为他的指挥官统领整个伯罗奔尼撒。这发生在他与安提柯会面仅仅数月之后。亚历山大超越乃父，成为卡山德重点拉拢的对象。这并不奇怪，因为自公元前318年起，他就控制着整个伯罗奔尼撒。虽然他的成功并不完满，但他手下那支精悍的军队一直忠贞不贰。他与南部许多城市中的权贵关系密切，无人能及。他掌握着科林斯地峡，而其父波利伯孔的势力则主要在梅斯尼，两地的战略意义不可同日而语。

波利伯孔在短短4年时间里，从马其顿护国者跌落至无实权在手的境地，甚至连自己的儿子也靠不住。这一打击太大，他需要尽全力才能忍受这样的挫折。虽然波利伯孔依旧有阿里斯托德摩斯和他带来的8000名雇佣兵的支持，但这并没有让老将军好过多少。眼下，这对父子各有各的盟友，相互之间又针锋相对，这种奇景令人叹为观止。不过，这一局势并未持续太久。公元前314年初，亚历山大控制了伯罗奔尼撒北部大部分海岸，只有伊利斯的库勒涅（Cyllene）拒绝承认作为卡山德手下的伯罗奔尼撒总督。于是，亚历山大发兵攻打此地。若没有阿里斯托德摩斯杀来，他打下这个小城市简直易如反掌。然而，安提柯的这位心腹刚刚与埃托利亚人结成同盟，直接带领雇佣兵前来支援。亚历山大显然没有准备好迎接这个敌人，在被对方围攻后，撤出伊利斯。阿里斯托德摩斯在初获成功后一路向东，把卡山德驻扎在帕特雷（Patrae）的军队赶走，

① 译注：月亮与狩猎女神。
② 译注：美塞尼亚的一片山地。

又在埃吉乌姆（Aegium）城中叛徒的帮助下攻占该城。不过，阿里斯托德摩斯的雇佣兵旋即将这座城市洗劫一空，这对他想要维系与其他城市合作的愿望，是一个不小打击。

亚历山大也出手反击。另一个北部港口城市杜美（Dyme）曾经试图以一己之力抵挡卡山德的军队，如今成为整个伯罗奔尼撒风暴的中心。亚历山大首先控制这里，但阿里斯托德摩斯从埃吉乌姆带来的雇佣兵随即将之夺下。之后，他们便冷眼旁观这些在亚历山大的宽容下苟活的市民被与自己不同派系的同胞屠杀。亚历山大并非不想对此做出反击，但一切设想最后都成了空想——当他率军走出西锡安的时候，被刺客暗杀了。他短暂的戎马生涯展现出优秀的军事才能，只可惜没能在更大的舞台上一展身手便倏然陨落。杀死他的刺客是西锡安的爱国者。不过，这些人没想到的是，即使如此机关算尽，他们维护祖国独立的愿望还是破灭。打破他们这一愿望的是另一位杰出的马其顿女性——亚历山大的妻子。这位女将军在丈夫死后迅速掌握军队，她上位后第一次行动便是粉碎西锡安的军事组织，对他们进行残酷的清洗。她将仇人钉上十字架，又大力加强西锡安的驻军力量。这一系列举措为她赢得"克拉特斯波利斯"（Cratesipolis，即"降此城者"）的称号。

次年，安提柯的部将特勒思弗洛斯（Telesphorus）率领一支海军与一支陆军来到这里，卡山德的敌人再添分量。[7]特勒思弗洛斯从亚洲带来的舰队由50艘战船组成，陆军也人数众多，这些兵力都是专门为伯罗奔尼撒准备的。不过，亚历山大死后，半岛局势已然天翻地覆。克拉特斯波利斯与波利伯孔建立联盟，后者在阿里斯托德摩斯离开后，就彻底断绝与安提柯的联系。只有阿里斯托德摩斯留下的财富和人手尚能加以利用。特勒思弗洛斯希望两年前安提柯颁行的希腊自由宣言的影响尚存，这样当他登陆的时候，希腊人多少能给予一些支持。就这一点而言，希腊诸城并没有完全令他失望。近日来的持续动荡，使每座城市内部都矛盾丛生，城中的每个派系都欢迎任何可能的支持来帮助他们清理敌人。这使特勒思弗洛斯不费多少力气就拿下许多城市。然而，他派往西锡安和科林斯的使节在城墙外宣读招降令的时候，这两座城市大门紧闭，没有任何欢迎他的意思。克拉特斯波利斯占据的西锡安是一个很好的据守地，既然她不肯合作，特勒思弗洛斯只好在阿尔格利斯落脚。

此时，卡山德的注意力全被托勒梅乌斯在卡里亚的动作吸引。他派出忠诚的将军普雷培劳斯（Prepelaus）率领精兵驰援阿桑德。这支队伍十分庞大，却没取得什么成就。非但如此，在一场由托勒梅乌斯精心策划的夜袭中，欧波莱姆斯（Eupolemus）的军队一战就失去 8000 名士兵。安提柯被自己的子侄们在海路两线的成功激励，他认为时机已经成熟，可以率大军一举击垮卡山德、利西马科斯和阿桑德。但是，他的急躁是灾难性的。公元前 314 年的冬天，安提柯试图带兵翻越积雪很深的陶鲁斯山，然而不充足的准备令他损失惨重，不得不领兵返回。第二次远征就谨慎多了，军队根据地形特征做足准备，带上所需军备再次出发。虽然这次行军依然充满艰险，但终获成功。安提柯军队没受什么损失就来到弗里吉亚旧都凯莱奈，在冬季大营里驻扎下来。

公元前 313 年春，安提柯集结好兵马，为来年的战事做准备。此时的天气恰合适，安提柯在腓尼基建起的舰队扬帆西行。负责率领舰队的将军是米底乌斯（Medius），他不仅圆满完成任务，还在途中俘获 36 艘托勒密的战船。陆地上的大军此时正准备完成托勒梅乌斯早已开始的战役——征服卡里亚。[8]独眼的老将军意在首先制住门德尔河谷。这条河流域广阔，灌溉着小亚细亚西南地区最广阔肥沃的土地，还承担着海岸到内地交通的重任。

除了米利都以外，大部分伊奥尼亚的希腊城市已与安提柯结盟。正当米底乌斯从海上封锁这座城市的时候，安提柯派出佩尔狄卡斯旧部多喀摩斯前来进攻。米利都一带近来一直由阿桑德控制，虽然米利都民众听说安提柯保证他们的自由后便打开城门，但其他要塞仍然需要围攻。当多喀摩斯忙于米利都的战事时，安提柯率领主力从河源地来到了特拉雷斯（Tralles）。这里战略位置非常重要，因为它坐落于一条通向南方的要道与东西向河谷的交叉处。安提柯包围这座城市，随后拿下该城。这样一来，安提柯掌握了通往卡里亚的道路。

米利都以南的海岸岩崖伸进爱琴海。安提柯派托勒梅乌斯去那里平息起义，他本人则从特拉雷斯出发，沿着内陆的大道来到卡乌诺斯（Caunus）城，意在将这里变成自己的海军基地。当米底乌斯的舰队出现在卡乌诺斯的视野中时，城中居民很快投降。不过，如同米利都一样，卡乌诺斯城虽降但要塞未降。安提柯可没有多少耐心，直接架设起攻城器械一波接一波地攻击。不久，要塞陷落。安提柯对卡里亚的征服终于完成。

阿桑德的土地就这样一寸寸地失去。这位在爱琴海和安塔利亚统治20年之久的总督，没有再在史册中留下一笔，永远地消失在后人的视线之中。他也曾像摩索拉斯（Mausolus）① 一样，试图建立一个卡里亚帝国，与后亚历山大世界的大国平起平坐。但是，阿桑德甚至不如他的这位前辈，身后没有留下什么可供后人瞻仰铭记的遗迹。

安提柯的战略是正确的，他一路行来，在整个爱琴海和小亚细亚的地中海海岸线上一路顺遂，没有遭到什么实质性的反抗。卡山德此时感到深刻的危机。他在卡里亚和伊奥尼亚的盟友们，面对安提柯的军事力量和外交手腕，都一一屈从，他的敌人眼看就要控制爱琴海的亚洲海岸。如果说有什么拦住了安提柯的路，那恐怕就只有他们之间的这片大海。但卡山德也不能全心信任海洋的阻隔，因为对手的海军力量与日俱增。在这样的情况下，能否扛着特勒思弗洛斯的压力守住科林斯地峡也变得无关紧要。因为从色雷斯到萨拉米斯（Salamis），整个海岸都可以是安提柯舰队的登陆之地。

如果最终要走到开战那一步，那么这两大巨头之间的战争，不可能如同阿尔格利斯和梅斯尼的小冲突一样打得轻描淡写。战争永远是最后的选择，对此时的卡山德和安提柯也不例外。双方都有希望和平的理由——安提柯希望反对自己的同盟能够消失，而卡山德则希望自己在合法领土上的统治不受干涉。他们在赫勒斯滂附近见面。此时正是安提柯的巅峰时期，强大的力量给他傲慢的资本，故而他提出了苛刻的谈判条件。除了独立之外，卡山德可以为避免战争牺牲很多东西。然而，他从未对成为安提柯的附庸做过心理准备，这种条件显然不可接受。和谈很快就流产了。

既然战争不可避免，卡山德也尽其所能地做足防御。地峡以南的半岛留给当地兵力去保护，而他本人则致力于保卫爱琴海湾。如果说伯罗奔尼撒是守卫希腊南部门户的桥头堡，那么东边的优卑亚显然也发挥着类似作用。安提柯舰队从亚洲驶来，其目的地很有可能就是优卑亚。

---

① 译注：波斯总督，公元前377年—公元前353年在位。摩索拉斯一生颇喜营建，其陵墓建在哈利卡纳苏斯，是古代世界七大奇迹之一。

卡山德率领 30 艘战船出发，驶向优卑亚的北端。他的目的地是奥列乌斯（Oreus），此地是岛屿与大陆之间海峡的港口，位置险要，牵动整个海峡。卡山德刚刚把这个小镇围起来的时候，安提柯的舰队就进入视线。特勒思弗洛斯听闻发生在优卑亚的战事，立即带着 20 艘战船去与米底乌斯从地中海东部海岸带来的 100 艘战船会合。在这次交战中，安提柯的舰队摧毁 4 艘卡山德的战船，另有许多战船燃起熊熊大火。卡山德被迫承认自己的失败，同时也不得不撤下对奥列乌斯的包围。然而，在这个时代，海上局势瞬息万变。安提柯在取得胜利后放松警惕，没有认真保护战船。卡山德则从雅典召来增援部队，他们的出现让敌人大吃一惊。未及反应，卡山德就已击沉一艘战船，另外还拖走 3 艘。[9]

安提柯听到这个消息后明显不耐烦，让侄子托勒梅乌斯率领 150 艘战船、5500 名士兵驰援米底乌斯。他们在巴提斯（Bathys）海岸上的奥利斯（Aulis）驻扎下来。首个进攻目标是哈尔基斯（Chalcis），因为它地处本土到优卑亚之间最短的通路上，战略位置极其重要。托勒梅乌斯的到来激起当地民主派的兴趣，他们与其串通一气，打开了城门。正在奥列乌斯苦战的卡山德听闻此事，行军 50 英里的路程前来驰援这个小镇。他还派岛上的其他队伍也一同加入此次救援，准备展开一场大分胜负的对决。然而，这场危机并未打乱安提柯的战略。他一改之前的战法，从陆地上直接进袭马其顿本土。为此，他需要将军队运送到博斯普鲁斯（Bosporus）。托勒梅乌斯在伯父的召唤下撤走，他的海军不久就消失在地平线上。卡山德由此意识到佩拉面对的危险，而如此危急的情况，自他掌权以来前所未见。安提柯率大军穿越色雷斯的森林而来，简直是一场无边的噩梦。

卡山德偷偷离开优卑亚，准备直面自己的对手，顽强守护自己在希腊取得的一切。他冲进阿提卡的一个名为奥洛普斯（Oropus）的小镇，建起自己的要塞。随后，他又驻守在底比斯，任命欧波莱姆斯控制希腊大陆，哈尔基斯则由他的兄弟普雷斯塔库斯（Pleistarchus）坐镇。

安提柯派托勒梅乌斯前去进攻哈尔基斯。此时，普雷斯塔库斯一无多少兵力在手，二无当地居民的支持。托勒梅乌斯则已经确保优卑亚地区的顺服，而且还有余力干预希腊本土。然而,他并没有出兵控制哈尔基斯。因为他清楚,目前的他如果做出支持希腊城市自由的姿态，将得到更大的好处。他赶走奥洛普斯的驻军，让这座城市摆脱外国兵团的控制。他的策略很快就得到回报，从色萨利的埃雷特里亚（Eretria），到优卑亚南部的卡利斯托（Carystus），各个城市都纷纷遣使向他效忠。

托勒梅乌斯知道自己向北前进会一路顺遂，但还是转向去了雅典。在那里，法莱卢的德米特里乌斯已经掌权6年。虽然他激发了城市的民族主义情绪，但能始终保持内政稳定。不过，在此时的雅典，一面是驻在比雷埃夫斯的卡山德，一面是边境上的托勒梅乌斯，看起来夹在中间的德米特里乌斯势必要吃些苦头了。但事实上，这个法莱卢人正在与安提柯的将军进行协商，希望能达成一个互不侵犯的条约。这样一来，雅典的南部边境得到安宁，托勒梅乌斯也能放心地出兵底比斯。他把当地驻守部队赶出城，而且仍然没有派驻自己的军队。托勒梅乌斯的前进势头不减，很快福基斯也借他之手获得自由。他在沿线城市逐一驱走马其顿驻军，建立起与己方友好的政权。在这样的策略下，整个希腊中部地区都陆续归于他的掌控。托勒梅乌斯随后行军至温泉关南部的洛克里斯。他要让那里的宗主国也臣服于自己，一起孤立在色萨利和马其顿的卡山德。大部分洛克里斯城市都乐于接受安提柯的霸权，只有奥普斯（Opus）一城坚决不从，最后屈服于武力。

卡山德面对事态的发展也无能为力，只能眼睁睁地看着自己的势力被一步步蚕食。事实上，安提柯的野心也还没实现，他那拜占庭式的雄心壮志被博斯普鲁斯海峡挡住前路。尽管如此，马其顿的统治者自拉米亚战争以来，还是头一次丧失对希腊中部和南部的控制。除了马其顿，卡山德现在的影响力至多能到达色萨利。

公元前312年，安提柯军队在加沙战败，其注意力被迫从欧洲移开，这对卡山德来说非常幸运。安提柯之子德米特里乌斯在近两年里一直是地中海东岸的总督，他在22岁时头一次独立指挥战役，而这场战役将影响亚历山大的继业者未来30年的命运。这些年在历史舞台上露过脸的将军之中，只有他和伊庇鲁斯的皮洛士两人未参与亚历山大的伟业，但他们却被同时代的人认为有不逊色于亚历山大的才能。

如果说德米特里乌斯的将才在年纪轻轻的时候就有所展现，那么也不难想到，其父安提柯对他的缺点也有所察觉。因此，在当上军队领袖之前，德米特里乌斯先被安排在军中当了一段时间的小兵。在父亲的指挥下，德米特里乌斯在两场战役中充当骑兵。即使现在，德米特里乌斯在黎凡特依旧不能随心所欲。安提柯指派一众年高德劭的幕僚跟随在德米特里乌斯左右，指导他保卫陶鲁斯山以东的边境。这些幕僚包括亚历山大的海军将领尼阿库斯、刚刚从巴比伦赶来的培松、推罗围攻战的指挥安德罗尼科以及另外一位名为腓力的老指挥官。这些人都曾跟随亚历山大作战，他们的声望和资历确保这个固执的年轻人肯听从建议。

留给德米特里乌斯的兵力相当可观，包括 2000 名马其顿步兵、10000 名雇佣兵、1000 名安纳托利亚和波斯的轻步兵、5000 名骑兵以及 43 头大象。这支部队并不驻守一地，而是一支庞大的野战部队。安提柯料想，自己离开这里后，必须有一支足够强大的部队来应对托勒密的入侵。不出安提柯所料，公元前 312 年，埃及总督在塞浦路斯取胜，德米特里乌斯的地位因之受到不小的威胁。托勒密袭击了叙利亚北部的奥龙特斯（Orontes）河口及其附近的一些城市，旋即移兵奇里乞亚，并占领那里的马洛斯（Malus）城。不过，托勒密并未在这里久留，也没有长久地占据这座城市。他的谨慎显然是明智的，因为德米特里乌斯奔袭而来，其势颇有乃父之风。德米特里乌斯只带了骑兵和轻装队伍，匆匆行军来到北方，准备在敌人还在掠夺奇里乞亚的时候将其一举抓获。这场马拉松式的长途行军仅仅花费 6 天。然而，当德米特里乌斯率军到达的时候，他的敌人早已消失不见。此后，德米特里乌斯带着军队悠闲地回到南方的驻地。但年轻的安提柯之子不知道的是，这场未来得及发生的战役仅仅是个开始，接下来的几个月会非常充实。他的命运、他的精力、他指挥战役的激烈程度与影响范围的广度，都如同他一生的缩影。而这些难得的经历，将让这个年轻人进一步成熟起来。

冬天来临了，德米特里乌斯和他麾下的将士都希望一切能回归正轨。然而，这一愿望被粗暴地粉碎。托勒密从塞浦路斯回到埃及，但他并不遵循常例，没有在这个季节休养生息。[10] 不久，他就组织起一支军队，继续进攻德米特里乌斯。而此时，安提柯则远在天边。这一回，托勒密意在彻底征服，而不是简单掠夺。德米特里乌斯也准备好为保卫父亲领土而与对方苦战，从冬季大营向加沙移兵。据称，战斗中的德米特里乌斯身先士卒，受到全军一致欢迎。这个年轻人像一颗冉冉升起的新星，虽然名声未振，但也没有树立多少敌人，没有做过什么有损声誉的事情。但是，年轻的激情和肤浅的人气显然不足以与托勒密的老辣相抗衡，德米特里乌斯失败了。他现在不再是一支强大军队的将领，而是一个仓皇的逃亡者。他趁夜一口气跑了 30 英里，到达亚速尔（Azores）群岛后才停下。这次交锋是一场灾难，德米特里乌斯许多关系亲密的追随者都死于这一役。

安提柯留给德米特里乌斯的军队几乎完全被毁。然而，德米特里乌斯在此时显示出他的卓越品质。当命运处于低谷的时候，他的精力和韧性依旧能维持他继续前进。他派人到父亲那里寻求增援，并试图从战场上抢救些东西。他召集在特里城、奇里乞亚以及叙利亚的驻军，并利用从加沙战场败退的军队，组织起一支野战部队。他招募了许多雇佣兵，又集结了不少军事殖民者，以此对抗托勒密的进军。而此时的托勒密已经到达推罗和西顿一带。在如此危急的状况下，托勒密更是充分利用自己的优势，让一位名为基勒斯（Cilles）的马其顿将军前去扫荡叙利亚地区剩余的安提柯据点。

基勒斯的基地在腓尼基，他从那里带来一支庞大的部队，准备进击叙利亚。但是，之前的胜利让基勒斯低估了德米特里乌斯的能力，他的军纪有些松懈，行军如同胜利者的游行。德米特里乌斯得知这支埃及军队正驻扎在穆斯（Myus）附近，而且对面前的危险毫无准备。他强令自己的军队趁夜进军，在黎明前发动进攻。德米特里乌斯几乎不战而胜，俘获了 7000 名士兵和大批辎重。不过，尽管如此，德米特里乌斯清楚那里的埃及军队仍然实力强大，他选择撤兵至一个沼泽环绕的防守要地，等待父亲派来的援兵。

尽管安提柯没有及时赶回来解救之前那场大败，但他的返回也指日可待。在过去的几年里，安提柯的军功已经足够卓著——他不仅拿下卡里亚，还占领小亚细亚的海岸。他在爱琴海的海军力量远胜对手，提洛同盟将爱琴海岸的军事基地提供给他使用。安提柯与盟友在希腊给卡山德造成不少麻烦，而最近与埃托利亚和博奥提亚人签订的协约，也给他未来的发展提供了许多机会。他未能粉碎卡山德和利西马科斯的力量，要实现这一点，需要进行一场持续数年之久的大战。如今，他必须兼顾来自托勒密与塞琉古的威胁。自加沙战役以来，塞琉古在幼发拉底河以东重建自己的统治。如果安提柯现在还不带兵回援，这两个人在后方造成的麻烦将不堪设想。德米特里乌斯现在只能苦苦死守，如果再继续拖延，没有援军的他将难以坚持下去。安提柯不能拿黎凡特的富庶商贸城市冒险，那些城市同时还是他海上力量的核心基地。不过，他至少还是有自信认为，他给欧洲留下的麻烦能使卡山德和利西马科斯一时脱不开身。于是，他率领军队离开凯莱奈，踏上通往东方的道路。他穿过弗里吉亚和卡帕多西亚的山地与平原，似乎也在穿越他这一生。公元前 311 年的春天，奇里乞亚山口没有积雪也没有淤泥，安提柯的大军得以迅速通过。从奇里乞亚出发，他的军队只需要几天就能抵达奥龙特斯河谷，而他也将与他的继承人团聚。

他最紧迫的任务就是收复失地，在老兵队伍的雷霆攻势下，这一目标很快达成。托勒密撤军回到埃及，在临走前还把许多他们占领的地方夷为平地。如今，安提柯的敌人正在腓尼基或叙利亚山谷等着他，他也准备挥师进入埃及。[11] 为了确保这一战成功，安提柯必须做好万全准备。佩尔狄卡斯的败局去日不远，想到他就会想到入侵托勒密的领地是何其困难。在开始这场大征战之前，安提柯计划先消灭在巴勒斯坦与阿拉伯北境相接处的一大威胁。这一地区的居民是阿拉伯游牧部族，亚历山大在巴比伦的最后时光里，将此地列为自己接下来要征战的目标。这些游牧部族的小王国没有向那位伟大的征服者遣使，因而他决定让他们付出代价。

纳巴泰人（Nabataeans）生活在亚洲与埃及之间的沙漠。在整场战事中，安提柯父子几乎都将心神耗费在与纳巴泰人的对抗上。但是，虽然这场在约旦沙漠中的负隅顽抗没能破坏他们入侵埃及的计划，但来自东方的消息着实给这对父子一个沉重的打击。塞琉古打败安提柯在伊朗的军队，占领巴比伦。自从欧迈尼斯死后，这还是安提柯的敌对势力第一次控制美索不达米亚和伊朗高原的财富和人力。

为了扼杀这一威胁，眼下再急迫的任务都得暂时搁置起来。德米特里乌斯聚集一大帮兵众，自信有足够的力量摧毁在巴罗达（Baroda）山谷死灰复燃的塞琉古。安提柯依旧在后方坐镇，但给儿子下了明确的指示，让他以正常速度的两倍解决问题并回到原地。德米特里乌斯手下如今有 15000 名方阵士兵和雇佣步兵，还有 4000 名骑兵。他带领这一众人马浩浩荡荡地从大马士革的绿洲出发，穿越干旱地区，终于来到幼发拉底河岸，随后沿着河谷向南行进。多年前的小居鲁士（Cyrus the younger）也曾率领 10000 名希腊雇佣兵沿此线路行军，大约耗时一个星期。

塞琉古在巴比伦的指挥官并未试图牢牢掌握这座城市，德米特里乌斯来到这座城市那著名的三重城防前时，并没有发现什么抵抗迹象。当地军民被疏散大半，只有两个堡垒还坚持与德米特里乌斯对抗。德米特里乌斯围困这两座堡垒，其中一座很快就被拿下，而另外一座则坚固得多。德米特里乌斯若要坚持降伏这座堡垒，大概需要耗时许久。而安提柯的计划最经不起消磨时间。更何况，他们一家的敌人分散在各处，从未想过当真能在东方维持长久统治。虽然德米特里乌斯这场征战开端良好，但一直未能迅速作结。德米特里乌斯知道，是时候回到父亲身边了。于是，军队主力又沿幼发拉底河回程，留下一位名为阿奇劳斯（Archelaus）的将军率领 6000 名士兵驻守巴比伦。

如今，人们都明白，击败欧洲的一众敌人有多么困难。年近七旬的安提柯渴望创造功名永存的伟绩，但每场战役的结果都告诉他，单凭军事力量，很难保证永远胜利。他的幕僚里没有什么主战派和主和派之分，只有两股冲突的念头在这位老者心里激荡——他希望自己的伟业万世长存，但他的傲慢和自负又常常破坏现有局面。

公元前 311 年，安提柯对时局的新见解推动了变革。他对利西马科斯和卡山德已经无可奈何，而塞琉古在东方的威胁也成了他的心病。在此之前，加沙的败绩其实在开战时就有预兆。对于安提柯来说，敌方联盟取得的成功就是惨痛的教训。他意识到，自己不能再这样同时多线开战，于是决定把东西两侧的敌人分开处理。如果想要在亚洲取得胜利，就必须先稳定欧洲的局势。

公元前 311 年，安提柯的使节出发前往马其顿，其中包括阿里斯托德摩斯。这次会面不再那么针锋相对，使节们在马其顿受到亲切的款待。普雷培劳斯代表卡山德出席，这也许会让谈判进行得顺利一些。不过，卡山德和利西马科斯也都欢迎停战，因为这样有利于他们稳定国内的环境。马其顿的地中海世界里，没有什么秘密可言。亚历山大的朝廷很快就流传起他的敌人与昔日的朋友展开合作的消息。与此同时，埃及的统治者害怕自己被排斥在几股大势力的联盟之外，也急忙遣使请求加入。

在这样的情况下，托勒密加入的请求很快被应允。虽然他们并没有就一些悬而未决的事务进行认真商议，但还是达成合作的条约。叙利亚山谷、希腊诸城及普罗彭提斯等问题都暂且搁置一旁。卡山德作为马其顿统治者和亚历山大四世保护者的身份被确认，利西马科斯保留色雷斯，托勒密则被允许继续拥有埃及和昔兰尼。协约还声明给予希腊城市自由，虽然并没有多少可信度，但为诸城内部派系斗争埋下隐患。事实上，最后这般胡搅一气的安排正是安提柯的用意所在。正因如此，他的真实用意被隐藏起来。刻有这份条约的碑铭在斯科普西斯（Scepsis）被发现，其中没有记载对东方事务的安排。[12]狄奥多罗斯写道，条约中提到亚洲的部分都以安提柯为先，而且用词非常模糊。塞琉古则丝毫没有被提及。[13]学术界的讨论围绕这种与事实相悖的写法。而真相是，任何调和这一乱局的尝试，都会影响整个发展进程。卡山德和利西马科斯对塞琉古在亚洲的困境不感兴趣，而托勒密则兴味颇浓。即使塞琉古不是托勒密的臣僚，也算是他的门生。政治制衡给安提柯和托勒密均等的时间用以喘息。安提柯可以收复他在东方的领土。托勒密则在准备支持塞琉古，他不但需要这样做，而且能够这样做。

托勒密

第六章

其实，这位王子非常温柔宽厚，

总是想做善事。

正因如此，

他的力量才格外强大，

许多人希望与他成为朋友。[1]

　　托勒密大概是亚历山大继业者中最广为人知的一位，他开创了埃及的马其顿世袭王朝。埃及传统衍生的异国风味与古老魅力，加上希腊人头脑中的清晰条理，使他建立的王朝很能吸引普罗大众的眼球。[2]"埃及艳后"克里奥帕特拉给西欧人留下金字塔前的公主形象，而其他希腊化王国则没有这样充满魅力的具体形象。另外，学术界对埃及的研究也相对集中，尤其是在拿破仑入侵尼罗河三角洲后，那里出土的精妙绝伦的文物引起欧洲的关注，这就使人们对这个国家的了解远多于其他国家。大量的纸莎草文献让我们了解到这个王国的日常样貌，后人可以借此一窥当时的乡村田园、错综复杂的地方行政结构甚至家庭生活习俗。

　　王朝奠基人的名声受到两个方面的影响：一是他作为记录亚历山大统治的史家这一独特角色，其书写内容大都带有主观色彩；二是后世分析者总是倾向于将他视为开创希腊化时代局面的人物。伟大的征服者英年早逝后，马其顿帝国苦苦追求统一而不得，并最终解体。托勒密就在这股历史洪流中起舞。他应该明白，佩尔狄卡斯和安提柯试图将从伊庇鲁斯到奥克苏斯的庞大帝国统一起来的尝试注定要失败。他想让自己的领土稳固安定，就必须在这条孕育人类最古老文明之一的长河上建立一个有凝聚力、富足且强大的国家。后人必须承认，他确有如此才华，因为他的功业有迹可循，而这些结论很大程度上来自于他本人的作品。如同古今其他所有承载记忆的作品，托勒密的著作也不可避免地受到怀疑。书写自己的历史本就是一件危险的事情，因为这样的历史只有辩方的陈述，而没有控方的声音。

托勒密从来不是一个公允的记录者。如果只信他的记载，就不免夸大亚历山大的功业，更容易觉得没有人非议他本人的作为。在阿里安的著作（大部分基于托勒密所写史料）中，亚历山大麾下将领最常被提及的，就是托勒密和克拉特鲁斯。然而，有证据表明，托勒密一直不算是亚历山大帐下最高级的军官。库尔提乌斯和普鲁塔克的史料来源则较阿里安广泛得多，他们的作品提及托勒密的频率就明显要低。[3]

托勒密的一生充满秘闻。他还在娘胎里的时候，就一直是马其顿人的巷议对象。据传，他是腓力二世的私生子。国王的一位名为阿尔西诺伊（Arsinoe）的情妇怀孕后，被国王赶忙嫁给一个叫拉古斯（Lagus）的马其顿人，随后生下托勒密。甚至还有一个比较夸张的传说称，继父把托勒密扔到树林中，但他被一只鹰救下来抚养。拉古斯意识到，托勒密是他命定的孩子，于是把托勒密领回家。不过，更可信的说法是，阿尔西诺伊本就出身王室，拉古斯图这桩婚事之利，乐意接受这个孩子。令人困惑的是，虽然作为"国王的儿子"对托勒密更有利，但他从未宣扬过自己与腓力的关系。恰恰相反，托勒密总是强调拉古斯是自己的父亲，他建立的王朝以拉古斯之名命名，他晚年在亚历山大里亚建立的大军也沿用这个名字。他与腓力的关系仅见于库尔提乌斯和鲍桑尼亚斯的作品，但这也解释了托勒密年轻时与王位继承人亚历山大之间的亲密从何而来。没有材料显示拉古斯是个贵族，而且有的文献还认定他出身低微。正常情况下，这种人的儿子不太可能成为亚历山大的伙伴。而托勒密是王子的密友这一事实是确凿的，他与亚历山大一起聆听亚里士多德的教导，也在亚历山大的卡里亚婚姻阴谋失败后被放逐。

公元前334年，新任国王的这位密友还没有在军中担任什么高官。甚至直到大军跨过赫勒斯滂海峡数年后，也不见他担任要职的记载。在亚历山大与大流士的对决中，仍然不见托勒密的踪影。[4]托勒密首次明确露面是在菲洛塔斯事件后，德米特里乌斯因受牵连而死，托勒密在此时位列国王侍卫之一。在这个时间点之后，托勒密在自己的历史叙述中不断强调他与亚历山大的亲密关系，然而没有其他材料佐证他的说法。托勒密记录了自己亲身参与的许多事件，例如追捕伪装者贝苏斯、挽救黑克利图斯、揭穿侍从的阴谋、单打独斗战胜印度部落首领、指挥奥纳斯山地的急行军乃至于公元前328年在奥克苏斯河畔发现石油。如是种种事件，只有在他的叙述中，才归于他本人名下。其他材料则多认为，领导这些行动的是佩尔狄卡斯或列奥纳托斯等人。而且，在别人的叙述中，甚至不见托勒密的参与。

最严重的问题还不是他的自夸。阿里安似在字里行间疾呼：历史正在被篡改！托勒密的叙述明显在掩盖一切不利于亚历山大名声的东西，并且强调自己在国王的感性世界中的重要性，借此打压其竞争对手的地位。当然，为各家公认的是，他在索格狄亚那战役的时候已经成为一名身任要职的军官。那时，与国王同辈的年轻一代正在崛起。

有趣的是，不久之后，托勒密在印度受重伤这一事实，就打破阿里安夸张的叙述。木尔坦血战数周后，哈马特里亚（Harmatelia）的婆罗门领导了一场起义。在这次冲突中，托勒密身受重伤。亚历山大非常挂念他的朋友，亲自不眠不休地照顾托勒密。在夜里，国王睡着了。他梦到一条口衔草药的蛇，这种草药能够医治托勒密受伤的左肩。国王醒来后，便命人四下搜寻这种植物，托勒密的性命也因此得保。我们几乎可以肯定这个故事出于虚构，令人注意之处在于，它并非出自阿里安之笔，而是库尔提乌斯的杰作。也许这位希腊史家更加冷静一些，写作时有某一准绳限制他记载的内容。而他那用拉丁文写作的对手则比较容易沉迷于这种野史怪谈。托勒密本人没有提过这个故事，这一说法的来源很可能是另一位文笔瑰丽、内容驳杂的史家，如克莱塔卡斯（Cleitarchus）①。

---

① 译注：克莱塔卡斯是亚历山大东征的随行史家之一。他可能是生长在埃及的希腊人，如若不然，也应当在托勒密的宫廷中生活了很久。他的历史著作一度非常流行，其内容极富趣味，可读性强，被多位古典作家引用，但真实性广受怀疑。如今，他的作品已全数散佚。

这次重伤大概能够很好地解释，在之后马其顿军队征战印度的岁月里，托勒密为何一直缺席。也许是因为阿里安在叙述这一段历史时的主要史料来自尼阿库斯，故对此不置一词。库尔提乌斯倒是认可托勒密自己的说法，认为他得到了全军四分之一兵力的指挥权，以此拿下奥雷太（Oreitae，即今日的巴基斯坦），为亚历山大进军马克兰做好了准备。不管托勒密在索格狄亚那和印度的战场上是否有所建树，但人们相信经过这两场战役后，他已经成为世界上最伟大的军队的重要军官。托勒密的地位在苏萨得以巩固。在那场集体婚礼上，他迎娶阿尔塔卡玛（Artacama）。这位姑娘的父亲阿尔塔巴佐斯自公元前329年起就是亚历山大的巴克特里亚总督。

在阿里安对亚历山大最后几年时光的叙述中，字里行间显现出他对托勒密的偏袒愈来愈浓厚。托勒密记载的事情始末，显然是为他在埃及的统治找合法性，同时给那些在巴比伦集会后成为敌人的将军泼脏水。其中最重要的一位是佩尔狄卡斯，他接过亚历山大的戒指，就代表着统一帝国的理念要长存，而托勒密意在打破这种统一。另外，在马其顿内战初期，佩尔狄卡斯率军入侵过埃及，这就与托勒密直接对立起来。而当我们试图从阿里安的书中寻找有关托勒密护送赫菲斯提安的遗体、担任右辅大臣以及在国王病榻前受命等内容的时候，只能失望而归。除了与克塞亚人在冬季进行过一场战役以外，托勒密没有在亚历山大的安排下，填补过任何由于赫菲斯提安的离世和克拉特鲁斯的远走而产生的空缺。从别的文献中可知，这些增添的内容不过都是托勒密自己生造出来的情节。但若非如此，对托勒密来说则无异于直接承认对手的合法性。在托勒密对亚历山大生前世界的描述中，继业者几乎都在同等的地位，而他本人则是最亲近国王的那位。这显然没有准确反映史实，因为在现实中，克拉特鲁斯、安提帕特与佩尔狄卡斯才是第一梯队的人物。他们的名声和权威，远远超过安提柯、列奥纳托斯、塞琉古、利西马科斯以及托勒密本人等第二梯队继业者。

巴比伦那个酷热的夏天之后很久，托勒密才开始这项改写历史的工作。尽管如此，我们也还是能推断，早在巴比伦时，托勒密与佩尔狄卡斯之间就出现冷战的影子。公元前323年，也许是双方达成某种和解，埃及的新总督托勒密离开了巴比伦。托勒密率领的队伍浩浩荡荡，一路向西行进，其中有亲近的好友和部众，还有一小支由马其顿人与盟友组成的军队全程护送。托勒密得到的总督辖区非常安定，早有驻军镇守，所以他不需要带太多的军队前去赴任。托勒密的霸业并不是由他带来的力量建立起来，而是产自这片土地本身。

此时的埃及丝毫谈不上什么战略地位。这片土地沉湎于古老的过去，但其巨大的财富可以与巴比伦相提并论。公元前 330 年，亚历山大曾在那里短暂停留，不像是暴虐的入侵者，而更像是一名游客。亚历山大前往利比亚沙漠，拜谒希瓦（Siwah）的宙斯 - 阿蒙神庙。这如同一出波澜壮阔的戏剧，而不是一场浩大的围战。提起此事不是为了说明埃及之行对亚历山大的重要意义，而是让大家注意，这次沙漠冒险的主要细节都是由托勒密提供。正是在他笔下，我们得知国王的队伍以嘶嘶作响的蛇为向导等传奇。托勒密无疑想要宣扬亚历山大和埃及之间的联系，却同时夸大了这场沙漠朝圣的神秘。

托勒密到达埃及后不久，就谋杀了这里的前任总督克里昂米尼，此人被佩尔狄卡斯指派做托勒密的副手。克里昂米尼那 8000 多塔兰特的财宝，都被托勒密收为己用。托勒密就此在埃及站稳脚跟，并准备开疆拓土。他的目光投向三角洲以西 500 英里的昔兰尼。

在托勒密来到埃及以前，这里的希腊社区虽然内部冲突严重，但始终保持独立。一位名为提布罗（Thibron）的斯巴达雇佣兵杀害了他的长官哈帕拉斯，从克里特岛带来 5000 名经验丰富的雇佣兵。他的到来使局势更加糟糕。公元前 324 年冬天，他在昔兰尼附近登陆，大败当地平民的反击之后，就开始在各个社区大肆劫掠。战事继续扩大，提布罗又从伯罗奔尼撒半岛征募了更多人。大战在昔兰尼城的一侧展开，守方有 30000 名士兵，但提布罗还是突破这层抵抗，包围了城市。到目前为止，昔兰尼的战争还只是一起地方性事件，但情形很快就变了。困境中的城市发生了一场政变，平民把富裕市民驱逐出城，他们不得不流亡海外。有些人向强大的近邻埃及求援，托勒密期待的大好时机终于到来。托勒密派欧斐尔拉斯（Ophellas）率领一支劲旅驰援，此行主帅是一个才华横溢而冷酷无情的马其顿人。

欧斐尔拉斯击败了提布罗以及投靠他的昔兰尼人。那位斯巴达冒险家被俘获，被欧斐尔拉斯钉死在十字架上。昔兰尼则和它的邻居达成协议。托勒密一向重视希腊人的意见，亲自前来处理这里的事务。他为这一带的城市制订新的法律，其文本至今留存。[5] 条文中写明了公民大会、元老会议的各项制度，包括一些选举细则。最重要的是，法律中写到，欧斐尔拉斯会率领一大批军队驻留此地。

利比亚的问题并未完全解决，而托勒密的举措无疑加剧了马其顿第一次内战中的摩擦。直到托勒密把经过防腐处理的亚历山大遗体带到孟菲斯，战线才终于划定。赫勒斯滂海峡上，亚历山大旧日王朝中的大员争斗不休，未来模糊难料。托勒密尽其所能施展外交手腕，希望在这样不稳定的局势中，确保自己的地盘埃及的安全。托勒密现在是安提帕特的女婿之一，作为盟友参与了岳父的战斗，其领土也成为这场战争的重要战场。佩尔狄卡斯被刺杀后，托勒密并没有试图亲自指挥那支王室大军。如今，埃及的安全得到保障，托勒密的战略是加强本土与海上的实力，而不是奢求一统这个庞大帝国。安提帕特是帝国的首要人物，不能与他发生冲突。老摄政王似乎也默认埃及总督在塞浦路斯和昔兰尼建立起来的影响。在面对同一敌人时，他们那基于联姻的同盟关系非常牢固。

特里巴拉德苏斯协定带来的虚假和平很快被戳破，托勒密仍然安守埃及，专注境内事务。然而，公元前 319 年，安提帕特的死亡和从伊庇鲁斯到奇里乞亚的动荡又给了托勒密新的机会。他联合卡山德，一同反对波利伯孔的统治，还让自己的军队由贝卢西亚启程，穿越边境进入巴勒斯坦。这是他占领此地的首次尝试。托勒密曾向此地总督拉俄墨冬（Laomedon）提出花钱购买这里，但遭到拒绝。这次，他的将军尼卡诺尔直接占领巴勒斯坦并擒获拉俄墨冬。

然而，前总督拉俄墨冬也是个足智多谋的人物。他贿赂看守他的警卫，逃到皮西迪亚飞地，加入佩尔狄卡斯的残余势力。叙利亚山谷和腓尼基很容易就被拿下。犹太历史学家约瑟夫斯（Josephus）认为，托勒密的军队很可能是在安息日占领耶路撒冷，因为该城守军拒绝在安息日进行抵抗。

收服黎凡特使托勒密欣喜不已，但他也越来越接近战事前线。在奇里乞亚，欧迈尼斯正带着银盾兵与距他只有几天路程的敌方大军对峙。托勒密派出自己的舰队，却不像卡山德希望的那样去赫勒斯滂驰援，而是悄悄接近欧迈尼斯的总部，准备一举击垮银盾兵。但托勒密没有成功，旋即退出战斗。

公元前 318 年之后的两年，托勒密的政治军事活动都成了空白，没有任何史料能提供有用的信息。在这段时间里，继业者之间的战火燃遍欧洲和小亚细亚，只有希腊化的黎凡特尚处于平静之中。

然而，战争不会一直遗忘这里。亚历山大时期的大人物纷纷陨落后，黎凡特也不会安宁太久。培松被灭，朴塞斯塔斯被赶出领地，塞琉古则因害怕安提柯的手段，抛下巴比伦逃跑。塞琉古来到埃及，带给托勒密一个噩耗——埃及是安提柯的下一个目标。无论安提柯对未来做任何打算，托勒密都明白，他不久就会带着大军从亚洲而来，而托勒密在叙利亚山谷和腓尼基的领地则是他的必经之路。

安提柯拒绝了托勒密、利西马科斯和卡山德的提议，意味着战争迟早会降临。战事发展十分迅速，黎凡特的要塞很快失守，托勒密的军队赶忙撤回埃及边境。军事力量的失衡，意味着托勒密只有从海上发起反击这一个选择。

一待天气合适，塞琉古就派出一支舰队，奇袭安提柯及其盟友在推罗与爱琴海岸的港口。与此同时，正在卡里亚的阿桑德也派出 10000 名士兵，防范安提柯进入安纳托利亚西部。

托勒密继承了腓尼基和埃及的舰队，从一开始就占得先机。而且这些年里，他慢慢明确有关海军建设的想法，把许多造船厂转移到赫勒斯滂。托勒密派一位名为波留克列特斯的军官率 50 艘军舰出发，很多人猜测他大概意在帮助卡山德打击波利伯孔。但这位精明的海军将领并没有这么做，而是在潘菲利亚海岸突袭了一支新建起的舰队。托勒密俘获舰上的士兵，这些产自罗德岛的战船只能沿海岸慢慢航行，岸边还有军队护送。两军首领在伊克雷马（Ecregma）会晤，商讨有关这批战俘的问题。一时，似乎出现和平的曙光，但谈判不久就破裂，和平还是遥遥无期。

公元前 313 年，托勒密决定亲自出兵塞浦路斯。这不算一个多么奇怪的决定，因为早在公元前 321 年，他就与当地的一些统治者结成同盟，还留下 3000 名士兵作为守备部队。公元前 315 年，托勒密还派出自己的兄弟墨涅拉俄斯（Menelaus）带着 100 艘战船和 10000 名士兵来到这里，巩固亲托勒密的政权，让此处成为刀枪不入的堡垒。然而，塞浦路斯从来不是一个安宁之地，岛上各种势力纵横，托勒密急需一场战役来实现对这座岛屿的彻底控制。

塞浦路斯岛上的一些当权者与安提柯往来密切，托勒密必须尽快解决这一问题。他率军来到岛上，无情地扫荡了一大批王公贵族，马里昂（Marion）城也被夷为平地。托勒密不再信任松散的岛上联盟，而是任命塞浦路斯最大城市萨拉米斯的国王尼科克雷翁（Nicocreon）为全岛总指挥。

托勒密与塞琉古正是在此地的战场上相遇。塞琉古能言善辩，他的言语大概影响了托勒密接下来的战略。此后，托勒密试图让塞琉古重新坐回巴比伦总督的位子。新的作战计划不可能一蹴而就，他们尚需时间来准备。不过，如今守卫巴勒斯坦和叙利亚山谷的，是少不更事的德米特里乌斯，而他的父亲此时远在安纳托利亚西部。托勒密考虑从这里攻入亚洲。他从其他战线撤回大批官兵，以壮大这支入侵军队。塞琉古也带来与他在爱琴海和塞浦路斯并肩作战的老兵。

托勒密在冬天来临之前偷袭了那个年轻人，随后回到埃及。对于托勒密这样一位战术大家来说，如此谨小慎微的举动实在令人大跌眼镜。

托勒密刚来到埃及的时候，其军队规模还很小。但是，经过不断努力，他的军队不断发展壮大，拥有18000名步兵和4000名骑兵。军队中大部分是希腊雇佣兵，也有从平民中招募的战士。在这样一个兵荒马乱的年代，雇佣兵恐怕是用金钱能买来的最有价值的东西。而入伍的平民可能是奴仆，或者本来就是散兵，但不大可能是惯于前线作战的方阵步兵或骑兵。

这群雇佣兵和由流民组成的军队听命于托勒密和塞琉古。如今，亚历山大生前的高级军官所剩不多，而这两人显然在其列。这次远征的始发地是贝卢西亚，战争策略在那里便已经制定完毕。贝卢西亚南部是无垠的沙漠，北面则濒临浩渺的大海，这样的地理位置使两军都无法发挥太复杂的战术。托勒密大军必须沿海岸的道路前进。他的计划是占领通往巴勒斯坦的门户加沙，然后从那里进入叙利亚山谷和腓尼基。这次行军仅仅耗时数天，就在这几天，德米特里乌斯就把士兵从冬营中调出，准备对抗托勒密对加沙的入侵。德米特里乌斯没有听从其父留给他的幕僚的建议，因为这些人担心侵略军的规模过大，而年轻的将领又经验不足，难以抵挡这次进攻。但德米特里乌斯决定战斗到底。如我们所见，这一决定是灾难性的，他的大象纷纷陷在托勒密专为象军设置的陷阱里，而他麾下有8000名士兵向托勒密投降。

安提柯在黎凡特的军事力量几个小时内就毁伤殆尽。德米特里乌斯仓皇逃走,身边只有几名忠诚的追随者。不过,托勒密也不至于傻到认为打败儿子就等于消灭父亲,所以即使取得这场胜利也不敢太过放肆。他不但向敌方归还许多死于加沙的士兵的遗体,还把德米特里乌斯的私人行李送了回去,并且没有向对方索取赎金。被俘的士兵则被送回埃及,作为军事殖民者在那里定居下来。托勒密的大军经此一役占领叙利亚山谷,进入腓尼基,并拿下推罗和西顿两座城市。

托勒密在他那一辈人中是最容易畏缩的。德米特里乌斯此时已经被他打得狼狈不堪,安提柯远在安纳托利亚西部,托勒密则占领了腓尼基、巴勒斯坦和叙利亚山谷的许多城镇。然而,托勒密仍然没有下定决心一路前进。他并没有把握这次扩大战果的机会。公元前311年春天,安提柯来到陶鲁斯山。托勒密匆忙留下一位名为基勒斯的将军在原地防守,自己率领军队主力撤到腓尼基南部,而基勒斯不是一个可靠的指挥官。这场以智慧求胜的战役并没有彻底改变当前力量的平衡。初夏时分,安提柯率领一支庞大的军队在埃及边境扎下营来,这对托勒密来说是一个前所未有的威胁。在此情况下,托勒密默许马其顿保持当下的和平局面,也就不足为奇。

休战协议太过脆弱,就在定下协约的一年后,托勒密与安提柯就在奇里乞亚问题上公开撕破脸面。由于距塞浦路斯很近,奇里乞亚的地理位置十分险要,因而一直是兵家必争之地。为了确保控制此地,安提柯向其中一些城市派遣驻军,这相当于公然违反尊重希腊社区自治的协定。托勒密直截了当地回应安提柯。他向其他继业者遣使,希望重振之前的联盟,共同对抗他们的宿敌。与此同时,他给安提柯送去一封措辞强硬的控诉信。托勒密向奇里乞亚山地发兵,但这支军队最终铩羽而归。托勒密的部将起初占领一些城镇,但德米特里乌斯很快率领一支更为强大的军队前来,他们只好仓皇逃走。

如果说托勒密对奇里乞亚的干预还只是一种象征性姿态,那么他对其他地方的企图则要实际得多。在过去几年里,托勒密试图在塞浦路斯掌握霸权,而且也确实取得一定成功。不过,自从烽火暂歇,安提柯的盟友与臣属便开始再次造势。他们炫耀来自东方的财宝,借此鼓吹安提柯的海军是如何日益强大,将带来怎样的好处。这种宣传的效果颇为可观。萨拉米斯国王尼科克雷翁一度是托勒密政权的忠实支持者,但他去世后,帕福斯(Paphos)国王尼可勒斯（Nicocles）向安提柯示好，希望能在其帮助下接掌塞浦路斯的大权。[6]

托勒密对背叛者的报复相当无情果决。他调遣自己的弟弟墨涅拉俄斯指挥岛上的军队，又派出使者与墨涅拉俄斯商议。此后，军队包围帕福斯的宫殿，逼迫国王自尽。尼可勒斯发现对方并不理会自己的求饶，只好顺从。于是，帕福斯的王宫里上演世所罕见的家庭悲剧，就连处于当时那个血雨腥风年代的人也为此震惊。王后在杀死女儿后自尽，以免在敌人手中蒙羞。就在她奄奄一息的时候，国王的兄弟们也来加入殉国的行列。他们紧锁宫殿的大门，放了一把大火，一起死在宫中。其实托勒密很早就出言保证这位王后的安全，但她还是以这样一场狂欢一般的自尽结束生命。这不免让人觉得她做法过激，若非如此，那么就说明托勒密也许并不像人们盛传的那样一言九鼎。

自从佩尔狄卡斯那一役之后，人们提到埃及的托勒密，总会觉得那是位蜘蛛一般狡诈多谋的人物。托勒密待在尼罗河三角洲的巢穴里，派出一波波密探和使节，一面与盟友密谋，一面在敌人的阵营中播下不和的种子。公元前309年，就在托勒密准备已久的残酷行动的前一年，这位"蜘蛛王"终于亲自出动。他率领自己的舰队和陆军出现在人们的视野中。这一次，他将注意力从塞浦路斯和奇里乞亚转到小亚细亚西南部。他派舰队攻击吕基亚海岸，占领法瑟利斯（Phaselis）和赞瑟斯（Xanthus），并继续向西推进。哪怕在现代，这一地区的陆上通信都十分艰难。他很快拿下卡乌诺斯，眼看就要占领卡里亚。在这次战役中，他大概包围了哈利卡纳苏斯城。[7]此地如今是安提柯的要塞和海军基地之一，与卡乌诺斯共同控制着小亚细亚西南海岸的航路。哈利卡纳苏斯的重要性尽人皆知，安提柯难以承受失去它的后果。于是，德米特里乌斯派一支庞大的军队前去救援，托勒密只好撤了包围，退到不远的科斯（Cos）岛。

自从10年前塞琉古把科斯岛建设为埃及舰队的基地以来，此地就一直在托勒密的势力范围之内。我们无法确知科斯岛是否有驻军，也不知道该岛是否情愿成为托勒密的盟友，但这里总归是托勒密控制爱琴海的一个重要据点。当埃及舰队在这里休整之时，托勒密收到一封十分有趣的信。安提柯的侄子托勒梅乌斯因与叔父不和，叛逃卡山德阵营。卡山德送信给托勒密，要他在科斯岛与托勒梅乌斯会合。虽然不清楚托勒梅乌斯此来是要担任卡山德的副官，还是要加入托勒密的行动，但总归对托勒密的战事有利。凭借对希腊本土局势与安提柯战略的了解，托勒梅乌斯受到埃及总督的热情款待。然而，这段友谊短暂得很，两人很快反目成仇。托勒密在离开科斯岛之前，给托勒梅乌斯灌下了铁杉水[①]。

托勒梅乌斯纵横爱琴海沿岸长达 5 年之久，如今在这个小岛上黯然退场，实在令人扼腕。托勒梅乌斯的军旅生涯充满传奇，高潮迭起。他身手敏捷，精力充沛，首次作战就把阿桑德入侵阿米苏斯的军队赶走。此后，托勒梅乌斯从未在战争中失手。另外，从马尔马拉东部到整个希腊中部，都是他为安提柯拉拢的反卡山德的盟友，可见其外交才能也出类拔萃。他的功业如此令人瞩目，他的生命又如此短暂，很容易令人联想到波利伯孔之子亚历山大。这两人都背叛自己父辈的阵营，也都在背叛后没享受多久苦苦追寻而得的自由与权力。

托勒密处决托勒梅乌斯的理由是他企图收买埃及军队。但是，如此干净利索的答案，本就令人生疑。这一事件与同时代其他许多事情一样，都存在不同的解释。

有文献指出，此时托勒密与安提柯的关系已经恢复。这种说法乍一看很是奇怪，托勒密的态度转变得未免太快。然而，托勒密在接下来两年的战略方向，却佐证了此时他的与安提柯的关系。公元前 309 年，昔兰尼的统治者欧斐尔拉斯的叛乱触动了他的敏感神经。这个叛徒与西西里雇佣兵头目叙拉古（Syracuse）的阿加托克利斯（Agathocles）取得联系，后者一度企图统治北非的迦太基帝国。欧斐尔拉斯的妻子是一位雅典贵族，也是马拉松战役英雄米太亚德（Miltiades）的后裔。后来，她又嫁给"围城者"德米特里乌斯。由于这层姻亲关系，欧斐尔拉斯试图与阿提卡结成同盟。虽然并未得到同意，但还是有不少雅典人加入欧斐尔拉斯的阵营，准备为昔兰尼统治者的反叛而战。卡山德让法莱卢的德米特里乌斯迎敌，而德米特里乌斯显然没能成功阻止这支军队去往非洲，这一失败使亚历山大里亚与佩拉之间的关系更加恶化。

至于欧斐尔拉斯，则不出许多人所料，他等来一个不算美好的结局。阿

---

① 译注：铁杉含有剧毒。据传，苏格拉底便是喝下铁杉水而死。

加托克利斯应允他，若他能协助消灭迦太基，那么利比亚王国就归他所有。面对这样的诱惑，欧斐尔拉斯率领 10000 名士兵和几乎等同此数的非战斗人员前往迦太基。经过两个多月的艰苦跋涉后，阿加托克利斯伏击了他的队伍，而欧斐尔拉斯本人也被杀。他的军队很快就被西西里人吞并。托勒密见此情势，决心补救之前的错误，任命自己的养子马加斯（Magas）继任为昔兰尼总督。

经过这一系列事件，托勒密的力量本来属于卡山德，而现在却变成安提柯的部众。安提柯得到托勒密的效忠，这一转变大大削弱希腊一方对抗安提柯的力量。公元前 308 年，托勒密首次正面干涉希腊本土。他先是航行到基克拉底群岛中的安德罗斯（Andros）岛，赶走那里的守军，然后便在科林斯地峡附近登陆。[8]这是他 20 年来首次踏足欧洲大地。

地峡上的主要城市是科林斯和西锡安。自波利伯孔之子亚历山大去世后，其遗孀克拉特斯波利斯就一直统治着这里，迄今已达 6 年。关于克拉特斯波利斯是否事先出言邀请托勒密前往伯罗奔尼撒半岛，素来存在争议。但托勒密既然选择地峡上这两个防守严密的城市作为进攻希腊本土的桥头堡，就多少说明他还是受到欢迎的。据狄奥多罗斯的说法，他"从克拉特斯波利斯手中夺取西锡安和科林斯"。[9]然而，并没有迹象表明，他在此围攻过这两座城市。

看起来托勒密在希腊的冒险开了个好头。下一步，他打算重建科林斯联盟。因此，控制这座城市，就意味着他有了物质和精神基础来动员希腊人反对马其顿。他派出使节前往伯罗奔尼撒的其他大国，提议联合起来攻击卡山德在希腊的驻军。同时，他还申明会确保希腊人的自治。但是，真正到出钱出物出兵的时候，希腊人还是让托勒密失望了。[10]

托勒密的挫折还不止于此。虽然他与安提柯表面上是同盟关系，但两人其实都在打自己的算盘。托勒密此时关注的对象是亚历山大大帝的妹妹克里奥帕特拉。这位马其顿公主的婚事曾引起继业者的争斗。如今，许多继业者已死，而克里奥帕特拉却仍然在萨迪斯饱受折磨，一如在佩尔狄卡斯时代。托勒密在这次事件中的角色十分模糊，不管是他还是此时的克里奥帕特拉，也许都没有真的想要夺取马其顿。不过，无论他们真正的动机是什么，流亡的王室成员俨然一个强大的护身符。有克里奥帕特拉站在自己一方，就意味着可以拉拢马其顿人征战希腊。然而，这场在安提柯眼皮底下带走克里奥帕特拉的冒险失败了。

那位老将军得知事情始末，很快就杀掉克里奥帕特拉。

这一事件的结果便是托勒密要求与卡山德进行谈判。自托勒密来到希腊以来，卡山德就一直密切注意这位昔日盟友的动向。托勒密开出的条件是双方各自保留目前所拥有的一切，卡山德相当乐意接受。如果能换来与安提柯重新修好，那么让托勒密控制几个希腊城市也不是那么不可接受。

亚历山大里亚的小朝廷深知，西锡安和科林斯虽然战略位置重要，但它们易攻难守，且会影响其他继业者与埃及方面的关系，又与托勒密的核心权力无关。因此，继续掌控这两座城市实在是奢侈。当德米特里乌斯于公元前307年来到雅典的时候，托勒密并没有试图插手。然而，当安提柯命他的儿子放弃希腊，转而入侵塞浦路斯的时候，托勒密的反应则截然不同。因为塞浦路斯正是埃及海军的重镇。

安提柯已经为这座小岛劳神多年，他不断尝试削弱塞浦路斯对托勒密的忠诚。几番无果后，他终于决定直接对抗托勒密。德米特里乌斯率军从比雷埃夫斯出发，驶往卡里亚。他在那里稍作休整，又试图征召罗德岛舰队加入他的阵营，却没有成功。不过，当舰队沿小亚细亚海岸向东航行时，奇里乞亚倒是乐意增援德米特里乌斯。随后，舰队到达塞浦路斯北岸。德米特里乌斯在卡帕西亚（Carpasia）附近靠岸，修建起一座防御型军营。全军共计有15000名步兵和400名骑兵，他们很快就占领当地两座城镇。这样，德米特里乌斯在该岛东北部有了一个相对可靠的基地。接着，德米特里乌斯又向萨拉米斯进军，打算直击托勒密在塞浦路斯政权的核心。那里正是墨涅拉俄斯的总部所在。守军有12000名步兵和800名骑兵，墨涅拉俄斯在城外4英里处迎击入侵军队。但守方军队并不像德米特里乌斯的大军那么精锐，很快就溃不成军，被迫退回城内。在这场战役中，守军损失了约三分之一兵力。

墨涅拉俄斯向亚历山大里亚传回塞浦路斯守军战败的消息，并认为全岛很快就要陷落。于是，托勒密仔细检查了一遍军火库和港口，动员起一支庞大的海军和陆军，希望借此击败德米特里乌斯。这是托勒密率领过的最大的舰队。舰队装备完毕后，扬帆驶向塞浦路斯。埃及舰队在塞浦路斯西部港口帕福斯靠岸，与远在萨拉米斯城外的敌军遥遥相对。随后，舰队沿着海岸继续向东航行，一路征召沿途盟友城市的军舰。当托勒密在基提翁（Citium）再点大军，全军已有 140 艘战船。

从基提翁到萨拉米斯只有 23 英里的陆路。托勒密派出一位密使穿越敌方防线，找到墨涅拉俄斯，带来埃及舰队将于次日发动进攻的消息。托勒密希望墨涅拉俄斯能从萨拉米斯的港口派出 60 艘战船参加战斗。有了后者力量的加入，他们不但在人数上压倒对方，而且能令敌人陷入腹背受敌的境地。德米特里乌斯自然不会对这一威胁视而不见，他派出 10 艘战船拦住萨拉米斯港口通往海洋的狭窄出口。日后的战况将证明，这一举措相当英明。他还利用自己对乡村地区的控制，在海岸部署骑兵，准备营救己方落水人马，并趁机捕获敌军官兵。

尽管传统上认为，托勒密此番希望能和平进入萨拉米斯。但在如此情况下，他无疑已经做好展开一场海路全面战事的准备。[11] 对托勒密来说，这次战争是一场灾难。当萨拉米斯的舰队还在试图突破德米特里乌斯设在出海口的防线之时，德米特里乌斯的舰队已经迅速在海面部署起来。现在，托勒密有点难以在岛上立足。因为塞浦路斯毕竟是一个海岛，长时间战事会令其得不到外界物资的补给。托勒密无法自足给养，更不可能救援困在城内的大军。托勒密一走，岛上盟友一定会转而投向德米特里乌斯。尽管各种史料说法不一，但基本可以确定的是，当萨拉米斯最终投降的时候，德米特里乌斯军中的步兵与骑兵共有万余。墨涅拉俄斯剩余的战船足够他带着一小支军队撤至亚历山大里亚。

这大概是埃及统治者戎马生涯中最糟糕的一役。他为这场战争几乎倾尽所有，而回报却是一场大灾难。托勒密战败后，其海军计有 40 艘战船被俘获，另有 80 艘或残或沉，只有剩下 20 艘仓皇逃走。令托勒密更加惶惶不安的是，载着他的私人财宝、家什以及情妇的船也在被扣之列。萨拉米斯的投降不仅意味着一场战事的失利，更意味着这座花去托勒密许多心血的岛屿就此归于敌手。此番战败后，托勒密在埃及以外，几乎已经一无所有。安提柯没花多久，就把托勒密残余在爱琴海上的势力一扫而空。直到多年之后，托勒密王朝的战船才重新扬帆于基克拉底群岛和黎凡特之间的海面。托勒密狼狈地回到亚历山大里亚，心中充满对未来的惶惑——他不知道自己的统治能否扛过这次挫折。

埃及统治者控制塞浦路斯的努力已达 15 年之久，而这场战事最终以他的失败收场。安提柯一直想对付托勒密，但在公元前311年，纳巴泰人和塞琉古出现了大麻烦，他被迫收起对埃及的野心。如今，他儿子的大胜提供了一个契机，他现在具备佩尔狄卡斯当年所没有的优势，并希望借此优势进攻埃及。萨拉米斯战役后，安提柯的舰队再没有什么实质性威胁，他自然将海军优势视为这次计划成功的保障。

海陆两军由两位国王①率领，在公元前306年的秋天会师于奥龙特斯河谷。安提柯带来的兵力，是他平生领过最多的，计有80000名步兵、8000名骑兵与83头大象，足见他消灭托勒密的决心。德米特里乌斯指挥舰队向南驶来，舰队包括150艘战船和100艘用来运送辎重的货船。他们必须静待天时地利，瞄准最佳时机，一举越过埃及的天然屏障。

他们选择在此时开战的重要原因之一，便是托勒密刚刚兵败而归，元气尚未恢复。但这并非安提柯此时发难的唯一理由。与此同样重要的，是尼罗河的水文状况。尼罗河每年6月中旬到9月中旬定期泛滥，只有在此期间，大型舰船才能通过尼罗河的支流和运河。而且到了秋天，南风还有可能把他们的庞大舰队吹到三角洲的政治中心孟菲斯。[12]

托勒密做好了两手准备。如果不能在三角洲交战，那么敌方就可以通过水路把军队送至内陆。托勒密听闻安提柯大军压境的时候，后者已经穿过叙利亚边境，并即将于10月底到达加沙。入侵者想要到达三角洲，就必须在沙漠中穿行数天，并走出希波尼亚沼泽（Sirbonian Bog）。安提柯明白，如果全军一起走进沙漠，风险就太大了。而若要长线行军，部队的通信线又有被纳巴泰人袭击的风险。安提柯最终决定卸下辎重，轻装上路，准备突然出现在托勒密面前。他们冒着风险，只带了10天的粮食。安提柯的想法是，既然德米特里乌斯的舰队在海上行进，那么就可以在必要时为自己的军队提供给养。

急行军刚刚开始，军队就在流沙造成的深坑②里损失不少士兵和牲畜。同

---

①译注：萨拉米斯战役后，全盛时期的安提柯父子同时称王。

②译注：原文为Barathra Pits，来自古希腊语βάραθρον，意为"坑"。雅典人会将罪犯扔进这种深坑里。另转义为"深渊""地狱"。

时，舰队也遇到麻烦。当德米特里乌斯行进至拉菲亚（Raphia）附近的时候，秋天的暴风雨席卷了舰队。许多战船因此失踪或毁伤。尽管如此，大部分战船还是到达卡修（Casium）。此时，许多轻型船也在巨浪来袭时遭受打击。卡修的饮用水很匮乏，若非安提柯及时赶到带来淡水，这里几乎就要因干渴而酿成灾难。

安提柯的军队终于风尘仆仆地到达尼罗河最东侧的支流。这里植被繁茂，令久处干渴的军队振奋不已。但是，托勒密的军队早已在河对岸严阵以待。这令安提柯非常沮丧，因为他突袭的计划流产了。托勒密已经在尼罗河流域部署好部队，安提柯的进攻胜算不大。即使和谈达成，安提柯的处境也还是相当艰难。时间分秒流逝，他必须快做决断。安提柯决定让德米特里乌斯出马，去攻击托勒密舰队的侧翼。德米特里乌斯的舰队虽然遭受损失，但仍然十分强大。暴风雨中离散的士兵大多已回到军中，舰上的精锐主力部队正准备强行登陆。他们首先尝试从普塞乌多斯托蒙（Pseudostomon，此处可能是曼扎拉湖的湖口）登陆，但这里的海滩也有托勒密的弹弓兵和步兵布防，德米特里乌斯进攻失败。夜幕将领后，年轻的将领发现夜间航行不畅，于是再次试图从法特尼库姆（Phatniticum）登陆。此地就是后来的杜姆兰特（Damietta）。不过，德米特里乌斯再一次失望。虽然此地并无沼泽，适于登陆，但托勒密的军队也在岸上一夜跟随至此，对德米特里乌斯严防死守。德米特里乌斯眼看登陆无望，决定返回卡修与安提柯会合。

天气似乎也与德米特里乌斯过不去，一场来自北方的风暴袭击了舰队。3 艘四桨座战船和一些运输船不得不靠岸，托勒密的军队旋即将他们俘获。德米特里乌斯虽然还是把大部分战船带回父亲身旁，但安提柯见此毫无喜色。按照狄奥多罗斯的说法，"托勒密自从率领大军占领这一沿河地带，就陷入了困局。"[13]托勒密的军队日夜努力，让敌人在陆地与海洋的心血都付诸东流。一贯独断专横的入侵者这次只好接受意见，准备撤退。但安提柯不愿意让人看出是他自己选择撤退，宁愿让撤退看起来像是不得已的选择。

这次尼罗河撤退并不像亚历山大大帝从恒河平原边缘的比阿斯河撤退那样精彩悲壮。但对于两位国王来说，这一事件标志双方胜负局面就此逆转。安提柯自然不会承认这一点，更何况他日后仍有成功的机会。但从这时起，好运似乎开始弃他而去，他获得的成功越来越少。诚然，消灭托勒密的目的并没有达到。但是，当安提柯的大军打点行装启程返回之时，老将军的权威看起来并没有被削弱多少。

埃及得天独厚的天然防御屏障、精锐的部队以及技高一筹的将领，终于在逆境中力挽狂澜，拯救了托勒密。塞浦路斯的溃败的确给托勒密造成严重损失，人们往往会料想，埃及就此一蹶不振，在面对安提柯时了无士气。但事实并非如此，总督与将士们及时组织起有效的防御。西起昔兰尼，南至第一瀑布，全埃及的驻军力量倾巢出动，所有军事殖民地的人手也都被调集起来。整个埃及对安提柯的入侵严阵以待。托勒密处处先发制人，本土优势被发挥到极致，决定了胜局。三角洲拥有众多的河流防御工事，两侧都是难以穿越的沙漠，而北部海岸几乎没有合适的下锚之地。这场战役再一次向世人证明，这块土地是不可征服的。

不过，这段时间以来，托勒密的权力还是被削弱许多。如今，他的势力范围也就仅仅比公元前 323 年他刚来到这里时大一点点，这些年慢慢积累起来的成果丧失殆尽。但事实也证明，托勒密在巴比伦领受这片土地为奖赏的选择是正确的。尼罗河流域的厚土不管承受何种痛苦，之后依旧可以恢复过来，期待明天的美好。

在安提柯的入侵过后，托勒密的第一个举措，便是向利西马科斯、卡山德和塞琉古大肆宣扬自己的胜利。然而，即使托勒密的口气显得多么勇武，依旧掩盖不了这次幸存是多么艰难。这是一个危机四伏的时代，各个王朝都竭尽所能强化自己的权威。托勒密从来不是一个会忽视与他人关系的人。在取得萨拉米斯的胜利后，安提柯和德米特里乌斯便已称王，他们的对手也不遑多让。自从托勒密来到埃及，他的埃及臣民几乎都认同他就是法老。此时，托勒密为了不落于下风，也自封为埃及王。这样，不论是希腊人还是埃及人，托勒密的所有臣民都将他尊为埃及至高至尊的人物。

这对托勒密来说是一大跨越。因为在所有继业者中，唯独托勒密没有对阿吉德王朝的微弱残余势力做点什么，只是放出许多空话。卡尔纳克（Karnak）神庙里有腓力·阿里达乌斯的神殿，卢克索（Luxor）神庙也以亚历山大四世的名义复建。托勒密在自己颁布的法令中字斟句酌，一直使用"国王空缺时……"

这样的句式。出人意料的是，即使在亚历山大四世死后，他仍然沿用这一套话，仿佛坚信他仍存活于世。击退安提柯入侵的经历，表明托勒密终于可以结束之前的怪相，转而开启自己的统治时代。[14]

但是，王冠丝毫未能掩盖托勒密王朝在地中海舞台上的影响力已大大减弱的事实。安提柯的征战仍在继续，新任埃及王对事态的影响却微乎其微。塞浦路斯战后幸存的一小支海军还需要保护和发展，再难与其他强大敌人进行对抗。而成功守住三角洲的军队也大有价值，不能在草率的冒险中浪费一兵一卒。

对安提柯来说，武力征服的道路已经走不通。然而，埃及那巨大的财富和高度专业的外交网络，依旧让安提柯不敢放松警惕。安提柯的经济侵略活动，挑起埃及参与这些事端的兴趣，因为其侵略对象是托勒密的重要贸易伙伴之一。

自从托勒密在亚历山大里亚建都以来，这座港口城市与罗德岛的联系一直很紧密。从亚历山大里亚到罗德岛只有几天航程，人们常常可以在亚历山大里亚的码头酒馆里见到罗德岛的船长和船员。当罗德岛成为德米特里乌斯的进攻目标时，托勒密绝不能作壁上观。安提柯军队围困罗德岛的战争，如史诗一般波澜壮阔。在围困的第一年，托勒密派出 500 名雇佣兵前往增援，而其中一些士兵本就是罗德岛人。

安提柯军队没能将围战的平静维持下去，托勒密的举动打破了僵局。岛上长期闭锁，几乎已经出现饥馑。托勒密冒着损失战船和人员的风险，穿过德米特里乌斯的封锁向岛上运送食品。补给船绕过敌方舰队和海盗，终于停靠在罗德岛的海港。埃及军队此行带来 30 万单位的谷物和豆类，这个数量是其他国王支援食品总数的 6 倍。在经受 15 个月的围困后，罗德岛又从托勒密那里获得 1500 名援兵，新的补给也送到岛上。人员和物资的补充，对罗德岛保卫战至关重要。围城结束后，罗德岛建起一个新广场，名为"献给托勒密"①，广场上建造了一尊托勒密的雕像。罗德岛人将托勒密与其他支援过罗德岛的马其顿贵族奉为神明，充满感激之情。正是因为这次战役，托勒密有了一个"救主"

---

① 译注：原文为 Ptolemaeum，是托勒密名字的拉丁文宾格形式。

的称号。

然而，在罗德岛围城战与伊普苏斯战役之间的岁月里，托勒密及其臣属的活动鲜为人知。不得不说，这是一大憾事。

公元前302年，安提柯与反对他的联盟正式交战，托勒密显然在其列。不过，托勒密的士兵没有出现在弗里吉亚那场决定性的战役中，对其他战斗的参与度也明显少于别的国王。当然，我们知道安提柯控制着从埃及前来的海路，以及腓尼基与叙利亚的陆路，托勒密的确很难让他的军队前来参加这场重要战役。但是，既然塞琉古可以从印度赶来，似乎托勒密也没什么理由不出现。

现在，托勒密的主要敌人都被拖在安纳托利亚。于是，他便再一次燃起对叙利亚山谷的兴趣。公元前302年的夏天，托勒密第三次率领大军沿海岸道路走过拉菲亚。他此行可能得到其他国王的认可，但他们的期望却远不止如此。他们希望托勒密能带兵来到安纳托利亚附近，从而让安提柯把注意力转向奇里乞亚、安提戈尼亚（Antigonia）和奥龙特斯山谷，以免近前地区再被安提柯吞并。叙利亚山谷不难打下，托勒密很快就占领这里。当大军向腓尼基挺进，他们发现西顿守军准备顽强抵抗。托勒密决定围攻此地。

就在此时，托勒密得知利西马科斯和塞琉古战败，安提柯正在领兵返回叙利亚的路上。他当然不敢再轻举妄动，表现得甚至有些过分懦弱，仿佛安提柯已经来到近前。他很快与西顿守军签订停战协议，回到叙利亚山谷加强防守，又领兵退回尼罗河对岸的安全地区。

然而，当大军回到亚历山大里亚后，托勒密与将士们才惊觉，他们得到的不过是一个假消息。虽然伊普苏斯战役之前的联军通信不为我们所知，但托勒密的盟友应该做过一些尝试，希望托勒密能参与战事。他们在划分战果时对托勒密的态度，大概能说明一些问题——托勒密在战争中的行为哪怕算不上背叛，也可以说是缺乏担当精神。[15]

塞琉古

第七章

> 塞琉古不厌其烦地一遍遍告诉我们：
> 如果人人都知道阅读和写作是多么艰巨的任务，
> 那么人人都会对王冠弃如敝屣。[1]

今天的土耳其有两大世所公认的古代奇迹，但单凭它们的样貌，很难说能给人留下多么深刻的印象。以弗所的阿尔特弥斯（Artemis）神庙和哈利卡纳苏斯的陵墓都没有保留多少原始结构，今人难以一窥其鼎盛时期的样子。但土耳其另一处遗址，虽不在世界七大奇迹之列，但它的主体结构保存得相对完整，其外观美轮美奂，足可跻身古代奇迹，那就是迪迪马（Didyma）的阿波罗神庙。即便在这片随处可见古代遗珍的土地上，这座神庙如今的景象还是能令人眼前一亮。它坐落在以弗所以南40英里的地方。沿着这条道路下行，先经过普列内（Priene），而后是米利都，最后会来到现代海滨度假胜地阿尔廷库姆（Altinkum）。迪迪马儿经战乱，倾颓于历史之中。由于门德尔河淤塞，这座公元前4世纪的大港口如今已是内陆城市。2000多年前，从亚历山大里亚出发前往东方的所有舰船，都要在这里靠岸。那时，迪迪马和一个特别的人物渊源颇深。

亚历山大远征途径小亚细亚时，塞琉古在这个神庙停下脚步。神谕告诉塞琉古："不要匆忙返回欧洲，亚洲对你来说更有利。"[2]时间证明，预言是正确的。事实上，类似的神谕可追溯至公元前7世纪。阿波罗神庙落成后，一度被视为海盗的保护神所在。塞琉古在东方建立的功业现已了无痕迹，但在迪迪马，我们却可以看到这个大人物建造的巨大神庙的柱廊。坐在小镇路边的海鲜餐厅，抬眼就能望到这个遗迹。大约自公元前300年开始，这一地区就归德米特里乌斯控制。塞琉古特别信赖这座神庙，因此也在后来一度掌握迪迪马。就在他生命中最后一场征战前，他还在这座神庙再次问卜，然后出发前往欧洲。

塞琉古王朝的缔造者有着传奇的人生。他首次在军中显名，是与印度的波鲁斯（Porus）对战之际。那场战役大概是亚历山大一生中最艰苦的军事行动之一。在南亚绵延无尽的雨季，伟大的征服者率领他的突击部队沿希达斯皮斯河前行，试图找到一个合适的地方渡河，塞琉古就陪伴在国王左右。当时，塞琉古是侍卫首领，与国王坐在同一艘船上，身旁还有佩尔狄卡斯、托勒密和利西马科斯。这些人后来都在亚历山大身后的世界扮演重要角色。马其顿人下船后在泥泞的河岸上重新整队时，就受到波鲁斯之子的进攻。战斗开始阶段，塞琉古基本没有参与。但在与印度大军主力的苦战中，塞琉古率领老兵部队站在队列正中，一同抗击象军的袭击。此一役，塞琉古的出色表现给国王留下深刻印象。敌人最终被打败，但马其顿军队的伤亡也极惨重。这是塞琉古首次与象军打交道，在他日后的军事生涯中，象军将扮演非常重要的角色。

不过，这并不是塞琉古第一次参与战争。他的家庭就算不属于王室，也是极显赫的贵族。塞琉古生于约公元前358年，其父名为安条克，曾在腓力军中担任要职。塞琉古本人也在早年加入军队。

塞琉古的军旅生涯始自亚历山大的远征。从波斯战争起，他就展现出极高的勇气和作战能力，因而得以在近卫军中得到一席之地。传说在一场献祭中，原本作为祭品的一头公牛逃脱了，塞琉古以一己之力将其追回，使主持祭祀的国王免于尴尬。塞琉古本人回忆起这件事也颇为自得，他后来命人塑造了几尊雕像来纪念这一事件。他的力量和勇气在印度战役中发挥得淋漓尽致。在旁遮普和印度河沿岸，经常能看到他战斗的身影。

在苏萨的集体婚礼上，塞琉古迎娶了巴克特里亚的斯庇塔梅内斯之女阿帕玛（Apama）。他的岳父出身于伊朗贵族世家，其家族血统可上溯至波斯王室所信仰宗教中的先知琐罗亚斯德（Zoroaster），从前是亚历山大最强的对手之一。这从侧面反映出此时塞琉古的地位越来越高。有证据表明，塞琉古是国王最亲密的伙伴之一，同时也是帝国高级官员。

有一个传说称，亚历山大曾在巴比伦附近的一个湖里乘船歇息，其王冠意外落水，塞琉古入水把王冠捞了起来。[3]这个故事无疑带有寓言性质，象征塞琉古最终继承亚历山大在亚洲的帝国。另一则故事说，当国王濒死的时候，塞琉古与国王的伙友一道去当地的一个神庙求医问药。他能与国王最亲密的伙友一同去为国王的病体奔走，表明他虽然得势颇晚，但在国王最亲密的圈子中还是占有一席之地。当然，这个故事有颇多存疑之处，因为记载此说的现存史料，最早也是亚历山大去世后几百年的作品。[4]尽管如此，我们还是可以把握马其顿高层的人事框架，塞琉古当时应当已跻身高级官员之列。

在巴比伦集会上，塞琉古没能获得足够的追随者。他在继业者中处于二线，只能做别人的附庸。他在佩尔狄卡斯与墨勒阿革洛斯的对决中支持前者，这有可能是因为塞琉古久处于步兵卫队之中，故而能取代步兵指挥官，转而率领步兵投向佩尔狄卡斯。作为胜利一方，塞琉古获得很大奖励。这并不是说他获取了某块广袤富饶的土地，而是一跃成为皇家军队最高层的指挥官之一。在新摄政王帐下，这位能干而忠诚的军官被任命为伙友骑兵的将军。该职务曾由赫菲斯提安和佩尔狄卡斯本人担任。

这些骑兵是佩尔狄卡斯对抗墨勒阿革洛斯的中坚力量。塞琉古获得指挥他们的权力，就意味着获得佩尔狄卡斯的信任。塞琉古在安纳托利亚战役和前往埃及的征程中率领这支出身高贵的劲旅，而当佩尔狄卡斯被培松及其同党杀害后，塞琉古也在营中。只有一种史料指出他也参与了暗杀，但其他证据则表明他当时依旧对佩尔狄卡斯忠心耿耿。如果塞琉古在当时的条件下保持忠诚，却对佩尔狄卡斯的死无能为力，那么只可能是因为那些凶手把控着局面，一时之间地位无可动摇。[5]在从埃及撤退途中，虽然王室军队几近瓦解，但塞琉古在士兵中仍然有很高声望。当在欧律狄刻的密谋下，培松与阿里达乌斯权威丧失时，塞琉古作为高级军官仍能维持表面上的忠诚。因此，当王室来到特里巴拉德苏斯的时候，正是塞琉古维持着秩序。

短短几个星期之内，军队就二易其主。整个军营都充斥着不安和混乱，士兵们只想拿到他们应得的报酬。安提帕特没有足够的资金，所以当他渡河过来的时候，迎接他的不是齐整的军队，而是一群暴民。这位老人非但谈不上受欢迎，甚至还被士兵用石头投掷，性命都受到威胁。就在这关键时刻，塞琉古和安提柯挺身相援，安提帕特方得以回到河岸。他虽然狼狈不堪，但好歹留了一条性命。军队很快冷静下来，几天后就臣服于安提帕特。在这场暴动中，许多人都丧命于旧日同袍之手，活下来的将领中又有很多人由于之前的事件名誉扫地。而塞琉古却因积累起来的军功和这次对安提帕特的搭救，获得老摄政王的青睐。由此，在亚历山大身后的第二次大型集会中，塞琉古获得他梦寐以求的东西，即一块属于自己的领地——巴比伦。

巴比伦的文明古老而昌盛，几乎超越马其顿人的认知。幼发拉底河和底格里斯河在那片土地上汇流，生活在那里的人民聪明勤劳。地利与民风共同造就世界上最丰产的农业地区。城里从来不会缺钱，巴比伦的统治者为这座城市建造了三重城墙，恐怕只有埃及的财富堪与之匹敌。自从亚历山大死后，马其顿对巴比伦的统治就一直处于不稳定的状态中。佩尔狄卡斯任命佩拉的阿孔（Archon）为巴比伦总督，但不久后此人便卷入一场阴谋中，摄政王于是派出好友多喀摩斯取代他。总督之位并没有和平交接，多喀摩斯打败阿孔的军队，并杀掉这位前任。当塞琉古被任命为巴比伦新总督的时候，多喀摩斯还在任上。

多喀摩斯比他的前任幸运，没有重蹈覆辙。在听闻佩尔狄卡斯被杀的消息后，他第一时间逃到皮西迪亚。前摄政王的支持者都在那里集结，准备对新秩序反抗到底。[6]公元前320年的10月或11月，塞琉古一路无阻地进入他的新领地。在这个时代，不费一兵一卒就能入主一地，几乎可以算是意外之喜。塞琉古和亚历山大一样，深知要想真正统治这些还未希腊化的土地，就必须寻求当地原有统治阶层的帮助。那些地方的古老习俗和传统权威，必然会使人们排斥外来的行政体系，这就要求新统治者带来足够的人手组建政府，并加强军事防御。古代巴比伦是一个复杂的综合体，这座城市集政治、经济和宗教的功能于一身。数千年来，巴比伦虽然常常处于外国势力的统治下，但在发展中从未失去自己的文化特质。巴比伦的精英之间互有联系，他们组织起一个强大的网络，把控着整个国家。塞琉古想要彻底掌握美索不达米亚的财富，就必须得到他们的支持。

塞琉古统治巴比伦最初几年的事迹不甚明了，但大致应当是着力于安抚在意识形态领域和经济领域都有重要地位的神庙体系。据《巴比伦编年史》，塞琉古来到巴比伦不久，就依照传统为马尔杜克王（Bel Marduk）神庙捐献大笔财富。[7]这实际上就是贿赂。适应这些陌生的神明和仪式，并没有让塞琉古感到为难。此外，在塞琉古治下，巴比伦的手工业者和地主基本都保留他们的传统地位和影响力。作为回报，他们也为塞琉古政权贡献了不少税收。

在这个时代，巴比伦的安全必须仰赖其他大人物。塞琉古对西方邻国的行动了如指掌。这样一来，商人们得以在各位继业者的宫廷、城市甚至营地里有所收获。而此时，来自底格里斯河以东的威胁更加紧迫。波斯和米底的总督实力雄厚，他们对札格罗斯山脉以西的那片富饶低地颇感兴趣。塞琉古安全的保证，并不在于巴比伦的士兵或城墙，而在于东部统治者之间的平衡状态。那些统治者常常互相争斗，很少联合起来一同对付他们富饶而脆弱的邻国。

因此，公元前317年，塞琉古被卷入伊朗一带的政治乱局并非偶然。也是从这时开始，塞琉古的活动才又一次出现在希腊史料中。培松被其近邻打败后出逃，来到巴比伦向塞琉古求援。为了自己的生存，塞琉古不得不开始考虑支持对朴塞斯塔斯的战斗。然而，正当他这一派还在酝酿计划的时候，来自西方的欧迈尼斯就带着一支劲旅气势汹汹地压境而来，其势力不仅威胁塞琉古，整个希腊化的东方都为之胆寒。另外，密探也纷纷传回消息，说安提柯应该也不远了。

欧迈尼斯派使者带着从襁褓中的亚历山大四世那里得来的国书上门，表达和谈的意愿。而这令巴比伦陷入更加为难的境地。帮助欧迈尼斯可能会招致安提柯的怒火，但若拒绝和谈，巴比伦会立即受到城市近前大军的攻击。他们尝试缓兵之计，但欧迈尼斯却没有耐心等待他们讨论出结果，很快就向苏森进发。塞琉古和培松没有选择的机会，只好投向安提柯。他们的兵力虽然有限，但仍尽力抵抗欧迈尼斯东进，为安提柯争取时间。最终，他们还是没能守住底格里斯河，只好提出停战，允许欧迈尼斯过河东进。

虽然这位强敌慢慢离开了巴比伦，但另一个对手也在逼近。塞琉古的军队中只有几百名骑兵。公元前317年春天，安提柯到了。塞琉古和培松除了跟随他之外，别无选择。塞琉古被派去围攻苏萨，但这场围城战打得实在艰巨，直到安提柯在东部取胜的消息传来，苏萨守军方告投降。塞琉古与培松一样，都为安提柯的大业竭尽心血。安提柯自然也回报了他们，那就是让他们重新拿回自己领地的控制权。塞琉古胜利归来，但他在巴比伦的太平日子却没持续多久。公元前 316 年的头几个月，来自伊朗高原的消息震惊了所有人——培松被朴塞斯塔斯打败，不但失去自己的领地，还送了性命。料想安提柯还会派人来到巴比伦，塞琉古如坐针毡。安提柯果然派使者来到巴比伦，要求塞琉古提交总督辖区的财政状况，并就报告内容与塞琉古发生争执。塞琉古相信，这恐怕是安提柯来扳倒自己的借口。

塞琉古自然希望能安坐巴比伦，但他发觉自己的性命受到威胁，就不得不逃离这里，开始流亡。他带领追随者渡过幼发拉底河，穿过沙漠投奔托勒密。安提柯再也追不上他。[8] 塞琉古来到埃及的时候，托勒密热情地迎接他。跌落谷底的塞琉古，由此看到东山再起的希望。[9]

托勒密与安提柯第一次交手时，塞琉古在埃及阵营中发挥了不小的作用。公元前 315 年，塞琉古接管一支由 100 艘战船组成的舰队。他率领舰队在地中海东部巡游，扰乱安提柯的造船大业，同时也尽力拉拢安提柯的盟友。接着，他沿小亚细亚海岸向西，进攻吕底亚和伊奥尼亚，又包围埃里特莱港，试图在那里建起一个军事基地。但很快，塞琉古得知，托勒梅乌斯正在从安纳托利亚北部赶来的路上，其军队规模远超自己。

塞琉古在爱琴海没了立足之地，只好前往塞浦路斯。岛上许多海港公开反对来自埃及的统治者，托勒密不得不让塞琉古到此稳定局势。塞琉古首先沿海岛北岸开始进攻，很快拿下拉皮斯（Lapithus）和克利尼亚（Ceryneia）。马里昂城见此情势不敢顽抗，宣布效忠托勒密。随后，阿马图斯（Amathus）的王子也归顺塞琉古。塞琉古的镇压名单上，就只剩下基提翁一地。但史料并没有告诉我们此役的明确结局。新的战事开始了，塞琉古继续担任托勒密的海军将领，但他之前的运气没有延续下来。他的舰队开到利姆诺斯、爱奥利斯（Aeolis）、伊奥尼亚、卡里亚以至科斯岛，但一路都没什么创获。塞琉古率舰队回到塞浦路斯过冬，并改装了自己的战船。次年，他继续对塞浦路斯实行严苛统治，处死不少当地贵族。第一次内战期间，马里昂城被毁大半。如今，塞琉古的舰队平顺无阻地驶入阿卡马斯（Acamas）半岛以东的海湾。这里被一把火烧掉之后，原来的居民只好南下，去西海岸的帕福斯定居。随后，托勒密召回塞琉古，塞浦路斯由萨拉米斯国王尼科克雷翁接管。

海上生活并没有让塞琉古忘记 5 年前被逐出辖地的耻辱，他一直怀着重整河山的野心。托勒密现在的动作，让塞琉古看到自己实现野心的契机。当然，这个契机也归功于塞琉古自己。一直以来，塞琉古不断鼓动托勒密向东方进军。如今，敌军进攻安纳托利亚，埃及之主终于同意东征。公元前 312 年，托勒密率领他的军队进入叙利亚山谷，塞琉古随军出征，担任高级军官。他们在加沙打败德米特里乌斯，直闯腓尼基。塞琉古在那里再次获得独立统治的机会。

他们在推罗城外开始部署早已计划好的战线。托勒密认为，此时安提柯的兵力可能正被其他地方的战事牵制，塞琉古收服巴比伦的计划便有可能实现。[10] 尽管如此，谨慎的托勒密还是仅划出一小支部队给塞琉古。减少 1000 余人并不会对主力部队的实力带来多大的影响，但足够保护塞琉古通过美索不达米亚。塞琉古与当地民族的旧日情分还在，这给予他夺回巴比伦的机会。塞琉古一直以来就是一个机会主义者，他总是躁动不安，想着拿自己有限的一切做赌注去冒险，想要收获更大的利益。

但是，塞琉古个人的乐观精神并没有很快感染给部下。这支部队刚离开托勒密的营地向东北方向进发，就有不少人想着要回去。他们觉得塞琉古以这么一点力量来挑动安提柯，一定不会有好下场，简直愚蠢透顶。但不要忘了，塞琉古不仅是个大胆的赌徒，还是一个才华横溢的演说家。在塞琉古的一生中，这三寸不烂之舌多次解救他于困境之中。他向将士们回忆起跟随亚历山大大帝征战的岁月，让他们相信自己确有统帅之才，更兼有不错的运气。就这样，塞琉古安抚了军中的恐惧气氛。不仅如此，迪迪马的神谕也预示他将成功，因为神称他为"塞琉古王"。军队只能姑且相信塞琉古的命运，继续跟随他前行。很快，军心在卡莱一役后更加振奋。这段征程十分漫长，离开推罗约 350 英里后，前路才第一次向东转弯，他们穿越沙漠到达底格里斯河畔。几百年后，当人们提起卡莱，就会想起克拉苏（Crassus）的罗马军团在此覆灭，但现在的卡莱带给塞琉古的并不是厄运。亚历山大多年前留下的马其顿驻军并没有抵抗塞琉古，其中许多有冒险精神的人甚至投靠了他。不少已经在此安家的人也应征入伍，塞琉古自然十分欢迎。

即便如此，当这支队伍来到美索不达米亚的时候，其人数仍然远未达到能够驻守一个中等城市的要求，更遑论整个巴比伦。但他们已无退路，只好继续沿底格里斯河南下，前往巴比伦。塞琉古在当地仍有声望，地主纷纷欢迎他的回归，为他的军队提供充足的粮草。更重要的是，一位名为波里阿库斯（Polyarchus）的希腊将军为他带来一支 1000 人左右的精锐部队。虽然这支部队不能与从沙漠要塞中征召的马其顿退伍老兵同日而语，但他们的加入使塞琉古军队的规模直接扩大一倍，超过安提柯留在巴比伦的其他军官。巴比伦当下的统治者相信，当地人大概会倾向于入侵者那一边，自己的统治就要到头。于是，他们弃城逃跑，只在要塞堡垒里留下少量驻军。

塞琉古看到巴比伦城门大开，知道自己已经赌赢。他把脑袋伸进狮子的血盆大口，狮子非但没有咬下他的头，反而温柔地舔起他的面颊。安提柯留下的守军没有认真做抵抗的准备，塞琉古很快就拿下要塞。塞琉古发现，自己先前担任总督时的几位老部下被囚禁在堡垒里，赶忙放出他们，并以厚赏犒劳他们的忠诚。然而，仅仅控制巴比伦城，并不意味塞琉古从此可以高枕无忧。他的军队仍然孱弱，很难抵抗西部或东部的敌人。

首个威胁来自安提柯在米底的指挥官尼卡诺尔。此人实际上统治着整个亚洲内陆地区，自然不可能放过巴比伦。尼卡诺尔征召起一支军队，计有 10000 名步兵和 7000 名骑兵。他率领这支大军穿过米底山口，沿底格里斯河谷行军，准备在美索不达米亚平原与塞琉古交战。由于自己手下骑兵压倒性的优势，尼卡诺尔对战局很有信心。

塞琉古自然不会空等敌人前来，大胆的主动战略已经为他赢得许多。他知道，在目前的弱势下，固守防御姿态只会迎来溃败。他将巴比伦的铁郭金城抛在身后，向东北方向进发。他的人马渡过底格里斯河，在东岸驻扎下来。此时，塞琉古得知，尼卡诺尔距此仅剩几天的路程。塞琉古的军队只有 3000 多人，他不能冒险进行正面对战。因此，他命令军队在底格里斯河岸的沼泽里埋伏妥当，只等尼卡诺尔到来。敌人沿米底御道前行，来到大河之岸，在一个阿契美尼德王朝遗留的驿站里驻扎下来。

塞琉古就埋伏在不远处，他决定夜袭尼卡诺尔大营。敌军果然岗哨松懈，塞琉古打了个出其不意，许多人还没来得及武装起来就被杀。塞琉古十分幸运，波斯和阿里亚总督埃瓦戈拉斯（Evagoras）在战斗中早早阵亡，其军队骤失主帅，旋即转投塞琉古一边。尼卡诺尔见自己被盟友抛弃，立即召集全军，向北部沙漠地带撤军。

塞琉古也是险胜，没敢乘胜追击。天亮时分，他重整大军，发现目前的军队规模十分可观，但组织颇为混乱。不管如何，在带领仅 1000 人离开推罗后的短短几个月里，塞琉古就碾碎巴比伦的各种敌对势力。现在，他控制着 4 年前失去的富饶王国的核心地带，不再是一个去国离乡的流亡者。塞琉古明白，安提柯仍然很有可能扰乱目前的安定局面，所以他还不敢与托勒密断绝联系。埃及统治者虽然身在黎凡特，其势力却能保证塞琉古在幼发拉底河以东的稳固地位。塞琉古写了一份报告，说明自己这段时间取得成就的细节，还不忘感谢埃及统治者对他的帮助，着重强调他与托勒密的从属关系。这份报告被送至孟菲斯。

对塞琉古而言，安提柯是西部最大的威胁，但还有一个方向的威胁不能忘记。伊朗高原上的局势一直不算安稳，该地区的各方势力虽能互相制衡，但矛盾始终存在。尼卡诺尔在幼发拉底河畔因盟友叛变而落败就是例证。塞琉古的确在那场战役因之获益，但他既有统治巴比伦的经验，也不难想到伊朗高原的势力是多么危险。目前乱局给予塞琉古一个特殊机会，能让他防御来自伊朗高原的危险。公元前 312 年余下的时间，塞琉古都在米底和波斯度过。因此，当德米特里乌斯入侵巴比伦的时候，他并不在城内。

安提柯手下大约有 20000 名老兵在向巴比伦进发。塞琉古派出一名叫帕特罗克勒斯（Patrocles）的将军前往巴比伦，尽可能把城中人员都撤走。不仅是士兵和政府官员，许多平民也跟随出逃。因为德米特里乌斯的士兵是出了名的贪婪，若继续留在城内，则有可能财产不保。

帕特罗克勒斯将这些非战斗人员都安置在苏森或波斯湾沿岸，他利用巴比伦的地形，制定出先延缓入侵者的攻势，再切断其补给线的战略。帕特罗克勒斯的军队规模不大，只留下一点驻军防守巴比伦的两座要塞。他亲自率领其余官兵出征，准备利用河流展开防御。[11]帕特罗克勒斯遣使者向塞琉古求救，但后者却并没有要回来争夺自己的总督辖地的意思。他所恐惧的是，敌人有可能越过底格里斯河攻击他，如同亚历山大追打大流士一样。那时，他就只能日夜遁逃。如果这种情况出现，他的追随者自然不会再跟随这样一个了无希望的首领，他的命运也将和那位波斯国王一样。然而，事实却是，安提柯的入侵大军被帕特罗克勒斯击垮。他们占领一座要塞，留下少量守军，然后沿原路撤退。

帕特罗克勒斯抵挡住德米特里乌斯，安提柯见战事迟迟没有进展，就把儿子召回西方。在多方势力的制衡下，塞琉古的运气不错，恰觅良机。但在当时的乱局中，他的成就几乎被其他继业者忽略。帕特罗克勒斯遣使求援的时候，他不得不狠心拒绝，因为他知道当务之急还是巩固自己的统治，平定高原的动乱，为未来与安提柯的正面对决做准备。

伊朗高原地域广袤，占了亚历山大帝国领土的很大一部分。塞琉古很难一下就想好如何征服这些地区。但现在的确是一个好机会，因为扎格罗斯山脉以东的地区目前正处于权力真空状态。这使那些曾让亚历山大耗费心血的地区变得不再难以征服。他必须拿下一些重要城市，例如阿契美尼德王朝的政治中心、皇家宫殿和国库所在——米底的苏萨、埃克巴塔纳，波斯的波斯波利斯，索格狄亚那的马拉坎达（Maracanda，即撒马尔罕）。但这谈何容易，行军到那里需要数月时间，而且当地也并非全然不设防。为了统治伊朗世界，希腊殖民者修建了许多堡垒，马其顿人也建起不少城镇。塞琉古需要一一征服。

自从亚历山大征战的年代起，就有大量来自西方的战士涌入这里。他们当中不仅有马其顿人、希腊雇佣兵、色雷斯人以及安纳托利亚人，还有其他来自附近希腊化城镇和蛮族部落的士兵。多年来，这些人定居在亚历山大建立的70多个零散城市中。培松、欧迈尼斯和安提柯等数代统治者带来的士兵也有数千人。马其顿人为了在这里建立统治，留驻的官兵都算健壮勇武。虽然其中许多是受伤或年长的军人，来此定居只是为了寻一处可以安定生活的地方，但依旧可为统治者所用。他们定居的社区是希腊化国家在伊朗地区建立统治的基石。正因为有了这些据点，他们才得以控制山地部落，管理御道，征收税款，以至为军队提供兵源。战士们在土地上劳作，养活家庭。作为回报，他们必须为军队提供下一代士兵。

殖民社区的类型千差万别。有些已经是成熟的希腊式城市，有完备的基础设施。有的还只是围墙内的村庄，粗野的雇佣兵只求一片可以耕种的土地来维持生活。塞琉古认为，增加并扩张这些殖民社区，对稳固统治至关重要。在伊普苏斯战役之前的许多年里，他一直致力于在美索不达米亚和伊朗建立新的殖民社区。

掌握了这些社区，塞琉古便可以把控关键据点附近的道路、贸易线以及肥沃的低地。但总的来说，这些地方仍旧只是伊朗大地上的希腊化孤岛。当地拥有土地的大贵族控制着税收，只有赢得他们的支持，塞琉古才能真正在高原建立统治。在继业者中，只有塞琉古一人娶了巴克特里亚妻子，还把官职授予伊朗贵族，允许他们真正控制重要地区。由此，塞琉古掌握伊朗土地上两大重要的势力——希腊化社区和本地贵族。

塞琉古东征的具体时间模糊不清，但可以确定的是，他至少在高原上待了半年，才回到巴比伦。自从德米特里乌斯撤退后，安提柯的势力仍旧把持着巴比伦的一部分。公元前311年的和平时期过去，塞琉古被原先对付安提柯的盟友抛弃。老将军争取来的和平，正是为了对付东山再起的塞琉古。塞琉古已经有5年没有踏上幼发拉底河东岸的阳光沃土。此刻，他需要集中全部注意力应对这里的挑战。

直到20世纪，人们才真正了解塞琉古和安提柯在公元前310年到公元前308年间的对决。随着《巴比伦编年史》逐渐出土，学界越来越重视这场战争。从公元前311年和平的原因，到"独眼"安提柯的覆灭，很多问题都因为新史料的发现有了答案。

上世纪20年代，《巴比伦编年史》在大英博物馆的地下室被翻找出来。这些史料以楔形文字的形式镌刻在石碑上，记载了巴比伦王国从公元前2700年萨尔贡（Sargon）的时代到塞琉古王朝的历史。有关腓力·阿里达乌斯和亚历山大四世在位时期以及塞琉古称王时期继业者活动的记载，只有两块碎石上的短短65行文字，其中许多行还仅有五六个单词。这对我们了解公元前333年到公元前311年的历史没什么帮助，反而增加了理清时间线索的困难。但这些文献明确告诉我们，安提柯与塞琉古之间发生过一场正面冲突。[12] 我们在其他更加正统的史料中没有找到有用的信息。这无疑令我们大感意外，因为这场战争以安提柯的重要盟友——卡迪亚的希洛尼摩斯惨败而告终，却未见于主流文献。[13]

我们很难从如此稀少的证据中得出定论，只能大致推断出战事的主线：安提柯亲自指挥战斗，围困了若干城镇，打了至少一场大仗，洗劫了巴比伦。随后，塞琉古又收复了都城。实际上，所有对继业者的研究，都少不了基于一定事实上的推断，这也意味着由此得出的结论很容易失控。虽然从蛛丝马迹中得出的高屋建瓴式的结论不能说全是错的，但我们也该保持足够清醒，力图看清背后真相。为了探究巴比伦的战事，我们的确不得不这样大胆假设。但只要我们清醒地认识到，那些看起来错综复杂的证据是什么，我们就很难得出有害真相的结论。如今，有关讨论众说纷纭，仅仅是对战争结局的推断，就有许多版本。

我们只能尽力猜测巴比伦总督在公元前310年的势力范围，而到了公元前311年，他已打败米底、波斯和阿里亚的安提柯势力，[14]这就意味着他"轻取苏森和米底一带"。[15]正当塞琉古在伊朗高原的扎格罗斯山和印度边境之间的地带征战之际，德米特里乌斯向巴比伦发动进攻。塞琉古与巴克特里亚、索格狄亚那以及阿拉霍西亚的统治者之间的关系总是处于变动之中。对于这些势力而言，塞琉古在东方的崛起自然影响他们的利益，但西方的安提柯也是个威胁。所以，塞琉古就算得不到这些邻居的友谊，也至少要让他们保持中立。我们获知的消息还显示，塞琉古在最近收服的地区广受欢迎。尽管如此，他的控制也很难真正深入下去。因为这些本土统治者的好感，并不能帮助塞琉古逆转在战场上面对安提柯的劣势。塞琉古手下有几千兵力，其中有托勒密给他的，也有他在去往巴比伦的路上招降的要塞守兵，还包括尼卡诺尔的部队士兵。波斯和米底的伊朗骑兵与其他轻骑兵的生活十分富足，他们的财富来源于苏萨和埃克巴塔纳的国库。但近年来的历史研究表明，他们面对西方的重装长矛兵和骑兵时，并不具备优势。

塞琉古必须把一切能团结的力量都团结起来。《巴比伦编年史》中的一些零碎语句记载了他的结盟："在马赫思旺（Marcheswan）月里……一个同盟与友谊……库提人（Gutium）和……的军队……"[16]目前学界认为，库提人即克塞亚人，这支好战的部落生活在米底山区，曾被亚历山大屠杀。[17]就在不久前的公元前317年，安提柯拒绝向他们贡赋，库提人也因过分自傲而吃了不少苦头。由于拥有共同的敌人，库提人很有可能与塞琉古结盟。

塞琉古取胜一定少不了运用计谋。战场地形十分复杂，塞琉古正是利用地理环境才逃出生天。战斗主要发生在底格里斯河下游和幼发拉底河流域，巴比伦附近更是主战场。各处战场无不被掠夺一空，以至于在《巴比伦编年史》中也留下了一笔：

> 遍地是哭喊嚎啕。如风暴一般……他从巴比伦出来，大肆掠夺城邑和村庄……次日，他又往古它（Kuthah）而去，继续劫掠财物，放火焚城。[18]

灾荒越来越严重，塞琉古甚至不得不从别处找来谷物缓解饥荒。

安提柯的精兵在底格里斯河和幼发拉底河流域的农耕盆地创获颇丰，但好运不会一直跟随他们。无论是波斯湾附近的沼泽地，还是伊朗西部山区的要塞，都对想要强攻的侵略者大为不利。安提柯若继续在开阔土地上作战，应该会取得最终胜利。而塞琉古听了熟知地形的盟友克塞亚人的建议，一面拖延战局，一面不断骚扰敌军，把安提柯逼到难行的土地上。事实上，安提柯在许多城市的成功，也给他带来不少困扰。现今饥荒肆虐，他需要供应的人口，不仅有自己的士兵，还要加上被征服地区的人民。保证粮草安全难上加难。安提柯试图强令当地民族听命于他，但效果适得其反，甚至增加了塞琉古的声望。公元前308年8月，塞琉古正式对托勒密开战。但是，他的军队已在此耗过三个季节，就算面对的是安提柯这样的可怕对手，也再难提振士气。

如果我们相信波里内乌斯所述，情况则大为不同。彼时，塞琉古的军队生气勃勃，充满干劲。[19]经过一整天的战斗，他们战胜了敌人，当夜也不曾卸甲。次日清晨，他们又突袭了安提柯的军队。这场战争的结果令人震惊，因为它意味着，安提柯为此付出的3年时光和高昂代价通通失去意义。安提柯未能消灭塞琉古，于次年黯然回到西方。这不仅是一场失败的战事，更为未来埋下巨大的隐患。

由于东部边境相对安全，且此一役证明这里足可防御安提柯的威胁，塞琉古终于可以安下心来，重整他广袤的疆土。与之前阿契美尼德王朝的统治者一样，塞琉古很可能每年要在西部的都城巴比伦，即后来位于底格里斯河畔的塞琉西亚（Seleucia）花去冬季几个月的时间。然后，他会在夏天来到埃克巴塔纳，在当地宫殿享受夏季凉爽的山风。古代统治者常常行踪不定，广阔的疆域需要他们四处巡视。塞琉古的疆界内还有其他大都市，如苏萨和波斯波利斯。

在公元前 4 世纪的最后 10 年，也就是塞琉古的中年时代，他经常巡视这些地方。如今，塞琉古手握极广袤的土地，但这仍未能满足他的野心。亚历山大当年征服的伊朗地区现在都是塞琉古的，但他还想吞并先王短暂统治过的阿富汗和印度部分地区，让自己的成就更加完满。塞琉古重新占领巴克特里亚和阿拉霍西亚。随后，他率领一支大军，准备沿着前人走过的征服道路，穿过开伯尔山口，进入印度河与恒河流域。现代的巴基斯坦和印度西北部平原如 2000 多年前一样闷热异常，但当年的塞琉古走在这里，却不为气候所烦恼，而是一路满怀希望。

在研究亚历山大大帝时，东方是绕不开的话题。从巴克特里亚到索格狄亚那，再到印度河流域，亚历山大的足迹遍布东方，这些地方见证了他生命中大量的征战时光。阿契美尼德王朝在 3 年内溃于亚历山大之手，这个帝国有着高质量的道路、专业的行政和税收官员，甚至还有被称为"国王之眼"的监察人员。整个国家被管理得井井有条。所以，当亚历山大铲除波斯国王之后，他只需要取而代之，成熟的国家管理体系会帮他治理好这里。而在更遥远的东方，情况就大不一样。新任国王贝苏斯的支持者来自巴克特里亚和索格狄亚那，他们都是贵族，其势力不可小觑。东方这些国家都有自治传统，故而当马其顿入侵的时候，遭到的抵抗与征战波斯时不可同日而语。当年亚历山大在岩地要塞一个个扫除的索格狄亚那贵族一贯以强硬著称，他们可以接受一个名义上的统治者，但绝不能忍受真正被控制。在地方势力的支持下，这些贵族在亚历山大离开后不久就开始反对其留下的统治秩序，而且即使其中一支被打败，其他贵族也不会轻易屈服。他们西侧的邻居显然比他们听话得多，当侵略军稳定局势离开后，波斯人习惯于就此安定下来，而东方这些民族则会立即开始谋划反抗。印度与伊朗高原东部的情况类似，各个王国有自己的统治者，城市之间会结成联盟共同发展，部落人民则不受外部权威管束。亚历山大在印度期间，从未见过当地各派势力联合起来进行抗争，所以他可以在这里采取逐个击破的手段。但是，这样做也就意味着，每个单独的政治实体都要专门对付，不仅危险，而且颇费时间。在这场漫长无休的战斗中，亚历山大差点殒命于一个小城。

然而，当马其顿人第二次来到印度的时候，他们看到的已经不是亚历山大当年面对的分裂国度。塞琉古面临的是一个强大而统一的王国，统治者充满干劲。亚历山大最远到达过比阿斯河。先王在这里的遭遇，使马其顿人对这片土地的看法失于真实。传说恒河流域的这个王国可以动员40万人的兵力，而且拥有4000头大象。马其顿士兵显然被这传言吓得不轻。但实际上，摩揭陀（Magadha）王国已日渐衰微，权贵阶层不再支持难陀（Nanda）王朝的君主。当年，亚历山大因征战日久的老兵激烈反对，不得不放弃征服印度，但另一个人不会放过这个机会。

此人便是旃陀罗笈多（Chandragupta），据说他出身于自治的"孔雀"（Moriya）部落。公元前324年，就在亚历山大离开印度后不久，他征募到足够的支持，起兵反抗达纳·难陀（Dhana Nand）。有一种说法是，在领兵四处游荡的过程中，旃陀罗笈多加入穿越旁遮普的马其顿军队，并向亚历山大列举摩揭陀王国的弱点，鼓动他攻打这个王国，并希望能借此登上王位。[20]不管这个故事的真实性如何，其结果都是一样的。旃陀罗笈多最终还是依靠当地的力量而非马其顿的支持获得胜利。他的努力并非从一开始就取得成功，但也还算小有成就——他拿下了难陀王朝的边境。直到公元前321年，旃陀罗笈多长期的苦心终得回报。这位造反者在华氏城（Pataliputra）确立统治。他建立的帝国，会将印度的文明、权力和声望推向巅峰。

旃陀罗笈多登基后的最初一段时间里，他的地位足够稳固。摩揭陀王国原本的疆界，被他扩展至亚历山大曾控制过的西部地区。国王离开后，这些地区的局势迅速恶化。旃陀罗笈多的军队跨过比阿斯河的时候，几乎没有受到任何有组织的反抗。因为在此期间，统治这里的马其顿人内讧不断，他得以趁此权力真空的机会进军。

麻烦早在亚历山大离开印度之后就开始了。斯瓦特高地部落爆发叛乱，马其顿驻军指挥官兵败被杀。自此，马其顿再未控制通往印度的关口。驻守东南部塔克西拉（Taxila）的马其顿指挥官，早在公元前325年就被自己的手下暗杀。于是，塔克西拉的安丕（Ambhi）国王和驻军首领欧德摩斯瓜分了其辖地。

另一位马其顿人培松被留下驻守印度河以东到比阿斯河支流一带。旃陀罗笈多建立王国之后，培松感到极大的威胁，不得不逐渐收缩领地，最终被赶到印度河西岸。公元前316年，欧德摩斯和培松卷入伊朗高原的激烈冲突中，旃陀罗笈多趁机从中渔利。马其顿人渐行渐远，旃陀罗笈多的军队开始所向披靡地扫荡他们原本的土地，所过之处无不驯服。这位新统治者对残存的印度本土势力和希腊社区都很宽容，所以当地居民并无背水一战的抵抗情绪。

现在，旃陀罗笈多的疆域从恒河平原一直延伸至开伯尔山口。短短几年内，他就从一个无名之辈成长为那个时代最伟大的君主之一。他建立的孔雀王朝在印度历史上影响深远，后来威名赫赫的阿育王（Asoka）便出自这个王朝。阿育王是一位佛教国王，他从佛教教义出发，力图建立一个没有压迫的宽和之国。[21]不过，在塞琉古时期，孔雀王朝还很年轻，正处于四处扩张的阶段。在取得北方的胜利后，国王将眼光投向南方，在印度中部的纳巴达（Narbada）河流域进行了好几个季节的战争。公元前305年，旃陀罗笈多的印度战事正酣，塞琉古入侵的消息传来。旃陀罗笈多只好赶回西北部去保卫边境。

塞琉古率领军队从阿富汗高地出发，浩浩荡荡来到印度。他走过的这条道路，在未来岁月里将见证萨伽人（Sakas）、贵霜人（Kushans）、阿拉伯人乃至蒙古人的兵马。在印度迎接塞琉古的，是旃陀罗笈多的印度大军。据称，这支印度军队仅大象就有9000头之多，军中壮勇更是不计其数。这支军队让马其顿人在希达斯皮斯等地吃过不少苦头。这场战役的细节目前尚不为我们所知，只能在理论上推测其结果。但某些学者认为，这场战役的结局一定是马其顿一败涂地。因为只有这样，塞琉古才有可能同意割让亚历山大取得的所有印度领土。他们签订条约后，从阿富汗高地南部到坎大哈（Kandahar）地区，都归旃陀罗笈多所有。不过，旃陀罗笈多向塞琉古赠送了500头大象作为回报。此外，两人还结为姻亲，旃陀罗笈多保证留在印度领土的希腊人的安全。[22]这场战役最大的成果，恐怕就是勉强维持和平。此后，这两位东方统治者似乎一直相安无事。塞琉古派往旃陀罗笈多王宫的使者麦加斯提尼（Megasthenes）在印度次大陆停留很久，目的是为其著作搜集足够的材料。这本书意在沟通印度与希腊化世界。麦加斯提尼的目的达到了，旃陀罗笈多的继任者收到安条克一世送来的葡萄酒、无花果和术士。[23]

现在，印度的苦战结束，塞琉古可以把全部精力投向西方。与其他继业者一样，他也时刻向往着地中海岸的希腊本土。在塞琉古年近八旬的时候，他不再涉足孟加拉或德干，而是率军征战色雷斯。尽管印度潜藏的财富远远大于巴尔干的原始森林，时人看待他的选择也只会觉得理所应当。

　　塞琉古在印度逗留太久，能从印度河流域返回波斯，对他来说一定是一种解脱。他常年远离亚洲西部，所以当他走在通往巴比伦的道路上，注定要冒不少危险。虽然塞琉古自己似乎对此毫无察觉，但数不尽的麻烦正埋伏在从美索不达米亚到安纳托利亚和希腊的路上。就在回程途中，塞琉古的大军被卡山德和利西马科斯的密使拦住。他们向塞琉古提议，结盟共抗安提柯。这是一个至关重要的选择，塞琉古选对了。他选择了伊普苏斯战役的胜者，也选择了辉煌的余生和身后强大的王朝。

退潮

第八章

他派儿子德米特里乌斯率领庞大的舰队和陆军前往希腊，

受制多年的土地从此重获自由。

他在希腊的名声如同烽火一般，传遍人间。[1]

亚历山大四世虽然有个传奇的父亲，但他自己的一生却出奇地黯淡。当其他继业者争夺他父亲留下的遗产，他却只能在一旁默不作声。民众不知道他究竟是什么样的人，他就如同叔父阿里达乌斯一样，不过是别人用来证明自己合法地位的符号。在这黑暗的时代里，亚历山大四世与母亲罗克珊娜一同生活。作为伟大征服者的唯一合法男性后裔，亚历山大四世的一生短促而悲惨，为了保住自己的地位付出不少代价。传奇故事试图给亚历山大大帝与发妻罗克珊娜的婚姻塑造些浪漫痕迹，但事实却是这两人的相处平淡无奇。对君主的婚姻来说，这实在是再正常不过。罗克珊娜带着民族的神圣使命而来，嫁给伟大的征服者，并与之生下一个继承人。我们无从得知他们是否产生真正的感情，但罗克珊娜作为亚历山大唯一合法配偶的地位却至关重要。但在苏萨的集体婚礼上，就连这一地位也受到威胁。亚历山大娶了大流士的女儿斯坦特拉，于是大帝就有了第二位妻子。面对这位出身更加高贵的女子，她只能屈居次位。不过，斯坦特拉多数时间留在母亲身边，而罗克珊娜则一直随军跋涉。两人不常见面，也就避免了许多摩擦。

亚历山大死后，罗克珊娜地位得保，全凭遗腹子。若没有这个孩子，她就是一个无足轻重的蛮族寡妇。听闻斯坦特拉也有孕在身，罗克珊娜立即采取行动。她伪造了一封亚历山大的信，让大流士的女儿来到巴比伦。斯坦特拉原本在遥远的埃克巴塔纳，由于消息有延迟，罗克珊娜便有了可乘之机。信使快马加鞭，比亚历山大的死讯更快到达埃克巴塔纳。斯坦特拉在身为赫菲斯提安遗孀的姐妹的陪同下，听从"国王"的召唤，赶往巴比伦。她们一到达巴比伦王宫，就被罗克珊娜杀害。亚历山大四世之母命人将姐妹俩的遗体扔到井里，并把井填满。[2]她以这样残忍的手段清除了自己和孩子的潜在竞争者。

我们并不清楚两位国王并立时期的宫闱秘闻，因为这两位国王都不像亚历山大那样实权在握，也就无法引起任何史家的关注。马其顿王室还在，王室仪典也继续进行，但军事、司法与行政的大权却不在王宫。公元前311年的和平，给多年以来常处乱局中的人们带来一丝喘息机会。就在此时，那一对奇怪的叔侄国王中的叔叔死去了。同年，一场暴动也要了亚历山大四世的命。[3]彼时，亚历山大四世将近12岁。卡山德意识到，这位少年国王将是对自己霸业的最大威胁。为了防止这一担忧成真，这个常年被幽禁于安菲波利斯的孩子与他的母亲一起被毒死。卡山德对亚历山大家族的恨意，可以解释他的这一行为，却无法解释他为何之前还让这对母子活了那么久。这一时机实非巧合，因为扼杀阿吉德王室合法继承者，并不是卡山德一个人的意愿。狄奥多罗斯对此有言：

> 卡山德、利西马科斯、托勒密以及安提柯都从国王的潜在威胁中解脱出来。这个王朝自此再也没有继承人，这座让他们既敬且惧的大山，终于被移去。他们到手的权势，不会再统一于那唯一的国王。[4]

这场谋杀有同谋。在和平谈判期间，继业者们有充足的时间来讨论如何处置这个碍眼的孩子。这一点几乎确凿无疑，因为这场谋杀后没有任何继业者出言抨击。亚历山大四世之死没有动摇这个世界向前的脚步。大帝的合法血脉就此断绝，却没有人因之哀鸣。在亚历山大四世短暂的一生中，人们几乎时刻准备好听到他的死讯。因此，当他真的去世时，没多少人因此震惊。后来，亚历山大四世的死亡成为敌人攻击卡山德的宣传手段。对于见证这风起云涌的12年的人来说，亚历山大四世似乎只是意味着那个伟大名字继续存续了一段时间。这段时间的终结，似乎来得都有些太晚了。

罗克珊娜之子的死给很多人带来好处。卡山德除去了一个心腹大患，其他人再也不用屈从于这个遥远的王国，而"独眼"安提柯则一跃成为填补马其顿世界统治者空缺的唯一人选。

但是，安提柯已经是年逾七旬的老人，他不再像年轻人一样，拥有无限的可能。虽然安提柯在爱琴海的势力衰减，并非由于他自身才智或体力不如从前，但他已然无法展开更多行动。他谋定后动，争取西方的暂时稳定。公元前311年的和平，就是安提柯的杰作，因为他当时急需让自己少些敌人，以面对其他方向的危险。安提柯已经有5年未曾踏足幼发拉底河以东地区，而今他需要对这里多加关注。随后，安提柯与塞琉古展开巴比伦战役，这一仗从公元前310年一直打到公元前308年。

这个时代的一切指令，都需要较长时间来传递。安提柯进军到距离爱琴海数千英里以外的地方的消息传播开来，他的胜利势头受挫并不出人意料。卡山德对安提柯的颠覆造成巨大破坏。安提柯的一位侄子从公元前312年起，就在希腊取得数场战役的胜利，但他手中的资源却越来越少。这是因为，他的伯父并没有把希腊战事放在优先地位。他的军队需要继续前进，需要鼓励，而不是安于如今这般汲汲无名且前途暗淡的状况。希腊化时代的地中海世界没有什么忠诚可言，一定的能力、足够的野心和适当的时机就是叛变的催化剂。

地中海世界的这位年轻参与者谨慎地守住了自己的位置。他在哈尔基斯等城市驻守下来，建立优卑亚战略基地。他还在基克拉底群岛建立前哨阵地，这在未来会证明他的远见卓识。他与卡山德之间的确切关系不为我们所知。但可以肯定的是，希腊南部这位曾经的劲敌，如今已不再是水火不容的敌人。

公元前310年，当舰队开始航行的时候，托勒密趁机进军。安提柯一定对这样的消息感到厌倦。托勒密的冷漠显露无遗。他派出一位名为列奥尼达斯（Leonidas）的军官去攻打奇里乞亚的德拉凯（Trachea），声称安提柯并非"解放者"，并指控他违约派兵，破坏了公元前311年的和平协定。托勒密曾经在这一带作战，知道以塞浦路斯岛为基地的防御非常脆弱。

在群雄逐鹿的年代，西方的各位统治者对这些事件反应不一，每个人都有复杂而微妙的态度。在对抗卡山德的战线中，冲锋在最前沿的，是一位在多年前比安提柯还要显赫的人物，而今几乎被人们遗忘。此人便是波利伯孔。在败走佩拉的 5 年后，波利伯孔成为安提柯帐下的一员将领。我们不清楚究竟是谁先主动联系对方，但两人的结合显然是互利的。然而，就在结盟的第二个阶段，面对卡山德，波利伯孔获得一张出乎所有人意料的好牌——赫拉克勒斯，即亚历山大大帝与情妇芭悉尼所生的儿子。有一位著名的历史学家对这个马其顿传奇缔造者之子的名字和真实性提出过质疑，但也有不少可靠史料证明这个孩子的身份。[5]最引人注意的，就是在其父刚去世后不久，尼阿库斯就趁巴比伦混乱之际请求他登上王位。自拒绝那次提议之后的 17 年里，赫拉克勒斯大部分时间都在小亚细亚的帕加马过着默默无闻的生活。

亚历山大四世在世时，赫拉克勒斯自然没有什么重大意义。然而后来时局变化，他成了亚历山大留在世上的唯一男性血脉，便从无名之辈一跃成为继业者们对付卡山德的有力武器。其实，除了名字与年龄以外，我们对赫拉克勒斯一无所知。他的父亲在他这个年龄已经赢得自己的第一场战役。但亚历山大这种早熟的性格和才华，却似乎并未遗传给儿子。赫拉克勒斯一直只是个傀儡，为波利伯孔的野心披上一件合法的外衣。卡山德见此情景大感难堪，因为之前他杀死了赫拉克勒斯同父异母的弟弟，希望就此永远了结亚历山大的王朝。

这个不幸的年轻人乘船渡爱琴海而来的时候，波利伯孔已经做好充分准备。其中最重要的是，如今他可以动用安提柯的国库。这无疑是波利伯孔实现野心的巨大保障，他不仅能够用这些钱招募新兵，还能借此拉拢卡山德的盟友。托勒密的背叛意味着希腊中部的一大片土地又重回卡山德手中，但许多希腊城邦却依旧希望能获得早年的独立地位。于是，波利伯孔在希腊广召盟友，还通过人脉在马其顿争取支持。

波利伯孔的第一个成果是埃托利亚诸城的加入。埃托利亚人一直以来都是卡山德的敌人。波利伯孔战败之后，正是得到了他们的庇护。埃托利亚人不仅为这位老冒险者提供了数千名精兵，更为他开辟了一条通往马其顿的进军路线。这条路线途经埃托利亚，绕过卡山德设在希腊中部和温泉关的防线。公元前 309 年，波利伯孔终于准备就绪，赫拉克勒斯也在其身侧。他集结起一支由 20000 名步兵和 1000 名骑兵组成的军队，横扫爱琴海，又一路吸收盟友的力量。最终，波利伯孔在马其顿与伊庇鲁斯交界处的提菲亚安下营来。这里是他的家乡，其家族的影响力仍然很大，这就保证他能在此受到欢迎。

此前一年，面对来势汹汹的波利伯孔，卡山德并未做任何准备。如今，战火烧到家门口，整个马其顿都感到焦灼。卡山德终于认识到，在公元前311年的和平协定中，与自己握手言和的安提柯，实际上暗自推动波利伯孔冲自己刀剑相向。卡山德见马其顿边境受到威胁，果断做出反应。他在佩拉征召起一支军队，沿阿利阿克蒙（Haliacmon）河行军，经埃格的王室宫殿与墓地到达提菲亚，只要短短几天时间。

卡山德对最终的胜利充满信心，因为他知道马其顿方阵能击败波利伯孔的大军——只要他的军队足够忠心。然而，这支由马其顿国民组成的军队开始动摇，因为赫拉克勒斯是亚历山大大帝留在世上的最后标志，他一出场就让卡山德的部众心神不定。马其顿人当然还记得赫拉克勒斯的父亲和祖父。令卡山德感到雪上加霜的是，波利伯孔前一年在马其顿四处撺掇已产生影响，马其顿军队很难与亚历山大的老部下兵戎相向。

卡山德擅长在难以取胜的情况下略施手段。他派出特使与波利伯孔进行谈判，以重利诱之——比如任命他为伯罗奔尼撒半岛的总督，归还其在马其顿的所有财产。卡山德还做出一个有趣而含糊的承诺，即保证波利伯孔"成为卡山德国王一切事务的合作伙伴，拥有无上的荣誉"。[6]他的提议当然不是让波利伯孔干预马其顿事务，而是想让波利伯孔回到希腊南部。卡山德同时保证，将为波利伯孔提供治理伯罗奔尼撒半岛所需的一切军事和财政支持。人们大概都会认为，面对这个曾害他失去一切的人的花言巧语，波利伯孔是绝不可能相信他的。但出乎所有人意料的是，波利伯孔态度大变，接受了卡山德的提议。这位老战士忍辱负重许多年，而当真正的成功向他招手时，他的勇气突然崩塌。伯罗奔尼撒半岛那稳如死水的统治，似乎比为获取至高权力而冒的风险更加诱人。暮年的老将军经不起又一场失败，即使条约含糊其词，他仍然接受了。卡山德当然也会要求得到回报，那就是除去赫拉克勒斯。这个不幸的青年在波利伯孔与卡山德的约定还没有传开之前，就在一场宴会上被暗杀。

当协议公之于众，爱琴海一片哗然。波利伯孔的盟友都厌恶他的胆怯与轻率。对于卡山德而言，只要波利伯孔还在眼前一日，他就片刻不得安宁。卡山德急于摆脱波利伯孔，赶忙开始履行协议。他为波利伯孔提供4000名马其顿步兵和 500 匹色萨利战马，又将波利伯孔在马其顿的土地悉数归还。波利伯孔的名望终究还是因这些事情受到损害，这在他南下的路上便有所反应。这一次，他沿通往温泉关的海岸前行，埃托利亚人拒绝这个背信弃义的人再通过他们的土地，而博奥提亚人也无意让他通过。面对这两大势力，波利伯孔束手无策。

波利伯孔在伯罗奔尼撒半岛居住过很久，如今终于又回到这里。近年来，伯罗奔尼撒诸城一直与卡山德站在同一边。有文献显示，这里的人们曾在四年战争中为卡山德战斗。而这时的波利伯孔已经年近八旬，此后他的身影就再也没有出现在史书中。波利伯孔的戎马生涯起伏不定，令人扼腕。亚历山大在生命最后一段时光才开始重用波利伯孔，而他的晋升和后来的显赫，多半要归功于其他更有才华的人早早离世。波利伯孔是个非常优秀的士兵，但可能确实缺乏政治才能，因为他当摄政王的那短短几年是一场不折不扣的灾难。对赫拉克勒斯的无情处置，令他的卑鄙尽人皆知。

在与塞琉古的巴比伦之战失败后，安提柯大军转而向西进发。统率这支军队的，是古代世界最具魅力、最不同凡响的人物之一——德米特里乌斯。他的确有缺点，本性浮躁不定，普鲁塔克在著作中深刻地分析过这一点。即使我们怀疑这位道德评论家的说教文字的可信度，但事实也可以证明，德米特里乌斯的功业随性情而跌宕起伏，这在整个希腊历史上十分罕见：

> 这个人十分复杂。他魅力四射，他严肃深沉，他俊美无俦，他令人惊惧。他那青春洋溢的外表透着英雄气概和王者尊严，文人骚客笔墨难描。他知道如何利用自己的优势，令人爱他、惧他。他或许是同伴中最吸引人的那位，比其他所有统治者都更加嗜饮，更加爱好豪奢。然而，当需要采取行动的时候，他能迅速展现出惊人的精力、毅力和执行力。[7]

能与德米特里乌斯青年时期的远大前程和晚年的大起大落相比的，可能只有亚西比德（Alcibiades）。然而，在亚历山大的远征之前，这个雅典人受地理限制，能施展拳脚的空间并没有德米特里乌斯那么大。

安提柯对其子信任有加，能安心地将王国的全部资产提供给他作为军费。

德米特里乌斯的目标是一个与他渊源颇深的希腊城市——雅典。普鲁塔克认为，这是安提柯之子一生中最伟大的行动，因为他的目标是用亚洲舰队将受制于外族驻军的希腊城市从锁链下解放出来。对德米特里乌斯来说，雅典是自由和文化的理想国，因而前来救助雅典的安提柯大军也平添许多正义色彩。然而，我们不能忘记，德米特里乌斯的目的绝不是恢复梭伦和伯里克利（Pericles）的传统，而是实现己方的统治。当然，希腊文化传统对德米特里乌斯来说也很重要，这就像一个护身的名头，表明他此来并不是为了一己之私。在马其顿的庞大帝国中，雅典不过是一个经济萎靡的角落，但它却是在希腊文化中成长起来的人的精神家园。所以我们仍旧应该对普鲁塔克的分析给予足够的重视。对于此时辈出的英雄来说，希腊是马其顿以外最重要的步兵来源地。如果说亚洲为他们带来财富，腓尼基和埃及为他们提供造船工人和水手，那么希腊本土、爱琴海沿岸则为他们输送源源不断的步兵。直到罗马军团在地中海东部大展身手之前，希腊步兵一直是战场上的决胜力量，他们影响了每一场战役的胜败。

马其顿人在继业者军队中也相当关键，他们是常胜军，但人数终究有限。不过，就算马其顿士兵很稀缺，继业者也不必担心兵源不足。因为在希腊城市，有成千上万的男子会为付得起高额佣金的雇主而战。伯罗奔尼撒半岛上已经有一个成熟的雇佣兵市场，西行的士兵效力于迦太基人与叙拉古人的对决，东进的士兵则为继业者之间无休止的战争贡献力量。公元前307年，卡山德开始全面称霸该地区。自他从波利伯孔和奥林匹亚丝手中夺来统治权，已经过去10年。虽然这一地位并非安如泰山，但他还是在对手的打击下一路蹒跚走来，存活到现在。令他时刻警惕并必须插手干涉的，恐怕就是他的近邻。事实上，当卡山德听闻东方敌人大举进兵的消息时，他正在伊庇鲁斯战斗，旨在帮助盟友成为当地统治者。卡山德牢牢地控制着希腊，各个城邦的寡头是他囊中之物，波利伯孔成为他的盟友，托勒密也不再逡巡于半岛。

安提柯和德米特里乌斯都很难冷静面对这一情况。他们的目标是动摇并取代卡山德的统治地位，但卡山德的势力在希腊扎根之深，让这对父子一时有些难以下手。德米特里乌斯的远征军在以弗所的大港集结，共有250艘战船。船上运载着海陆精兵，还有约5000塔兰特的军费，准备用于招募当地雇佣兵，并贿赂半岛上的统治者。安提柯相当重视这次战役，此次派出的舰队的规模两倍于以往。舰队驶向比雷埃夫斯港，这里是卡山德控制希腊本土的关键要塞。

德米特里乌斯的士兵开始攻打比雷埃夫斯的围墙，他本人对人群发表长篇演讲。许多民众以为来的是埃及方面的朋友，所以聚集在码头上。当这个魅力四射的征服者站在旗舰甲板上讲话时，他们也就留下来倾听。德米特里乌斯告诉他们，他将要帮助他们把这座城市从外族的控制下解放出来，他会驱散卡山德的驻军，并除掉傀儡统治者——法莱卢的德米特里乌斯。安提柯之子的演讲迅速获得反响，不少听众追忆起北方王国入主以前的岁月。此地的守军指挥官是狄奥尼索斯，他带兵顽强抵抗，直到安提柯的士兵大量涌入城墙为止。狄奥尼索斯认为，此时稳妥的做法，应该是让士兵们撤退到防守更加严密的穆尼齐亚要塞。法莱卢的德米特里乌斯则打算守住雅典城墙，但他很快就发现这个希望太过渺茫。在民众的反对声浪中，他只好派使节与入侵者谈判，希望献出雅典城以换取自己的人身安全。安提柯的儿子德米特里乌斯此前的战事一路顺利，这时心情不错，便与对方达成协议。法莱卢的德米特里乌斯离开这座他长期统治的城市，安全抵达底比斯。底比斯人对帮助他们重建城市的人心存感激。但法莱卢的德米特里乌斯并未在此久留，而是把这里当作一个中转站。随后，他前往托勒密的王庭，他非凡的戎马生涯将在那里重谱新章。[8]

德米特里乌斯建造了栅栏等防御工事，又留下足以攻取穆尼齐亚要塞的兵力。此后，他扬帆起航，将军队主力沿海岸运往墨伽拉。那里只有少量驻军，他们面对敌人的突袭一时无措。被围后没多久，守军见求援无望便投降了。从科林斯湾到帕尼斯（Parnes）山脉的整个地区，都已落入德米特里乌斯之手。

德米特里乌斯已与雅典人有约，便不再对墨伽拉进行掠夺，也严禁士兵破坏这座城市。这反映出他对部队的控制力还是很强的。这座城市最著名的居民是哲学家斯提尔波（Stilpo），他在这里过着终日沉思的生活。虽然现在很少有人记得斯提尔波，但当时他却享有伟大哲学家的荣誉。年轻时的斯提尔波以酗酒好色闻名，但他以一种浮夸的转变改过自新，最终成为正直良善的典范。他是当时最令人敬畏的演说家，他的演说吸引了不少后世留名的人物，例如斯多葛（Stoic）学派的创始人芝诺（Zeno）和犬儒（Cynic）学派的克拉特斯（Crates）。虽然斯提尔波在政治方面也有名声，但他还是尽力谢绝一切向他伸出橄榄枝的马其顿大人物。公元前308年，托勒密想要邀请斯提尔波前往亚历山大里亚，但斯提尔波不愿为他人驱策。为了躲避这些邀约，他逃到埃伊纳（Aegina）岛。但是，一心寻求安宁的斯提尔波终究还是未能如愿，德米特里乌斯派人把他请到自己帐下。斯提尔波脾气不太好，正如亚历山大大帝在打断推动浴桶的第欧根尼（Diogenes）时，那位老人表现出的不耐烦一样。作为思想家，斯提尔波在面对物质世界的力量和影响时，也很容易被激怒。德米特里乌斯问斯提尔波，什么才值得拿来一用？斯提尔波不屑地答道："我可没见过有人能拿走知识。"[9]

另一则故事虽然不出名，却更能反映这个时代的现实。德米特里乌斯宣布墨伽拉脱离马其顿驻军的管控后，斯提尔波出言讽刺道，他的解放战役的确使墨伽拉变成自由人的城市，因为安提柯的士兵偷走了城里所有奴隶。这不仅表现出一个奴隶制社会的固有矛盾，也让我们了解到古代士兵战利品的构成。胜利者洗劫敌人的城市后，得到的并非许多金银或艺术品，而是一批能够卖掉换钱的奴隶。

在包围墨伽拉的过程中，德米特里乌斯的军队还发生过一件有趣的事。此事牵涉到克拉特斯波利斯，即波利伯孔的儿媳。这个女人美丽而多谋。在把相关事务托付给托勒密之后，她就不再插手政治。德米特里乌斯久慕克拉特斯波利斯之名，便带了几个随从离开墨伽拉的营帐去见她。他们秘密约定见面地点，避开守卫，支起帐篷，在无人发现的情况下会面。然而，敌人得知这一消息，突袭了会面地。德米特里乌斯不得不披着帐篷仓皇逃走，而克拉特斯波利斯再未出现于史料之中。

不论如何，德米特里乌斯通过一系列战役，在阿提卡地区取得很大成就。此后，他回到围攻穆尼齐亚的堡垒。正是这座堡垒，让雅典人被卡山德牵制了整整12年。安提柯阵营的工兵努力研制攻城机器，对准穆尼齐亚守军驻扎的小山丘。德米特里乌斯率主力部队回来后，立即发动全面进攻。突击部队面对堡垒中射出的箭雨和掷出的长矛，伤亡十分惨重。但必胜的信心还是令全军士气高昂。守军已经被围困数月之久，物资极度缺乏，而且也没有从北方得到救助的迹象。安提柯的士兵攻入要塞后，守军只好投降。

德米特里乌斯的短期目标逐渐实现。冬天来临前，帕尼萨（Parnes）山南部被德米特里乌斯收入囊中。严寒降临希腊之际，德米特里乌斯终于可以享受攻克雅典的成果。与百年前相比，这座城市的权力和声望黯淡了许多，但仍旧是希腊文化的中心。雅典公民的成就与名声，使这座城市依旧在希腊世界占据独特地位。德米特里乌斯与其他人一样，难以抗拒这座城市雅俗并存的文化之美。雅典人也都很有风度地欢迎德米特里乌斯的到来。

雅典人效仿祖先进行集会，投票决定给德米特里乌斯以至高荣誉。德米特里乌斯和安提柯被雅典人拥立为国王，还被当作城市的救星。雅典人动用国库为这两人塑造金像，还决定分别用他们的名字命名两艘三桨座战船。德米特里乌斯被定为神谕者，雅典必须遵守他的命令。他们甚至将某个月份的名称换成德米特里乌斯的名字。神庙里的妇女把安提柯军队的形象织在雅典娜的神圣斗篷上。运动员和艺术家调整了日程，将下一场竞技献给这位万神殿（pantheon）中最年轻的成员。

德米特里乌斯对这些滑稽的阿谀奉承照单全收，但也没忘在这座城市中建立实权基础。整个夏天，德米特里乌斯都不在雅典，阿里斯托德摩斯趁此机会培植了一位名叫斯特拉托克勒斯（Stratocles）的政客。此人是个老议员，多年前因反对德摩斯梯尼而声名鹊起，惯于用安提柯的战略处理雅典的一应事务。德米特里乌斯并不满足仅仅树立一个倾向于他的政权。他与马拉松战役英雄米太亚德的后裔欧律狄刻成婚，就这样将自己家族的大业嫁接到雅典历史传统中，以此融入雅典的贵族阶层。

听闻儿子在欧洲的种种成就，安提柯自然欣喜不已。雅典的使节带着许多谢礼来到安提柯的大营，感谢他救雅典于压迫之中。使节们还向安提柯讲述这座城市给他一家的荣誉，强调双方结下的友谊。安提柯为表答谢，给雅典送去大量食物、木材及资金。这些物资足够建起一支拥有 100 艘战船的舰队，不仅让这个古代海上强国复苏了自己的实力，还为德米特里乌斯提供了海上强援。伊姆布罗斯（Imbros）和利姆诺斯岛重归雅典的怀抱，近年来处于安提柯势力保护下的爱琴海北部岛屿，以及曾经属于雅典的殖民地，也都一一回归。

安提柯享受着欧洲的胜利，但这些成果并没有令他偏离最终目标。自公元前 315 年以来，控制海洋一直是安提柯的西方战略的核心。安提柯在希腊取得的一切成就，也都离不开他所控制的庞大舰队和港口。托勒密统治的埃及也是一个海上强国。于安提柯而言，埃及就像一块巨大的阴云，始终在他心口盘桓。这可以解释为何安提柯没有在马其顿统治者最困难的时候北进。单看当时双方势力的话，这个决策十分奇怪。

下一个战场是塞浦路斯。长久以来，托勒密都主导着这座岛屿。佩尔狄卡斯发起战事时，安提柯曾在这一带活动。近年来，安提柯一直试图离间岛上各个小领主对托勒密的忠心。现在，他决定让德米特里乌斯直接打击这些敌人。如果能拿下塞浦路斯，那么安提柯就能完全控制从巴勒斯坦和腓尼基的港口到爱琴海的交通线，从而夺取托勒密在奇里乞亚、卡里亚、吕基亚以及叙利亚的据点。

不论德米特里乌斯的任务如何危险，安提柯一直把旧时精锐留在叙利亚，因为他现在最操心的是建立新城安提戈尼亚（Antigonia），每天都要为测量与兴建操劳。卡山德有卡山德里亚，利西马科斯在色雷斯的科勒松尼索斯（Chersonese）半岛①建了一个新治所，塞琉古正在底格里斯河畔兴建塞琉西亚来代替衰落的巴比伦。安提柯不想掉队，也要建造一座以自己名字命名的城市。

叙利亚北部地区地理条件优越，还有通商要道经过，安提柯最终属意于此。他可以在那里控制南部土地，而东部商路通向地中海的终点黎凡特便在此处。另外，这里还把守着从印度和东南亚地区运来香料的路线，这条商路已经繁荣了许多年。安提戈尼亚一旦建成，就会成为连接西部的安纳托利亚和东部的美索不达米亚的交通枢纽。

召集盛大的集会，做出所罗门那样充满智慧的裁决，甚至浴血奋战终取胜利，都有可能是短暂的辉煌。一座城市却可以用神庙和节日永远铭记其创始人的名字，这才是真正的不朽。[10]虽然这座城市早已消失，但从有关安提柯的史料中能看到，他对这座城市基础规划的痕迹，我们因而能一窥当时的人们对安提戈尼亚抱有多大的期待。[11]

在兴建这座"永恒之城"的过程中，安提柯收到来自德米特里乌斯的消息——他在萨拉米斯取得颇为可观的胜利。自安提柯击败欧迈尼斯以来，他们还没打过如此声势浩大的胜仗。就在这充满胜利的一年里，老将军终于迈出他酝酿已久的一步。腓力和亚历山大的名字似有魔力，提起他们，总能让希腊世

---

① 译注：即今加里波利（Kallipolis）半岛。

界的人产生无数联想。但是，亚历山大已经去世 20 多年。他们的王朝日渐衰微，最后一位国王亚历山大四世也被消灭。许多年来，安提柯治下的非希腊人一直拥戴他为国王。如今，他风头正劲，恰是成为所有人的国王的好时机。安提柯坐拥这个帝国 10 多年，但国内局势一直不太稳定。他需要为日后长久的统治树立合法性。狄奥多罗斯写道，"安提柯听闻自己的军队一路胜利，十分欢欣。从此，他戴上了王冠，一切规格按照国王的标准。"[12] 为了确保王国的传承，当德米特里乌斯还在塞浦路斯作战的时候，安提柯给他也戴上王冠。王冠与诏令一道而来，安提柯命令德米特里乌斯返回叙利亚。在秋季来临之前，德米特里乌斯的船停靠在劳迪基亚（Laodicea）的港口。他与父亲在此相会，胜利的光辉和新得的王权让这对父子异常耀目。[13]

10 年的刀光剑影造就了王权。问题是，如果说君主政体能完美解决一切内外事务，那为什么直到这许多年后才建立起来？理解这种现象，必须考虑人民的构成。然而，君主制并不能让统治者与希腊人之间的关系变得明晰，而是更加复杂。作为一座城市的拯救者，法律上的问题比起作为其国王要简单得多。对大多数希腊人来说，王位不仅荒唐可笑，还是极具侵略性的象征。古老的波斯帝国的子民则久已习惯生活在国王的统治之下。在意"国王"这一头衔的主要是马其顿人，即安提柯自己的同胞。他们跟随安提柯征战各地，为他赢得了帝国。要在精神和物质两个层面满足马其顿人，最好的方式是树立本民族的权威。对马其顿人来说，权威必须建立在君主制框架下。一旦他们的领袖成为君主，那么他们自己争取来的财富和地位就会得到合法化的保证。这一过程非常自然，但仍伴随着不小的危险。

安提柯试图用自己的王朝取代亚历山大的王朝。只有具备足够的军事实力，安提柯的对手才有可能认可他的权威。事实上，自继业者中最先有人在叙利亚戴上王冠后不久，卡山德、托勒密、利西马科斯和塞琉古也都争先恐后地称王。当时，他们每个人都只针对自己的领土。但很快大家就发现，安提柯意在统一整个马其顿，而且已经开始着手准备。[14]

萨拉米斯的灾难过后，托勒密处于王朝事业的低谷。安提柯想要趁此机会一劳永逸地解决这个心腹大患。然而，正如我们所见，他对埃及的入侵最终以惨败告终。尼罗河的天险加上托勒密的智谋与坚韧，使安提柯无功而返。尽管安提柯不至于一蹶不振，但自埃及撤退标志他的鼎盛时期就此结束。老将军再没有更大的野心，在内外事务中变得束手束脚。

安提柯处于半退休状态，这直接促成希腊化世界各方的战略变化。没有人再组织旨在消灭对手的战役，所有继业者的力量都不容小觑。若想消灭某方势力，最好的选择不再是迅速粉碎对方，而是慢慢地削弱。各方纷纷采取谨小慎微的政策，这在以往难得一见。虽然大家没有放弃武力，但使用武力的范围越来越有限。直到安提柯生命的最后时光，其王国的全部力量才再一次投入到战争豪赌之中。领导这次战役的不是安提柯，而是其子德米特里乌斯。他还不到30岁，正当壮年，十分乐意承担这个重任。德米特里乌斯集结起一支大军，扫荡整个爱琴海世界，一战就是数年。

托勒密的国库愈发空虚。他的可支配财富很大一部分来自商业，而此时埃及海军正处于极度困难的境地，难以保障海路运输的安全。在古代，航海的最大隐患是多变的天气和剽悍的海盗。托勒密不仅要考虑这些，还要面对安提柯带来的麻烦。安提柯控制着爱琴海群岛和小亚细亚海岸，最近又收服塞浦路斯，这意味着安提柯可以实现对所有对手的远程封锁。公元前4世纪的海运特征决定这种禁运不可能永远有效，战船也不能阻断所有海上商业活动。即使如此，由于安提柯控制了大部分重要航线的港口附近海域，从亚历山大里亚和北非其他港口出发的商船，还是需要面对很严峻的局势。然而，安提柯百密一疏，因为罗德岛并不在他控制范围之内。若能拿下这座岛屿，安提柯就能将托勒密的海上贸易压制得更加彻底。

在继业者战争时期，保持友善的中立态度，是最有力的生存保障。罗德岛造船厂为安提柯建造了许多战船。安提柯不断扩张的海军规模，也为此地人民提供了许多就业机会。与此同时，罗德岛与埃及也是亲密的贸易伙伴。埃及不仅是订购罗德岛战船的大客户，也是这个岛国重要的进口来源。罗德岛扮演了埃及与希腊之间的贸易中间人角色。

安提柯逐步对该岛施压。在萨拉米斯战役中，有人来罗德岛游说，希望他们结成对抗托勒密的统一战线。当冬季结束，舰船可以出港的时候，安提柯派出一支规模较小的船队扰乱托勒密与罗德岛的贸易，想要借此逼固执己见的岛民就范。但这支船队最终还是被赶走。尽管如此，罗德岛人害怕遭到进一步报复，还是立即派出使者。这些使者此行的目的，并非声明罗德岛同意参加对托勒密的战争。德米特里乌斯的耐心终于被他们的顽固挫败，率领庞大的海陆军队去进行武力干预。

军队在卡里亚的洛里马（Loryma）集结，此地正对着罗德岛。该岛派来更多使者，向德米特里乌斯解释道，他们已经重新考虑，决定加入联盟。德米特里乌斯要求罗德岛交出100名贵族作为人质，并允许他本人率领舰队进入罗德岛的海港接走他们。这些要求成为击垮这个国度的骄傲的最后一根稻草。使者们默然返回，全岛开始准备抵抗侵略者。

正是在这一役，德米特里乌斯获得"围城者"（Poliorcetes）的称号。他的野心和爱好在某些方面略同于那个时代的众多建筑师，他建造的许多攻城工事成为古代世界的奇迹。公元前300年前后的几代人建起哈利卡纳苏斯的大陵墓、罗德岛的巨像和亚历山大里亚的灯塔。德米特里乌斯继承了希腊人对宏大工程的偏爱，把从其父处得来的战争款项的一大部分用于建造巨型战船，所需的划桨手越来越多。他还建造巨大的攻城塔，用来发射破坏城墙的重物。罗德岛之战是一场史诗级大战，德米特里乌斯在战争中建造的许多工事具有很高的工程学价值。

德米特里乌斯的舰队有200艘战船和170艘运输船，海军将士有40000余人，一些与他们结成同盟的海盗也在作战人员之列。据称，当时想要抢夺罗德岛财富的船大概有1000艘左右，其中许多船原为罗德岛所有而被海盗抢走。这些船绕海岸航行，在适合攻击劫掠的地方登陆，小心翼翼地避开城市兵力的打击范围。为了保护珍贵的战船，罗德岛很快建起堤坝，士兵也建起海滩营地准备抵御敌人。

德米特里乌斯的最初计划是占领港口并封锁城市。他派出的第一批战船未能进入海港的防御围墙，仅仅在保护海港的矶石上攻下一个小小的据点。然而，他们仅仅在8天的血战后，就被守军击退。德米特里乌斯重新集结起船队。一周之后，他发起很不谨慎的第二波进攻，罗德岛守军仅用3艘战船就给进攻方带来巨大破坏。此时，上天也帮助罗德岛。在混战中，罗德岛人擒获登上矶石的敌军士兵，德米特里乌斯只好率领舰队退回隐蔽的人造港口。

这是德米特里乌斯在罗德岛最后一次绝望的进攻。当他看到对方有援军赶来，更是感到没有希望。托勒密和他在克里特岛的同盟派来650名雇佣兵（其中一些本就是罗德岛人），这些援军成功进入港口。眼看冬季来临，德米特里乌斯已没有可能继续进攻，只好在岛上静待冬天过去。

公元前304年，由于未能攻占港口并切断罗德岛的供应，德米特里乌斯不得不转变战略，将注意力从港口转移到城墙。等到天气转暖，他命令士兵挖掘战壕、建起栅栏，并在城墙下挖出蜿蜒的隧道。这工程实在浩大，岛上所有能用的树都被连根拔起，用于建造攻击罗德岛防御工事的器械。在猛烈的进攻中，城墙主体很快被破坏。经过一系列激烈的战斗，整个城墙都倒塌了。然而，德米特里乌斯的军队却在这道城墙后发现了第二道，一时有些沮丧。更让他们恼怒的是，敌人还在营建第三道城墙。

一年多的艰苦生活，使驻扎在岛上的部队越来越虚弱，而德米特里乌斯不止有眼前的罗德岛需要劳神。他知道，时间已经不多。于是，德米特里乌斯挑选出最精锐的士兵，进行了一场冒着很大危险却有可能是决胜之战的夜袭。1500名士兵历尽艰险来到城里的剧院，但遭到托勒密派来的援军的阻击，被尽数歼灭或俘虏。

最终，安提柯不得不出面调停，命令儿子与勇武的岛民讲和。他派出一支使团，敦促德米特里乌斯尽快前往希腊对抗卡山德。这实际上是为这场失败披上战略调整的外衣，以使德米特里乌斯看起来不那么狼狈。和谈条件令人一目了然孰胜孰负。罗德岛人民不再需要与安提柯一道对托勒密刀兵相向。

这大概是罗德岛最荣耀的时刻。加上战役期间释放的奴隶，这座小岛一共只有7000名守军，却成功击退当时海陆力量都很强的大国军队。罗德岛十分感念伸出援手的恩人。如前所述，岛民为曾经帮助他们的人都塑造了雕像加以供奉，这让托勒密颇为得意。[15]著名的罗德岛巨像就诞生于这一时期，它展示了鼎盛时期岛上公民的自豪感。在世界古代七大奇迹中，我们了解最少的就是这座太阳神赫利俄斯（Helios）的巨大铜像。据说，其高度超过110英尺，是当时最大尺寸希腊雕像的3倍。用来塑像的资金，全部来自拆除并出售德米特里乌斯留下的攻城器械所得。公元前226年，一场地震使巨像倾塌，也就是说它只存在了不到70年。我们既不知道它的样貌，也不知道它曾经的位置。此后的900年里，人们依旧可以瞻仰其遗骸。公元654年，阿拉伯人征服罗德岛,将遗骸碎片带回亚洲。这一传奇终究还是留在了故事里,成为永远的遗憾。[16]

马其顿霸权鼎盛时期,另有一座城市遭受如罗德岛一般的侵袭,但其反抗不像罗德岛那样出色。亚历山大死后,世界风云际会,雅典在各方势力倾轧下经历了一系列转变。公元前307年之前,雅典虽然维持着寡头制的表象,但它起初是安提帕特的傀儡,后来则受制于法莱卢的德米特里乌斯。即使外族驻军被赶离比雷埃夫斯港,雅典人觉得那也仅仅意味着统治他们的换了另一个外族人。不过,安提柯之子德米特里乌斯恢复旧时制度,重新将公民权赋予10000名雅典人。此后的雅典政治,就与法莱卢人统治时代大为不同。

雅典重获生机,恢复了一定的战斗能力。我们可以想象这个时期雅典的景象:恢复公民身份的雅典人从城市里的手工坊、城外的小农场以及比雷埃夫斯港口出发,走向市中心,或者普尼克斯(Pnyx)山。为了参加黎明就要开始的大会,许多人披星戴月地出行。他们聚集在一起,共同做出有关国家命运的决定。[17]

抽签选举的机制确保了公民对政治的参与度,国家机器随鹅卵石投入票箱的哗啦声运转。雅典人从拥有公民权的自由人中随机挑选5到10人组成委员会,负责管理公民生活的一切事务。他们还会作为陪审员,为越来越多的官司做出裁决,也为600人议会安排议程。

如今的美国标榜民主,继承了可追溯至古希腊的古老传统。雅典的政治丝毫不逊色于今人的架构,反而要更加出彩。[18]现代公民对政治的参与度普遍很低,政治像是生活的累赘,而政客也往往被视为地位显赫的骗子。5年一次的大规模投票,只能反映民众对统治精英的粗略看法。议会的主权和性质都清楚地显示,希腊的民主与现代社会的代议制民主有着根本不同。比起80年代保守党颁布法律之后在议会大厦上演的乏味闹剧,雅典议会更接近此前在长桥或矿井口举行的工会集会。

然而,这种民主活动并不主宰城市的一切。由将军、立法委员和外交使节组成的雅典委员会,是由议会直接选举产生的。这种选举制度虽然能确保所有地区部落在委员会中都有代表,却不禁止同一人每年连任。这些重要职位并不以抽签决定,所以这种直接民主并不能保证国家大权不受腐败侵蚀。数个世纪以来，雅典的高级职位往往由贵族担任。屠狗之辈鲜有成为将军、外交官或政党领袖的例子。不过，以地域划分选区，确保较贫穷的阶层也能或多或少参与城市管理。

然而，卡山德的佩拉当局并不关心帕尼萨山以南新出现的政治活力。他们担心的是，法莱卢的德米特里乌斯"和平统治"期间积累下来的巨大财富，都被取代他的另一位德米特里乌斯用于备战。现在，年轻一代的雅典人渐渐淡忘拉米亚战争的溃败，正承担起公民的责任。这一时期的铭文可以证明，雅典在此时征收财产税，外国人也被以"捐赠礼物"的名义狠狠压榨。这一切的目的，正是为增强国家防御筹集经费。[19]

卡山德的南下开启长达4年的战争的序幕。他的军队保卫着色萨利的道路，温泉关也在其支持者的控制之中，博奥提亚也站在他这一边。通过一路上的威逼利诱，卡山德顺利摆平了从马其顿到帕纳塞斯（Parnassus）山的障碍，直逼雅典而来。雅典人急需盟友，于是派奥林匹欧多罗斯（Olympiodorus）乘船前往埃托利亚，向拉米亚战争中的老盟友求援。这些国家不需使者多费口舌，就加入了同盟。但是，就目前局势而言，他们的兵力还无法阻止马其顿军队进入阿提卡北境。出人意料的是，卡山德在通过帕纳塞斯山之后，几乎再没有丝毫进展。

埃托利亚的加入对马其顿军队的陆上交通线造成威胁，卡山德见此便领兵撤退。但在次年，他又率军南下。我们未能了解此次战役的更多细节，只知道战斗发生在埃拉提亚（Elatea）一带。埃拉提亚是福基斯地区仅次于德尔菲（Delphi）的第二大城市，把守着通往希腊中南部的要道。

公元前305年，喀罗尼亚（Chaeronea）以北的埃拉提亚成为战争焦点。卡山德的敌人这次不满足于仅仅保卫阿提卡，颇有反过来扩大势力的野心。他们首先与博奥提亚人停战，又劝后者加入雅典领导的军事联盟。奥林匹欧多罗斯因此得以率领一支强大的军队向埃拉提亚进发，并取得胜利。战争的具体过程，已经不为我们所知。为了纪念奥林匹欧多罗斯，埃拉提亚人在德尔菲为他塑了一座铜像。战后，卡山德被迫连续两年退兵。然而，就像在20年前发生过的那样，希腊联盟这次也未能按照雅典的意愿维持下去。

公元前304年，马其顿的命运发生变化。埃托利亚和福基斯的军队从雅典撤军，而博奥提亚再次倒戈。之前阻挡卡山德的一切障碍，现在都清空了。他很快来到距离雅典不到20英里的地方，占领从波奥提亚到阿提卡的隘口上的菲力（Phyle）和帕纳克图（Panactum）两处要塞。同时，卡山德还派遣马其顿海军与雅典舰队相抗。作为昔日的海上大国，雅典在此时却没有足够的实力来应付马其顿的挑战。不久之后，雅典舰队就被粉碎，这个国家的苦难更加深重。卡山德的战俘营中有许多来自萨拉米斯岛的囚犯，他未收取赎金，就将这些人全部释放。萨拉米斯岛出于感激，将岛献给卡山德。现在，登上萨拉米斯岛的马其顿军队与雅典非常接近，雅典几乎处于被封锁的状态。善变的盟友让雅典焦头烂额，前往比雷埃夫斯的海上通道也被切断。卡山德为了加强封锁，还派兵占领科林斯。而在另一边，正被蹂躏的伯罗奔尼撒半岛也没法提供任何有效的帮助。近一个世纪以来，雅典第一次独自面对城门外一心要将她置于死地的敌人。

马其顿人对这场战争的重视程度有目共睹，他们最精锐的军队大举进攻阿提卡地区。最近出土的雅典铅制符咒，便是对这一情况的生动证明。这片符咒发现于雅典古城墙靠近双门（Dipylon）①的墓地里。古代希腊人认为，这种符咒可以激活死者的灵魂，对被诅咒者造成伤害。列在这片咒符上的人包括卡山德、其弟普雷斯塔库斯、法莱卢的德米特里乌斯以及卡山德麾下曾在卡里亚活动的大将欧波莱姆斯。[20]正是这里所列4名将军中的其中一人，非但没有被这把戏伤害分毫，反而一举在战役中取胜。此人就是普雷斯塔库斯。在围城初期的一次进攻中，普雷斯塔库斯几乎把全军都开进城墙之内。雅典人拼死战斗，才终于将他们击退。[21]马其顿军队在这次进攻中差一点就能取胜，而最终落败。这让卡山德定下心来，组织起一场正式的围攻战。

正当卡山德在雅典城下安营扎寨之时，德米特里乌斯迅速做出反应。安提柯军队中的不少人对德米特里乌斯的举措感到惊疑，因为这一做法太过冒失，可能会使军队在罗德岛陷入困境。德米特里乌斯在途中拜访了一些岛屿，一方

---

①译注：又译作"迪普隆门"，为雅典古城的一座城门，其希腊文为 Δίπυλον，意即"双门"。这里是古代雅典重要交通线路的起点，附近有一处与其同名的墓地。

面是安抚同盟之举，另一方面也可以震慑反对势力。随后，他坐船驶向博奥提亚，进入优卑亚海峡，最终在奥利斯登陆。从德米特里乌斯选择的路线来看，他似乎意在穿过卡山德的来路前往佩拉。在卡山德看来，雅典就在自己地盘的边缘。随着夏季过去，严寒很可能切断他与马其顿本土的联系。卡山德的军队拔营向北，匆匆穿过隘口进入博奥提亚地界，希望能通过温泉关。而此地其实已经被封锁，卡山德只得率军绕向卡里德罗莫（Kallidromo）山的西边。不过，敌人正在这里等着他们。一场苦战后，马其顿军队损失了 6000 人。德米特里乌斯并未趁势将敌人赶尽杀绝，而是与博奥提亚结盟，在冬天来临前重夺菲力和帕纳克图两座要塞。

当城中长老欢迎城市拯救者的时候，到访的人让雅典市民羞愧不已。德米特里乌斯将指挥部安在万神殿，宣称自己为雅典的救世主，并有权住在雅典娜的神庙里。狄奥多罗斯并未对此多加叙述，而普鲁塔克详细地描写了德米特里乌斯如何将士兵和妓女都塞进女神的神圣居所，又如何与雅典男女淫乱作乐。无疑，德米特里乌斯的疯狂娱乐触犯雅典市民的敏感神经，但这并不是局势紧张的唯一原因。事实上，并非所有人都像斯特拉托克勒斯那样，热烈拥护德米特里乌斯的军事统治。

雅典就这样沉浸在紧张的氛围中，在德米特里乌斯的军队拔营前往伯罗奔尼撒半岛后，局面才有所缓解。德米特里乌斯要求雅典赦免他的一位朋友，此人之前被雅典法庭定罪。雅典公民被激怒，要求这位外国君主不许插手雅典国务。然而，这样争取独立是不可能获得成功的。这不仅是德米特里乌斯个人意愿的问题，还在于雅典人不敢真正得罪德米特里乌斯，因为他们目前囿于卡山德的威胁。因此，当德米特里乌斯焦躁得跺脚的时候，雅典市民尽管不情愿，还是默许他的要求。他们知道，这只是时间早晚的问题。

公元前 302 年的春天，德米特里乌斯开始尝试在希腊建立霸权。他的这一举动，与过去放浪形骸的不负责形象大相径庭。他知道攻取卡山德的王国困难重重，所以在着手尝试之前，必须确保后方的安全，并以迂回手段逐渐削弱敌人的力量。

伯罗奔尼撒半岛的局势十分复杂。一方面，波利伯孔和普雷培劳斯率领经验丰富的老兵守护着卡山德的势力范围；另一方面，托勒密在西锡安还有残存势力。德米特里乌斯正是在西锡安遭受打击。两年前，德米特里乌斯曾利用科克雷（Cenchreae）堡垒，突破地峡的防线。安提柯大军在科林斯卫城（Acrocorinth）抛锚，轻松地向西锡安进军。

一夕之间，德米特里乌斯的军队就冲破西锡安要塞的城墙，守军很快投降。托勒密的士兵提出一个要求，希望在不受干扰的情况下乘船返回埃及。德米特里乌斯同意他们的要求，并率军转战东南方，目标是科林斯山峦之间的堡垒。这里曾是普雷培劳斯镇守的地方。即使对于德米特里乌斯这个著名的"围城者"来说，要攻破这座城池，也会非常困难。但出乎意料的是，当德米特里乌斯率领军队沿着大路开向城门的时候，科林斯人并未多加阻拦，反而放他进城。德米特里乌斯旋即毫不迟疑地向科林斯卫城发起进攻。

部分守军未能登上科林斯卫城的崎岖山顶，而是在山下一个叫西西弗（Sisyphium）的地方建起防御工事。德米特里乌斯的军队向守军发起冲锋。虽然有不少士兵在这场进攻中受伤，但他们劲头十足，势不可挡。从防御工事中逃出来的人奔向山顶城堡，这些人非但没能为山顶的守卫增添力量，反而使其他人也惊慌不已。德米特里乌斯的军队带着攻城器械越过西西弗，准备进攻山顶城堡。守军已然军心涣散，他们只剩下两个选择——要么投降，要么逃到山的另一侧，那里的地形更加险峻。

德米特里乌斯此时向西进军，到达亚该亚地区。他向卡山德在布拉（Bura）和斯库罗斯（Scyrus）的驻军发起猛攻，双方展开激战。最终，德米特里乌斯为了泄愤，把守军指挥官和 80 名士兵钉在十字架上。

德米特里乌斯自从进入伯罗奔尼撒半岛以来，就一直处于巅峰状态，几乎战无不胜。这一地区的所有对手，在他面前都只有溃败这一个下场。赫拉的节日为德米特里乌斯的庆祝活动提供了契机，他在庆典上迎娶皮洛士的妹妹德达墨亚（Deidameia）。这位公主曾与亚历山大四世订婚。德米特里乌斯的这一举动明确宣告自己对马其顿的野心。此外，这还表明，安提柯欲与伊庇鲁斯结成同盟，共同对抗佩拉。

德米特里乌斯现在已经建立起自己的权力基石，灾难的考验将证明他的真正力量。公元前 302 年，他的好戏上演了。地峡的节日成为希腊各个社群的大集会，希腊人从卡山德的地盘纷纷来此聚集。德米特里乌斯趁机建立新的科林斯联盟，包括色萨利以南的希腊大部分城邦。其中有一个虽然令人瞩目，但并不出人意料的例外，那就是斯巴达。除此之外，所有参与联盟的成员都评估了自身的军事实力，准备为联盟做出贡献。盟约规定了各方的义务，如若违约则会遭受重罚。

卡山德一方面在亚洲着手反击，另一方面也要关注希腊的局势。他来到色萨利，准备在此部署马其顿大本营的防线。他的军队由近 30000 名步兵和 2000 名骑兵组成，守卫着通往北方的道路。德米特里乌斯不甘示弱，带兵来到优卑亚的哈尔基斯，绕过卡山德的防线，登上优卑亚海峡北侧的大陆，到达拉里萨 - 克里马斯特（Larisa Cremaste）。

卡山德知道这里防守薄弱，他曾尝试将人口往防御能力更强的地方迁徙，但终告失败。德米特里乌斯初尝胜利，附近又有许多城镇转向他的阵营。不管怎么说，这至少证明卡山德的预见性还是十分敏锐的。现在，"围城者"攻击色萨利，并向底比斯和费莱（Pherae）两处要地进军的时机到来，卡山德必须立即返回保护这些地盘。

卡山德当真是定力非凡，在这样的情境中还能继续等待亚洲的消息。不过，这也是因为敌军有 8000 名马其顿长矛兵、15000 名雇佣兵、8000 名武装预备士兵、1500 名骑兵以及来自联盟的 25000 名希腊士兵。如此规模的军队，让卡山德不得不多加谨慎。双方就这样僵持了一段时间。几个星期过去，费莱城内一些不满当局的市民给德米特里乌斯提供行动之机。德米特里乌斯率领一部分军队前往费莱，未遭抵抗便进入城堡。守军很快投降，德米特里乌斯占领这个要地。自此，向北通往波比（Boebe）湖和马其顿本土的道路畅通无阻。卡山德的战略失败了，他的王国岌岌可危。

然而，安提柯再一次打乱儿子的作战计划。他派出使者，把德米特里乌斯从即将取胜的战场调走，回到安纳托利亚作战。卡山德赌赢了。经此一役，双方都更加明确，希腊和马其顿的未来要靠亚洲决定。

伊普苏斯

第九章

安提柯战死沙场之后，

那些杀死他的人，又夺走其臣民的幸福，

人们生活在暴虐的压迫之下。

一天，有人问一个正在垦种农田的弗里吉亚农夫：

"你在做什么呢？"

农夫回答道："我在寻找安提柯。"[1]

在亚历山大之前的将近两个世纪，希腊人与蛮族的世界一直遵循某种稳定的模式各自发展。两者之间的关系可能有所波动，在爱琴海沿岸城市归属和埃及叛乱等问题上常有冲突。总体而言，东方的波斯人统治着安纳托利亚的广阔腹地、美索不达米亚以及伊朗，希腊世界一直保持在希腊本土与亚洲边沿诸岛这一狭小范围之内。双方都曾武力干涉对方内部纷争，但自薛西斯的莽撞造成的乱局之后，类似情况就再也没有发生。亚历山大的征服彻底打破这种平静态势，但他去世太早，不足以建立一个新模式。在亚历山大死后的 20 年里，新的格局似乎在无止歇的流血纷争中逐渐脱胎。安提柯在安纳托利亚和黎凡特建立自己的王国，托勒密统治着埃及，塞琉古是内亚的君主，而卡山德和利西马科斯则接管腓力创建的欧洲大马其顿地区。

然而，这样的势力分布却不可能带来长久稳定。初代希腊化君主都是不可救药的好战者，局面甫定便会立即被粉碎。20 年之后，中欧蛮族的入侵才会使希腊化世界万花筒一般的格局沉淀下来。此时，年轻的希腊化国家被古代历史上最具戏剧性的事件之一拖入混乱。四位国王在现代土耳其的核心地带进行了一场史诗般的战役，参战人员占当时总人口的比例，几乎能与20世纪的世界大战持平。其中一位国王的远征，会使汉尼拔从西班牙到意大利的跋涉也黯然失色。庞大的军队从相隔数千英里的地方出发，其间的通信只是骑马递送。

催化这场战争的是安提柯。虽然安提柯在埃及和罗德岛的失败令其他继业者稍稍宽心，但他们还是认为安提柯和儿子德米特里乌斯有统一马其顿帝国的野心。在公元前4世纪的最后10年里，卡山德更是受到那对父子的直接威胁。德米特里乌斯首次攻入希腊本土的时候，马其顿统治者的地位就被大大削弱。年轻的国王第二次进入希腊更是来势汹汹，其目标直指马其顿。

卡山德最初试图以外交手段化解这场灾祸，派出一支使团前往叙利亚。安提柯的回复却是，若想解除危机，卡山德必须交出自己拥有的一切。[2] 于是，应战成为卡山德唯一的选择。公元前302年初，卡山德邀请利西马科斯前来佩拉共商应对之策。

据说，作为亚历山大麾下将军中仍然在世的人之一，利西马科斯并非真正的马其顿人，而是色萨利人，其父阿加托克利斯是生活在克拉农附近的农民。当年腓力二世在克拉农一带作战的时候注意到了他。不过，如果这些传言还算合理，那么称阿加托克利斯是通过阿谀奉承来博取国王的欢心，则就是无稽之谈。阿加托克利斯的勇气和不知疲倦的作战热情，才是吸引国王关注的特质，而他的儿子继承了这些美德。众所周知，利西马科斯出生在佩拉，比亚历山大小几岁。那时，其父阿加托克利斯已经是腓力王庭中的重要人物。利西马科斯的同袍们都将他看作马其顿高层人物，并不议论他的出身。对比当时遭许多人反对的卡迪亚人欧迈尼斯，利西马科斯可以说是很成功地融入马其顿的圈子。这一点非常能说明问题，因为只有安提柯麾下的希洛尼摩斯一人力图抹黑利西马科斯。

抛开家族先辈不谈，利西马科斯本身的社会地位也足可使他位列亚历山大的侍卫。这是只有地位尊崇的勇士才能获得的荣誉。[3] 利西马科斯从未被授予独立指挥权，所以在战场上，这位年轻的军人一直以国王近卫的身份保护亚历山大。普鲁塔克记载了一段故事，我们可从中略窥亚历山大与利西马科斯之间的亲密关系。普鲁塔克这样写道，亚历山大手下一位随军作家给当时已经称王的利西马科斯念诵自己的史书，在读到多年前亚马逊女王拜访亚历山大王庭的时候，利西马科斯笑问："那时我在哪儿呢？"很显然，如果利西马科斯并非当时事件的亲历者，他就不可能这样强调这段史实。[4]

利西马科斯首次引起众人注意是因为其兄弟。亚历山大在索格狄亚那追击西斯米特雷斯（Sisimithres）的时候险象环生。国王率领骑兵紧追敌人，但山林崎岖，每一步都艰难万分。不少士兵都不慎摔下马背，利西马科斯的兄弟腓力便是其中之一。腓力没有像其他战士那样留在后方，而是徒步追赶主力部队。尽管这场追击的路程长达50多英里，但腓力多次拒绝利西马科斯让他骑自己的战马的建议。追上敌人后，利西马科斯兄弟二人英勇作战，以自己的身体守护国王。当他们征服索格狄亚那之后，腓力筋疲力尽而亡，死在亚历山大的怀里。[5]

然而从那以后，利西马科斯就再度隐匿于史书之外，直到马其顿大军跨越兴都库什山进入印度后才再次现身。他与亚历山大共乘一船，渡过了湍急的河流，直接面对波鲁斯。在希达斯皮斯河的战役中，利西马科斯毫发无伤。但不久之后，他在与奢羯罗的卡塞人（Cathaei）作战时受了重伤。利西马科斯作为伤员与克拉特鲁斯一道被送回后方，也因此没有遭受马克兰沙漠的磨难。

在战场内外，利西马科斯都与其他年轻贵族护卫着国王。克利图斯被杀的事件表明，他们也与国王一起参加晚间的娱乐活动。亚历山大第一次举矛欲刺的时候，利西马科斯和其他人制住了国王，夺下他的武器。但是，他们对国王的第二次袭击无能为力。利西马科斯在国王朝廷上的行为，并不能为他赢得所有人的赞誉。有一种负面说法称，亚里士多德的侄子卡利斯提尼之死便和利西马科斯有关。[6]

利西马科斯被看作卡拉诺斯（Calanus）的一个特殊信徒。此人是印度的上师①。亚历山大在塔克西拉找到盟友，准备向波鲁斯进军。卡拉诺斯正是在此时开始追随亚历山大，此后一直随军远征。马克兰沙漠的行军艰苦异常，许多年龄只有卡拉诺斯一半的士兵都死于途中，而卡拉诺斯却幸存下来。这次长途跋涉无疑损伤了这位老人的健康。卡拉诺斯决定亲自安排自己的死亡，而不

---

① 译注：Guru，源自梵语，在印度指在某方面具备深厚知识与经验，可以指导他人的导师。包括但不仅限于宗教领域。

愿在病榻上拖日子，给朋友们增加负担。亚历山大让人建起一座巨大的火葬堆。卡拉诺斯登上火葬堆，准备在大火中走向生命的尽头。他告别亲密的朋友，把自己价值最高的财产——一匹漂亮的尼塞亚马①送给利西马科斯。[7]

此后，在亚历山大有生之年的记载中，几乎再也没有利西马科斯的消息。不过，有消息称，利西马科斯也曾出席米底乌斯在巴比伦举办的鸿门宴。亚历山大死后，比起不入流的墨勒阿革洛斯，利西马科斯选择支持佩尔狄卡斯实在是再自然不过。利西马科斯的效忠，使佩尔狄卡斯得势后许给他某个位置，不过这并不见于佩尔狄卡斯的官方记录。公元前323年，利西马科斯没有分得任何一个富庶的行省。但重要的是，他的忠诚让上位者认为他是一个可靠的伙伴，这一意义更加重大。他的领地在色雷斯。据我们所知，从巴比伦集会上走出来的利西马科斯，还是生平第一次获得独立指挥权。他率领的士兵并不算多，只有4000名步兵和2000名骑兵，而他即将控制的领土又十分广大，人口也很多。他的统治极有可能被反抗的人民推翻。

当利西马科斯把自己的小规模军队带到赫勒斯滂海峡时候，麻烦就开始了。在如今保加利亚的核心地带，当时正有一个独立进取的国家，即休塞斯三世（Seuthes III）的王国。正是这个小国给掌权初期的利西马科斯带来不少困扰。这个欧德里西亚（Odrysian）王国的核心是卡赞勒克（Kazanluk）附近的新兴城镇休梭（Seuthopolis），这是色雷斯人聚居的城市。

色雷斯人在科勒松尼索斯半岛迎击敌人。经过一场漫长而血腥的战斗，交战双方的损失都很惨重。为了避免冲突进一步升级，国王和总督达成协议。休塞斯三世得以保留他的头衔和地位，但要成为利西马科斯的盟友。同时，欧德里西亚王国的一位公主还嫁给利西马科斯，二人后来生育了至少一个儿子。[8]对于利西马科斯来说，双方能够停战也足称幸运。他个人的征战还远未结束，但目前至少控制了自己的行省。然而，他的势力还没有到达本都西海岸那些富庶的希腊城市。到了公元前315年，他终于在其中几个城市有了自己的驻军。

---

①译注：原产于扎格罗斯山脚下的尼塞亚古代马种，今已灭绝。

几年来，利西马科斯忙于当地的派系斗争、部落活动以及长期扎根于此的希腊社区的事务，根本无暇参与其他继业者此时正在纷纷谋划的大业。但是，利西马科斯的土地跨越赫勒斯滂海峡欧亚两侧的土地，这就意味着他不可能在马其顿世界的内战中置身事外。由于地理位置相近，利西马科斯选择效忠亚历山大留在欧洲的最后一位总督安提帕特。利西马科斯娶了安提帕特之女，即佩尔狄卡斯的遗孀尼西亚。[9]他既没有参加拉米亚战争，也没有起兵反击佩尔狄卡斯的势力。但利西马科斯的合作姿态，保证他在特里巴拉德苏斯的势力划分中仍保有色雷斯。与此同时，利西马科斯在马其顿世界的地位不断上升，他最年幼的弟弟奥托迪库斯（Autodicus）被任命为腓力·阿里达乌斯的侍卫。后来，波利伯孔接替安提帕特，整个马其顿卷入卡山德的战争。作为色雷斯总督，利西马科斯最初只是冷眼旁观。后来，他与卡山德的关系颇为亲密，这表明他不满意马其顿权力斗争的结果。海军指挥官克利图斯被利西马科斯的士兵暗杀，表明利西马科斯与卡山德之间有了更加正式的承诺。

公元前316年，色雷斯统治者与卡山德结盟。在安提帕特死后的几年里，利西马科斯与佩拉的关系已经发生天翻地覆的变化。马其顿不再是众人拥戴的宗主，利西马科斯开诚布公地向卡山德要求平起平坐的地位。而当年卡山德向父亲争取这个权力的时候，其父可没少犹疑扭捏。利西马科斯终于在上任7年之后取得稳固地位，马其顿的统治者则在消灭敌人的战争中被削弱许多。他们现在作为平等的同伴，一起直面威胁更大的安提柯。

利西马科斯派出使者加入谈判，要求瓜分击败欧迈尼斯的战果，以此试探安提柯的意思。使者为利西马科斯带回赫勒斯滂-弗里吉亚行省的大权，未来的曙光正在向他招手。有了弗里吉亚，利西马科斯便可以掌握欧亚交通要道，还可以控制黑海和马尔马拉海之间的贸易线路。战争终于来临，但在很长一段时间里，色雷斯统治者都不愿意直面安提柯。利西马科斯一路向北，占领黑海沿岸的大部分希腊城市，但他在那里的统治并不稳固，当地居民不欢迎这样一位统治者。有几个希腊社区秘密结盟，派人到附近的色雷斯人和斯基泰人那里，准备支持他们起事。卡拉提斯（Callatis）、伊斯特里亚（Istria）和奥德苏斯（Odessus）等城镇或许得到安提柯的资助，纷纷驱逐城内的利西马科斯的驻军。利西马科斯从未遇到这种协同一致的威胁，但他迅速做出与时局相符的反应。

利西马科斯从海玛斯（Haemus）山脉进入海岸平原，向奥德苏斯进军。接着，他率军北进至伊斯特里亚，并在奥德苏斯留下一支守备部队。伊斯特里亚的情况和奥德苏斯一样，盟友迟迟不现身，市民很难坚守下去。

斯基泰人花了数月之久才集结起军队，但效率低下并不意味庸碌无能，这些强大的弓箭手大批涌入利西马科斯的领地。当利西马科斯听闻这个消息的时候，他的军队已经跨过多瑙河，此时不得不回头迎击这个新出现的威胁。斯基泰人勇敢地迎战利西马科斯的大军，但此地不是他们家乡的大草原。利西马科斯军队的高超战斗技巧和更加平衡的军队配置，对他们来说实在难以应付。

接下来，利西马科斯向卡拉提斯发起进攻。这是反叛开始的地方，当地市民决心抵抗到底。利西马科斯还没来得及拉开战线，就听说安提柯派出一支由鲍桑尼亚斯率领的军队直取色雷斯南部。这支军队击败了休塞斯三世，这位国王投降后派兵守住了山口要地。

利西马科斯的回应依旧果决。他留下一支由老兵组成的队伍继续对抗卡拉提斯，自己则率主力部队前往色雷斯南部。他一路扫荡敌人，丝毫不为布防在山上的守军所慑，一到战场就发动进攻。利西马科斯一次又一次率领长矛兵向前突进，虽然己方损失惨烈，但最终还是令敌人屈服。休塞斯的军队惨遭屠戮，幸存的人被困在山口，任由获胜的敌人摆布。[10]

色雷斯南部的安提柯军队听闻休塞斯已经战败，也急忙四散奔逃。鲍桑尼亚斯趁乱逃走，但被利西马科斯捕杀。截止到公元前 313 年，利西马科斯已经征服 6 个敌人，但命运似乎还不想让他停歇。夏末，有消息传来，安提柯正亲率大军向他逼近。

安提柯打算走北线进入欧洲，拜占庭是其中关键。利西马科斯急忙派人组织平民抵抗，意欲阻挡通过博斯普鲁斯海峡的安提柯大军。城中长老对安提柯进行金钱和辩论双重攻势，他不得不暂缓征程，没有进攻利西马科斯的色雷斯，而是在亚洲过冬。

次年春天，安提柯发现又有其他麻烦找上门，利西马科斯因之躲过一劫。色雷斯的统治者由此树立起一往无前、不惧困难、精力充沛且胆识过人的伟大将军形象。利西马科斯是公元前 311 年和平的主要缔造者之一，他和他的手下积极投身其中，想要用谈判代替不断的搏斗，将亚历山大身后的世界稳定下来。他与卡山德的同盟依旧是其政策的基础，因为当和平的脆弱表象被掀开后，与盟友的友好关系变得十分重要。利西马科斯对卡山德如何处置亚历山大四世与罗克珊娜毫不关心，他和这个时代的许多人一样，早已不对旧日王室抱有多少忠诚。不再效忠旧王朝，让他们自己的合法性来得更便捷。

对于利西马科斯在公元前311年到公元前302年的和平时期里的动向，我们所知甚少。公元前309年，在赫勒斯滂海湾处狭窄的陆地上，利西马科斯开始动工建造自己的永久都城——利西马基亚（Lysimacheia）。两年后，继安提柯、德米特里乌斯、卡山德和托勒密之后，利西马科斯也自行称王。曾经在亚历山大手下未获独立指挥权的那个侍卫，如今已和他已故的君主一样，拥有国王的头衔。利西马科斯为陷入困境的罗德岛提供了一些物资，但比起岛上巨大的需求，他的帮助不过杯水车薪。然而，正是这样一个行动简单的人物，成了反安提柯联盟的领袖。所有史料都带给我们这样的印象——利西马科斯似乎是在一夜之间从一个边缘人物跃升为核心。但这可能仅仅是我们通过记载获得的过分极端的印象。也许那个时代的历史学家对他的活动并不感兴趣，但这位强壮的色雷斯人并不比同辈英雄中的任何一人逊色。他不但握有军队的指挥权，而且其军事资源仅在一家独大的安提柯一人之下。

多年来，卡山德与利西马科斯之间关系的主旋律是合作与友谊。但在公元前302年的新局面下，他们的友谊得到实质强化。利西马科斯并不是耽于幻想的人。他知道，如果德米特里乌斯成功推翻卡山德，那么其下一个目标很有可能就是自己。从那时起，欧洲的国王开始共同对抗他们的敌人，动用包括军队在内的一切资源准备殊死搏斗。这些年来，他们与塞琉古和托勒密的联盟非常松散。但这一次他们清楚，必须让这些势力也直接参与对安提柯的进攻。两位国王派出亲信前往埃及和内亚，求见托勒密和塞琉古。

要获知这些使者带回的结果还需数月。与此同时，卡山德与利西马科斯可以自行集结一支大军。利西马科斯统治的地区生活着能够提供大量轻装步兵和贵族骑兵的民族，他与爱琴海、黑海和普罗彭提斯海岸附近的希腊定居点也保持着密切联系，因而可以征募到足够的雇佣兵。他所缺乏的只有马其顿方阵兵，但卡山德完全可以填补这个空缺。

成千上万令人胆寒的长矛兵加入色雷斯国王的军队，他们由卡山德出色的外交官与将军普雷培劳斯指挥。利西马科斯的战略一半由地理条件决定，另一半则是因德米特里乌斯的威胁而形成。卡山德向南行军，准备抵抗德米特里乌斯的大部队。利西马科斯和普雷培劳斯则进军亚洲，从安提柯手中夺取爱琴海沿岸重要城市。随后，在塞琉古和托勒密军队的支持下，他们在安提柯后方大本营发动了一场决定性战役。老将军不得不把德米特里乌斯从希腊召回亚洲。卡山德的布局简直是一场豪赌，尽管他不参与最后那场大战，但赌局的胜负对他的影响无疑是最大的。他把普雷培劳斯调离马其顿，几乎是将自己放到任由德米特里乌斯摆布的境地之中。

利西马科斯入侵赫勒斯滂海峡亚洲一侧的土地，这是他首次进攻安提柯。早在利西马科斯还在佩拉接受卡山德的款待之时，他的部下就已经开始为他奔走准备。他们在小亚细亚沿岸各城镇游说行贿，收效颇佳。兰普萨科（Lampsacus）和帕留姆（Parium）都向他的士兵敞开大门。后来的情况也证明，这对确保军队安全地从欧洲来到亚洲至关重要。

利西马科斯是一位谨慎的指挥官，在将敌人赶出叙利亚之后，他决定保卫与自己的王国相接的赫勒斯滂边境。在当地，并非所有社区都放弃与遥远的安提柯的友好联系，转而投奔科勒松尼索斯半岛的利西马科斯。不少人选择反抗，与那些支持利西马科斯的城市展开斗争。

希古姆（Sigeum）是反抗城市之一，它位于赫勒斯滂的出海口。利西马科斯随即攻下这座城市，并在此建立一座要塞。阿卑多斯（Abydos）也起兵反抗，而且它成功了。对利西马科斯来说，幸运的是这座城市的成功经验并未在赫勒斯滂 - 弗里吉亚的其他地区复制。而在南方，普雷培劳斯已为进一步的征服扫清道路。这样一来，阿卑多斯的失利也就显得没那么重要。

在爱奥利亚和伊奥尼亚，卡山德的将士也收获颇丰。阿德拉米修（Adramyttium）向他们敞开大门，以弗所也因惧于灭城的威慑而妥协。卡山德烧毁这一带的舰队，以免落入德米特里乌斯手中。勇武的安提柯之子攻打这里时，曾扣押 100 名人质。卡山德释放了他们，因此与罗德岛增进了友谊。不过，德米特里乌斯的舰队依旧力量强大。在舰队的支持下，沿海其他地方还是坚持效忠于安提柯。普雷培劳斯决定向内陆进军，攻打萨迪斯。那里曾经是克洛伊索斯（Croesus）统治的吕底亚的首都，目前则是安提柯的国库之一。这位马其顿人率领军队从里海海岸沿着赫尔姆斯（Hermus）山谷行进数天，终于看到萨迪斯城墙。他并未费工夫去攻击萨迪斯的铁郭金城，而是贿赂守军指挥官菲尼克斯。菲尼克斯打开城门，一心要在新主子面前挣得一个光明前程。

利西马科斯得知盟友在南部取得的成功，决心利用这个季节剩余的时间。他想要在严寒的冬天冻结所有战事之前，在安纳托利亚中部高地站稳脚跟。他的目标是弗里吉亚西南部的西纳达（Synnada），军队经过长途跋涉才到达那里。当利西马科斯终于站在西纳达的大门前时，这里一如萨迪斯，城中早有叛徒为他们打开大门。

指挥官多喀摩斯曾任巴比伦总督，后加入佩尔狄卡斯的余部。他被安提柯俘虏后，背叛昔日的战友，投靠了安提柯。西纳达便是安提柯对他的奖赏。想到这一段历史，多喀摩斯再次背叛城市，并将该地区其他要塞拱手让给利西马科斯，也就不足为奇。[11]

迄今为止，反安提柯联军已经取得相当大的成功，沿途各地部族和安提柯属下的离心离德，使进军分外容易。不久，他们就控制安提柯在安纳托利亚的大片领地。

利西马科斯认为，要等安提柯大军抵达叙利亚，还需要一段时间。他这么想不是没有理由，老将军已经 80 岁，征程难定。但是，信使们带来意想不到的消息：安提柯就在不远处，率领一支庞大的军队，正准备发起一场战斗。

公元前 302 年，这一切事件刚刚开始时，安提柯的部众正在新都安提戈尼亚安享荣华。这座城市处于商业要地，国王可以从西亚和地中海的商贸活动中收取十分之一的税金。这笔资金是国王及其近臣实现愿望的本钱。自古以来，赞助体育和艺术都能为个人或国家带来声望，在这个时代尤其如此。安提柯已经着手准备安提戈尼亚的一场盛大竞技会，参赛者人数众多、技艺精湛，可与希腊那举世闻名的古老庆典一比高下。

整个希腊世界的运动员和艺术家都被安提柯那丰厚的奖品吸引，纷纷来到安提戈尼亚。当利西马科斯进军的消息传来，许多运动员和艺术家已经住进城中旅馆或是亲戚朋友的住宅。老国王明白，他必须取消这场比赛，亲自上阵迎敌，但还是觉得颇不情愿。对于一位文明有礼节的统治者来说，他必须对那些客人表现出十足的慷慨。为了补偿那些空跑一趟的参会者，安提柯准备了200塔兰特的谢礼。

不过，老国王的果敢一点不输当年。他一旦下定决心，就投入自己的全部精力。这位暂歇的巨人站了起来，准备向那些扰乱他平静晚年生活的人发泄愤怒。准备出征的军队在安提戈尼亚周围扎下营来，许多人对这场远征充满期待。叙利亚被留在身后，安提柯大军直向奇里乞亚的塔尔苏斯而去，此地就是军队做战前准备的地方。安提柯从军费库和亚历山大在金达的旧国库拨出钱款，为将士们提前支付3个月的薪水。此外，他还为即将到来的战事多预备了3000塔兰特。军队沿旧日路线前行，穿过奇里乞亚的山口，又翻越陶鲁斯山，最后在卡帕多西亚扎营。一路行来，沿途驻军和城镇又被迫重申对安提柯的忠诚。安提柯又穿过利考尼亚和弗里吉亚，从旅行者那里打听到利西马科斯的最新动向。安提柯了解到，敌人已经占领西纳达，最新活动地点是在多利莱昂（Dorylaeum）以东约40英里的地方。据称，利西马科斯正在安纳托利亚高原上扎营。眼看冬天即将来临，安提柯决心要赶在冬天前出击，于是立即率领部下全速追击。

当反安提柯联盟的领袖意识到敌人距离自己的队伍只有几天路程时，赶忙召开会议决定下一步行动。敌军人数远超己方，而在安纳托利亚内陆作战，既无强援，退路亦远，如果失败将带来灾难性后果。他们决定深挖战壕、拒绝迎战，以此弱化安提柯军队在人数上的优势，然后逐渐向北撤退，寻机与塞琉古会师。于是，安提柯追着他们从一个营地跑向下一个营地，但对方始终拒绝出战。利西马科斯就这样勉强硬撑了几个星期。不过，消极战术的决定性因素在于物资供应的情况。天气越来越寒冷，安提柯决心了结这场冗长的消耗战。他包围自己的猎物，准备洗劫敌军营地。但冬季的第一次风暴就这样来临，联军在风暴的掩护下逃走。很快，这一地区变成大片泥沼。安提柯意识到，在这片沼泽地中，他已无力再调动军队，也不可能逼迫敌人出战。继续追击只会给自己的军队造成损失。

两位国王在安纳托利亚高原上已经僵持几个星期，但仍然没有决出胜负。现在，他们都在寻找适合过冬的地方。利西马科斯继续向北行进，终于在长途跋涉后来到比提尼亚。安提柯则满怀失望地调转方向去往南方，回到他在弗里吉亚的旧都阿巴密亚 - 凯莱奈。

就在这场与利西马科斯的戏剧性较量中，安提柯首次得知塞琉古正在从东方进军，准备加入反对他的联盟。塞琉古即将到来的消息，着实令安提柯大吃一惊，他反复核实消息的来源，才最终确定其真实性。公元前302年，当欧洲国王的使节来到塞琉古的宫廷，对方正身处王国东部领土。他可能和印度国王旃陀罗笈多达成和平协定，正去往边境带回那作为赠礼的500头大象。东境问题暂时得到解决，这使塞琉古得以在其他方向投入更多注意力。使者的工作并不艰难，塞琉古很快同意加入反安提柯联盟。就在几年前，他还在巴比伦与安提柯发生过血腥冲突。

即便如此，塞琉古这一决定也是那个时代最引人注目的豪赌。他冒着一切危险，孤注一掷地与安提柯对战。如果失败，那么他自己将面临巨大的危险。但是，如果安提柯的帝国能经此一役彻底终结，他的收获也足可令人惊喜。如果更谨慎一点，塞琉古应该趁安提柯忙于守卫小亚细亚之机，蚕食安提柯在黎凡特的土地。但这样一来就等于宣告塞琉古放弃面对面战胜安提柯的机会。塞琉古手下有一流的骑兵和许多大象，足以抵挡马其顿和希腊那些经验丰富的步兵。如果他与卡山德和利西马科斯联手，情况将大为不同。联军的兵力配置将更为合理，胜利的天平会向他们倾斜。

要想理解塞琉古的选择有多么大胆，必须认识到遥远的距离会延迟信息的传递。他听闻有关西部局势的消息时，距离事件发生的时间，已经过去几个星期。更为严重的是，等他赶往战场的时候，最终大战可能都已打响。我们对塞琉古从伊朗高原出发，前往安纳托利亚与盟友会师的具体细节所知甚少。如果有文献记录，这段征程无疑会是古代世界最伟大的壮举之一。塞琉古率领480头大象、100辆镰刀战车、12000名骑兵和20000名步兵，历经长途跋涉，从伊朗的崎岖山丘和沙漠地带，来到亚美尼亚山地。他进军的地区荒蛮未化，充满危险。居住在此地的部落，从未向波斯帝国或亚历山大大帝屈膝。在一段超过2000英里的旅程后，一年中最不适宜行军作战的季节来临。在此之前，克拉特鲁斯率领一群老兵西归，也曾带着一群大象，从印度走到西方。但为了能够完成这一任务，克拉特鲁斯耗费数年之久。当时，这些庞然大物经过易于运输的美索不达米亚河网来到叙利亚，并跨越奇里乞亚和陶鲁斯山。塞琉古没有采用这条路线，因为安提柯此时正控制着幼发拉底河以西的土地。

当塞琉古的军队终于出现在卡帕多西亚的时候，全军上下都已疲惫不堪。塞琉古让军队尽可能稳妥地缓缓前行，以免遭受严重损失。他听说利西马科斯在黑海沿岸的赫拉克利亚找到扎营过冬的地方，便调整线路，率领脚酸腿软的大军来到现今土耳其博卢（Bolu）附近的萨洛尼亚（Salonian）平原。他的大批盟友都在那里扎营。经历长途行军的军队终于可以停歇下来，在此地建棚造屋，准备度过冬季余下的时光。

自 20 多年前在巴比伦的黑暗时光以来，塞琉古与利西马科斯未曾见面。当时，他们还只是继业者战争这出大戏的配角，如今则成为世界舞台的主演。他们也许会一起追忆往昔，但更重要的是计划下一步行动。塞琉古及时与联军会师，意味着他的这场豪赌终得回报。[12]

小亚细亚北部海岸的温和环境，让官兵们渡过了一个不错的冬天。赫拉克利亚是一个依靠谷物和矿石贸易致富的港口城市，也是这一带最重要的战略要地之一。此地目前由狄奥尼索斯的遗孀阿玛斯特里斯（Amastris）统治，她有一支虽然规模不大但战斗力很强的舰队。正是这支舰队为赫拉克利亚提供了严密的防御。[13] 阿玛斯特里斯是大流士的侄女，与克拉特鲁斯在苏萨集体婚礼上成亲。后来，克拉特鲁斯为了与安提帕特结盟，选择与菲拉（Phila）成婚，阿玛斯特里斯就被晾在一旁。随后，她嫁给狄奥尼索斯，又成为其子的摄政。在狄奥尼索斯死后，阿玛斯特里斯一直统治着赫拉克利亚。一个有权有势的寡妇从来不会缺乏追求者，利西马科斯便在其列。利西马科斯希望借此实现自己在本都地区的野心，于是与阿玛斯特里斯结为夫妻。如今，众人皆看到这场联姻的益处。

塞琉古的到来深深触动安提柯。安提柯首次发觉，敌人结成的联盟对自己构成实实在在的威胁。他必须将兵力集中至安纳托利亚，于是便派出使者前往希腊，命令德米特里乌斯迅速赶回。这样一来，德米特里乌斯最优秀的陆军必须乘战船返回。德米特里乌斯认为，必须要先解决亚洲的敌人，才能与希腊盟友继续维持大业。他希望能够迅速帮助父亲在亚洲取胜，然后趁欧洲的敌人尚未恢复之机返回希腊，彻底将敌人击溃。

德米特里乌斯在以弗所登上亚洲的土地。他威逼以弗所人重新回到自己的阵营，又与普雷培劳斯的守军达成协议，暂解旷日之围。旋即，德米特里乌斯率军占领此地，以确保北进途中的舰队的后方安全。德米特里乌斯大军沿海岸迅速向赫勒斯滂 - 弗里吉亚挺进。这支军队装备精良，沿岸巡航的海军可以保证其供给。

利西马科斯在小亚细亚取得的战果，被抵达赫勒斯滂的德米特里乌斯大军撬动。经过一场闪击，帕留姆重归安提柯阵营。德米特里乌斯拿下这一交通要塞，却不打算单单倚靠这里，而是计划再取一条路线。此地距博斯普鲁斯海峡不远，冬天来临前他还来得及赶过去。他来到卡尔希登的海峡，建造起坚固的营寨，留下 3000 名步兵驻守。此外，还有 30 艘军舰在其渡口和黑海附近水域巡逻。

卡山德得知德米特里乌斯离开希腊后，当即派出更多部下增援利西马科斯。率领这支队伍的是卡山德的弟弟普雷斯塔库斯，而卡山德本人则留在欧洲。毫无疑问，卡山德对盟友的承诺绝非戏言。普雷斯塔库斯带去亚洲的是一支强大的部队，共有 12000 名步兵和 500 名骑兵，占马其顿军队总数的一大部分。由于敌人控制着海路，他们必须经过利西马科斯的色雷斯，走陆路到达亚洲。由于德米特里乌斯对赫勒斯滂的控制非常严密，普雷斯塔库斯大概意在通过色雷斯向北到达拜占庭。这段旅途不算短，但一旦成功便与赫拉克利亚仅距咫尺。然而，黑海海岸附近早已被德米特里乌斯控制，博斯普鲁斯海峡变成难以逾越的险关。普雷斯塔库斯只好沿黑海海岸用船运送士兵，但仅仅靠奥德苏斯附近的船，不足以一次性运送全军。若分批运送，则势必要冒极大风险。第一批士兵安全抵达目的地。第二批士兵就没那么幸运，他们几乎被敌军舰队全数捕获。第三批士兵更是遭遇暴风雨的袭击，仅有两艘幸存的船缓缓驶入赫拉克利亚，其余都沉没在深海里。普雷斯塔库斯的旗舰也沉没了，船上仅有 33 人幸存。卡山德的弟弟活了下来，被巨浪挟到岸上。望着身边寥寥无几的部下，想起兄长的嘱托，普雷斯塔库斯大概会觉得，哪怕是死了都比这样苟活更令人欣慰。

幸存者来到利西马科斯的大营，让他颇感失望。一方面，他期待的援军肯定不止这么几人。而更重要的是，普雷斯塔库斯的惨状让他明白，他们与色雷斯彻底断了联系。即使有塞琉古的加入，也不能改变联军的弱势。军中越来越多的人了解到他们与欧洲完全被隔开，一时间逃兵数量猛增。公元前 302 年到公元前 301 年的那个冬天，利西马科斯和塞琉古一定明白下一年的重要意义。

交战的 4 位国王中，有 3 位都是亚历山大麾下的大将。而今，他们要为伟大征服者身后的乱局做一了结。士兵们全副武装，战斗的先声在遥远西部的伊利里亚和伊庇鲁斯，以及东部的巴克特里亚和索格狄亚那之间回响。交战双方兵马众多，仅从印度河和恒河流域带来的大象就有 500 头之多。联军成功会师，除了普雷斯塔库斯，其他人的行军都还算顺利。但这仅仅是一个开始。赫拉克利亚的环境十分宜人，利西马科斯和盟友们在这里为接下来的行动制订计划。虽然我们无法确知计划的内容，但很明显，他们打算在接下来的决定性战役中主动发起进攻。利西马科斯、塞琉古、普雷培劳斯和普雷斯塔库斯各自领导自己的军队，但由利西马科斯统一调度。这些伟大的将领们组成一个委员会，一同商议大军的行动。维持团结并不容易，随着战事越拖越久，军队出现分裂的机会也越来越多。将领们当然有自己的考量，士兵们也各怀心思。这些士兵的祖国相距千里，很多人从未有协同作战的经历。如果战争再拖延下去，军中矛盾很有可能全面爆发。

春天到来的时候，山口地带变得畅通无阻。联军向南挺进，进入今土耳其中西部的大草原。他们的战略充满风险，必须经过长途跋涉才能来到战场。而这支疲惫之师一旦失败，就可能意味着彻底毁灭。就在一年前，利西马科斯正是在这里逃离安提柯的追击。而今，他得到了强有力的增援，准备再次正面迎击安提柯。

安提柯正等着敌人到来，对这场决定性战斗摩拳擦掌。德米特里乌斯率领他的军队主力去了冬季大营，只留下少许士兵驻守通往欧洲的要道。安提柯王朝的两位君主一边等待敌人的消息，一边动员军队做战前准备。如此，他们便可在敌人出动的第一时间进行拦击。伊普苏斯是最后的决战之地，位于西纳达东北约 50 英里处。利西马科斯向那里进军，意图威胁安提柯的东方交通线，迫使其接受挑战。这一决断是正确的，因为对于年事已高的国王来说，返回黎凡特的道路至关重要。安提柯不可能对利西马科斯的这一动作坐视不管。

在普鲁塔克的记载里，安提柯对灾祸的预感大大影响他的信心。但这种观点实际上还是根据事情结果进行推断，乃是作家的"事后诸葛亮"想法。安提柯的行动丝毫不见战前的畏缩，这位老人从叙利亚一路行军至安纳托利亚，而德米特里乌斯则从希腊赶至赫勒斯滂海峡。安提柯虽已是八旬高龄的老人，但他还是一如既往地亲率军队前行。这对父子对他们军队的数量和质量都很有信心，计划在开战后采取攻势。安提柯的军队规模和他当年入侵埃及时相当，而且军中多是经验丰富的老兵。马其顿的方阵士兵和优秀的雇佣兵是安提柯的核心力量。除此之外，他们还有来自安纳托利亚的优秀轻装步兵，以及来自大半个希腊化世界的贵族骑兵。

其实，在继业者的一系列战争中，最具决定性的因素是掌握信息的能力。大多数不幸都是由于没有做到知己知彼。如今，我们很难确知这场决战发生的具体地点，只知道那里是一片开阔平原，双方大军可以不受限制地在这广阔战场上驰骋。

安提柯照例将 70000 名步兵部署在阵列中央。其中可能有三分之二的士兵是身穿甲胄的方阵长矛兵。轻装步兵守卫着象军，同时也与侧翼骑兵进行灵活联络。10000 名骑兵分布在阵列两翼，其中德米特里乌斯率领的右翼骑兵人数众多，军队质量也最佳。站在最前线的是 75 头大象，用以抗击敌军为数更多的巨兽。

联军的阵形布局不算明确，不过我们还是可以找到一些零散记载。联军共有 64000 名步兵，其中轻装步兵的数量超过 20000 名。他们还有 15000 名骑兵，均匀地分布在方阵兵的两翼。

德米特里乌斯命令军队发起进攻，战场上扬起巨大的尘土，几乎遮天蔽日。就在这片黑暗中，安提柯之子以极大的热情冲锋陷阵。其对手见此情状，纷纷吓得四散奔逃。但是，德米特里乌斯未能牢牢管控士兵。很快，这支劲旅在追击中渐渐分散。

在中央战线上，双方的象军开始对决，但这仅是方阵军交手的先声。不久，长矛兵也开始战斗，作战经验丰富的老兵用长矛戳刺敌人。此时，德米特里乌斯率部来到敌军阵列后方，打算从背后侵扰敌军。德米特里乌斯要求麾下官兵进行战斗，但他们被排成铜墙铁壁的 300 头大象挡住去路。联军一定对此情况早有预料，特意进行了部署。而这对德米特里乌斯之父的战局带来灾难性的影响。

早在德米特里乌斯进行冲锋的时候，安提柯的大军就已敞露无遗。敌军骑兵的箭与标枪不断投射向阵形密集的队伍，威胁着没有多少防护的士兵。安提柯军队士气大减，不少战士趁机投敌。安提柯慌忙召集仍在阵列中央的部下，但越来越多的敌人将这个老人团团围住。安提柯的卫兵不断倒下，他本人也在混乱中被几支标枪射中。他极有可能死在塞琉古手下士兵的枪矛下，这就应验了多年前的预言——给安提柯带来毁灭的是塞琉古。

德米特里乌斯在远处眼睁睁看着这一惨景发生，只能痛苦地承认失败。他带着骑兵和其他残余士卒，冒着生命危险前往以弗所。跟随其中的有伊庇鲁斯的皮洛士，这位年仅18岁的国王被流放后就投靠了安提柯。在伊普苏斯战场上，皮洛士同其他士兵一道英勇作战。德米特里乌斯在撤退途中听闻，自己的父亲并未逃出来，也没有向敌军投降，而是以80岁高龄战死沙场。

这位与腓力二世同时代的老人终于结束自己的一生，他们那一代人自此永远离开历史舞台。除了安提柯之外，历史上很少有这样后起的大人物。在人生的前50年里，此人默默无闻。但他一夕之间突然崛起，在此后的20余年里以惊人的活力和雄心搅动天下大局。自从战胜欧迈尼斯之后，安提柯就一直处于希腊化世界的权力中心。其余众人不是被他吸引，就是陷于对他深深的恐惧中，一心想要置他于死地。

安提柯是一个充满矛盾的人，虚荣心让他杀死嘲笑自己独眼的臣僚，他的傲慢自大尽人皆知。他会肆意嘲笑那些沉迷家庭生活而丧失野心的人，但他也是一个忠诚的丈夫，更是一位深深信赖儿子的父亲。[14]

安提柯在许多方面都走在一众继业者的前面。他首先称王，开创了继业者确立王权的先河。他也是首个洞察希腊城市的自治倾向，并加以利用的人。佩尔狄卡斯之后，只有安提柯一人志在重振亚历山大的帝国。安提柯一生都是一名战士，腓力时期的他已经是马其顿的军事精英，而在亚历山大麾下，他成为世界上最具权势的统治者。所以，当安提柯终于能在历史舞台上发出自己声音的时候，他自然向往整个帝国。安提柯是继业者中最具侵略性的一位，从他对利西马科斯入侵的反应来看，岁月从来没有磨灭他的敏锐和果决。安提柯将毕生心血作为赌注，调动王国的全部资源来应对这场挑战。

安提柯的失败标志着一个时代的结束，他在世纪之交陨落。当新世纪来临，新的世界格局也从破碎的过去中诞生。但是，常识会让我们冷静下来。一个80岁的老人，即使在这场战役中与敌人打成平局，甚至赢下战役，大概也很难再有新的成就。虽然安提柯战败身死，但他的王国没有就此毁灭。

托勒密再兴

第十章

法莱卢的德米特里乌斯劝托勒密学习，

让他多读有关理政立身的作品。

国王的近臣友人万万不敢如此劝谏。[1]

虽然安提柯在伊普苏斯兵败身亡与托勒密的军队并无直接联系，但彻底改变了托勒密的处境。自从亚历山大去世后，希腊化世界从未有过如此巨大的变局，原先的秩序被一扫而空。由于托勒密没有参加那场决战，战果分配也没有将他考虑在内。如何处置安提柯帝国的遗产，本与托勒密无关。但当叙利亚山谷被分给塞琉古的时候，托勒密的切身利益被触动。公元前301年末，塞琉古来到黎凡特。托勒密在阿拉都斯（Aradus）岛的要塞坚固异常，驻军丝毫没有撤走的打算。托勒密认为，自己理应保有这块土地，因为他对反安提柯的战事亦有贡献。事情的结果是，塞琉古虽然没有表示放弃这块土地，但也没有与自己曾经的恩公发生冲突。塞琉古终其一生，都没有再对这里提出要求。在两人都在世的时候，双方一直保持着和平状态。但在其后的140年里，两位国王的后裔为了争夺叙利亚山谷，打了大大小小6场战争。

如今，在第一代继业者国王当中，还有4位在世，托勒密便是其中之一。此时，他已经60多岁。新世纪到来之际，安提柯的亚洲帝国土崩瓦解。托勒密观察天下大局，认为自己的安全保障是依靠利西马科斯。在公元前301年的战役中，色雷斯国王收获颇丰，得到了安纳托利亚地区。利西马科斯如今的疆域包括赫勒斯滂海峡的欧亚两侧，在现存王国中最为辽阔。

从地理位置上看，我们很容易理解利西马科斯与托勒密之间的紧密关系。在疆土的东西两侧，利西马科斯与埃及统治者都有相同的潜在对手。在东部的亚洲地界，除了卡山德那软弱的兄弟拿到奇里乞亚以外，塞琉古获得了安提柯帝国的大部分地区。但大量证据都表明，虽然在伊普苏斯战役前，塞琉古将大量心血投入到东方的伊朗高原和印度，但他并没有减少对西方的注意力，而是把目光投向地中海东部沿岸。利西马科斯与托勒密一样，都对叙利亚山谷常怀担忧。单是这一点相通的利益，便足可使他们二人结成联盟，一起提防塞琉古那从阿富汗一直延伸到叙利亚的庞大帝国。另外，利西马科斯与德米特里乌斯素来是死对头。即使在战后，德米特里乌斯依旧控制着希腊本土和安纳托利亚沿海地区，是爱琴海和地中海东部水域无可争议的统治者。托勒密旨在挑战德米特里乌斯在地中海东部的霸权，尤其渴望重夺塞浦路斯岛。要想实现这一目标，托勒密必须做好与安提柯之子持续斗争的准备。作为敌人的敌人，利西马科斯自然而然地成为托勒密的盟友。

公元前 300 年，利西马科斯与亚历山大里亚宫廷的协作关系，由一场联姻得以确定。新郎是利西马科斯本人，新娘则是托勒密的女儿阿尔西诺伊。不久之后，托勒密与德米特里乌斯修好关系。此时，托勒密大概会由衷地感到这笔嫁妆花得颇有价值。如果由托勒密的拉古斯政府独自争取，可能很难与德米特里乌斯达成和解。正是有了女婿利西马科斯从中斡旋，托勒密才得以在公元前 300 年或公元前 299 年与安提柯之子达成协议。

这位埃及的统治者对待后代的方式，就像是节庆彩纸礼炮一般，源源不断向外播撒。在与德米特里乌斯握手言欢后，托勒密把另一个女儿嫁给德米特里乌斯。作为回报，德米特里乌斯将其年轻的副手皮洛士当作人质，送到亚历山大里亚的宫廷。然而，这场婚姻在此后的 13 年里都没能得到一场庆典，这本就是一次错误的结合。我们很难看懂这场联姻背后的深意，因为托勒密本是一位老练的外交家，他舍弃自己成熟的外交手腕不用，反而冒着疏远利西马科斯的风险，与德米特里乌斯这一注定要成为敌人的势力交好。无论实情如何，这场缺乏内在逻辑的结合不久就崩溃了。在未来几年里，托勒密的政策几乎丝毫未受其影响。德米特里乌斯很快就对撒玛利亚（Samaria）展开攻击，又开始攻打塞浦路斯。这些举动正说明，这些没有共同利益基础的政治结合对君主的限制实在有限。托勒密也试图趁对方势弱，夺回萨拉米斯。这么一来，双方敌意便不可避免地摆上台面。托勒密王朝的地位依赖于海上实力。两个半世纪之后，托勒密王朝正是亡于亚克兴（Actium）海战的惨败，这并非事出偶然。

自公元前 306 年起，遭受海战打击的埃及开始在亚历山大里亚和贝卢西亚的造船厂重建海军。其最初的目标当然是塞浦路斯。虽然这一时期的战事细节不甚清楚，但到了公元前 294 年，埃及已控制除萨拉米斯以外的城镇乡村。萨拉米斯正是安提柯阵营的要塞。安提柯死后，其遗孀，也即德米特里乌斯的母亲斯特拉托妮可离开奇里乞亚，来到这里居住。这位令人敬畏的夫人加强了萨拉米斯的城防，积累起足够强大的力量。早在一年前，她就派一支舰队增援德米特里乌斯，帮助他攻打雅典。萨拉米斯终究只是在托勒密势力汪洋中的孤岛，斯特拉托妮可孤立无援，久经抵抗后终告失败。对于德米特里乌斯而言，一面是夺取一个王国的喜讯，一面却是其母失去塞浦路斯的噩耗。这座岛屿对德米特里乌斯的海上霸权有着非同一般的意义。不过，塞浦路斯的归属并非托勒密与德米特里乌斯之间唯一的矛盾。

另一个故事发生在雅典。雅典人拥立一个名为卡里斯（Lachares）的人执掌国家。此人属于卡山德阵营，雅典人此举自然招致德米特里乌斯的愤怒。公元前 296 年，大名鼎鼎的"围城者"德米特里乌斯亲自来到雅典的城墙前。从此，雅典人的噩梦开始了。这座城市在历史上麻烦不断，而此次经历绝对算得上最糟糕的境遇之一。拉卡里斯控制着公民大会的意见，任何胆敢提出与敌人和谈的人都被处以死刑。与此同时，一些反对拉卡里斯的人正流亡域外。他们控制比雷埃夫斯，与德米特里乌斯展开合作。此外，德米特里乌斯的士兵还占领埃莱弗西斯（Eleusis）和其他周边地区，封锁通往雅典的所有补给线。

在重重封锁之下，城内生活很快变得异常艰难。公元前 296 年的冬天，德米特里乌斯的舰队从亚洲而来，在阿提卡海岸遭遇一场大风暴。雅典人从敌军的这次灾祸中看到一线生机，但战局并未朝他们期望的方向发展。公元前 295 年，正当雅典人被绝望和饥馑折磨得生不如死之时，有消息说离海岸不远的埃伊纳岛周围有一支由 150 艘战船组成的托勒密舰队出没。此前，当"围城者"围攻罗德岛的时候，正是托勒密救该岛于水火。而今，雅典人看到得救的希望。

然而，今日的雅典与彼时的罗德岛情况非常不同。德米特里乌斯紧紧封锁港口，受围困的城市密不透风。不管是为雅典解围还是提供补给，托勒密都需要与德米特里乌斯展开一场苦战。虽然目前德米特里乌斯本人的神圣领袖地位还不稳固，但他军队的实力毋庸置疑。为此，托勒密又从伯罗奔尼撒地区和塞浦路斯调来一批战船，总共有 300 艘。为了拯救雅典，托勒密命令这支庞大的舰队全速前进。

此时，巴尔干半岛另一势力也在持续变动，而这终将改变希腊化世界的权力格局。公元前 295 年，雅典终于落入德米特里乌斯之手。拉卡里斯心知雅典的未来不会好过，悄悄弃城逃走。城中军民打开城门，准备迎接德米特里乌斯的怒火。不过，德米特里乌斯这一次比以往收敛许多，对待雅典比其他手下败将宽厚不少。他只是让斯特拉托克勒斯重新成为雅典的统治者，对这座城市没有多余的处罚。这令雅典人松了一口气。比雷埃夫斯的一座缪斯神庙在近年来的围战中被改造成一座堡垒，成为城墙的一部分。德米特里乌斯的部队就驻守在这里。如今，马其顿的王冠已成为德米特里乌斯的囊中之物。只要他愿意，便可从卡山德王国那朽烂的枝头上轻轻摘下这个果实。这位称霸海洋的国王如今拥有大片陆地。托勒密削弱敌军舰队的计划进行得并不顺利，德米特里乌斯的金钱、人力与领土似乎在一夜之间翻了一番。

托勒密从来不是轻易投降的人。在接下来的 5 年里，历史会见证此人的想象力如何为其事业广辟道路。佩拉的新主人不会一帆风顺，因为托勒密已经暗暗为他埋下祸根，只等在麻烦四起的时候发芽。公元前 299 年，德米特里乌斯让伊庇鲁斯的皮洛士来到亚历山大里亚，作为双方互信的人质。皮洛士借机在托勒密的宫廷中拓展影响。贝雷尼斯（Berenice）是托勒密的妻子之一，皮洛士小心奉承这位国王的伴侣。贝雷尼斯果然十分欣赏皮洛士，甚至将自己的女儿许配给这位年仅 20 岁的王子，还恳求国王帮助这位被流放的王子回到故土夺取王位。皮洛士年幼时曾两度遭遇国内动乱，被赶出了王宫。但他所在的王室分支，在这个王国的统治阶层中仍有支持者。公元前 297 年，托勒密派遣舰队登陆亚得里亚海岸。在未来，罗马人将会拿下此地的多多那（Dodona）。皮洛士最初的计划是，与现任首脑奈奥普托勒姆斯共享王位。奈奥普托勒姆斯的势力是让皮洛士落魄的罪魁祸首。事实证明，正如不久之后马其顿进行的类似尝试一样，双王共治在这里难以实现。皮洛士除掉这位"同僚"，开始重振这个处在附庸地位的小国，为之后纵横地中海世界20余年打下坚实的权力基础。此后，皮洛士立即着手侵扰德米特里乌斯。当伊庇鲁斯军队与埃托利亚军队一起骚扰德米特里乌斯的同时，托勒密也在希腊其他地区煽风点火。他在博奥提亚的代理人首先开始挑事，此地一直以来都是马其顿统治者的心腹大患。仅仅在近半个世纪之内，底比斯就发动过两场反马其顿的起义。这次，托勒密又成功利用此地的动乱，让德米特里乌斯放弃野心。托勒密的后代学会了这种通过代理人干预他国的手段，世世代代沿用。德米特里乌斯与托勒密的子孙会在未来继续竞争下去。

从公元前294年起的6年时光里，有关托勒密军事活动的记载几乎都没有留存下来，碑文史料也没有出现。不过，到了公元前288年，托勒密的海上势力已经有很大影响。托勒密联合利西马科斯、塞琉古和皮洛士，建立起反马其顿国王的联盟，其中埃及舰队是此次行动的主力。舰队战船的具体数量尚不清楚，但定然十分可观。假设在公元前295年来到希腊的那150艘战船是埃及舰队的主力，再加上塞浦路斯舰队（这座岛屿在推罗之围中为亚历山大提供了120艘战船），托勒密大概能派出300艘战船。他本人亲自参与此次战斗。他或许途径塞浦路斯，因为他一定很想探访萨拉米斯，去埋葬早年失败的记忆。舰队自塞浦路斯进入爱琴海，但这场颇具戏剧性的战役的结果实难预料。托勒密舰队在希腊东部海岸来回盘旋，意在拉拢各个城市一起抵抗马其顿国王，这些行动确有收效。最终，托勒密在陆战中取胜，大败德米特里乌斯。

马其顿的战争结束后，托勒密本人并未继续留在希腊海域之内。当他启程返回埃及的时候，把海军将领芝侬（Zenon）留在爱琴海，还留下一支以安德罗斯岛为基地的舰队。次年，雅典再一次迎来动荡，托勒密留在希腊的海军成为此时左右时局的重要因素。公元前295年，德米特里乌斯为雅典建立的政府愈发呈现出寡头化的倾向。尽管斯特拉托克勒斯已死，但当权者仍然过分依赖德米特里乌斯，因而越来越掌握不住权力。雅典人精心策划了一次推翻当局的叛乱。奥林匹欧多罗斯组织起一场民主运动，率众人向德米特里乌斯建造的要塞发起挑战。守军的二号人物斯特罗姆比库斯（Strombichus）背弃了长官，率大量雇佣兵投靠雅典。此时，雅典起事者的胜利已成定局。守军余部在巷战中被击溃，最终不得不向雅典人投降。

然而，这还仅仅是个开始，雅典人依旧不能对比雷埃夫斯的守备部队掉以轻心。德米特里乌斯刚刚从马其顿的溃败中恢复过来，此时就在不远处。雅典人急需援助。春天来临后，芝侬用100艘驻扎在安德罗斯的无甲板船，向阿提卡送来卡里阿斯（Callias）所率的1000名托勒密雇佣兵。在芝侬的帮助下，卡里阿斯得以从比雷埃夫斯驻军手中抢救大批谷物，将之带进城中。包围雅典似乎已经成为德米特里乌斯的一项爱好，当他开始在城周建立围城工事的时候，卡里阿斯也毫不示弱地率军迎战。卡里阿斯有极高的作战热情，在战斗中身先士卒、奋勇拼杀，自己多处受伤。

托勒密得胜的希望，尽数寄托在最有声望的臣属——尼都斯的索斯特拉图斯（Sostratus of Cnidus）身上。此人是一位富有的希腊人，来自卡里亚地区。他最广为人知的作为，是资助修建亚历山大里亚的法罗斯（Pharos）灯塔。除此之外，他还拥有一个颇具潜力的职务，直到托勒密之子执掌埃及的时期依旧由他担任。索斯特拉图斯此时来到比雷埃夫斯，意欲将托勒密王朝的影响扩大至希腊本土。"围城者"德米特里乌斯在这场围战中尚未花去太久时间，因此还比较容易被说服。德米特里乌斯自知力有不逮，又想在亚洲进行最后一搏，那么留给他的时间便十分紧迫。谈判桌一端的人不愿身陷阿提卡泥沼，另一边的索斯特拉图斯则有卡里阿斯在侧，为其拖曳衣袍。在此情况下，双方和谈顺理成章地达成了。皮洛士也在这场和谈中施加影响，因为有他的军事实力在，更容易使德米特里乌斯屈服。最终，德米特里乌斯同意从雅典城墙撤离，并在比雷埃夫斯、埃莱弗西斯和阿提卡的堡垒留下驻军，准备进行最后一搏。

接下来一年的时局证明，托勒密的精心策划颇有前瞻性。那位久居亚历山大里亚的老人这段时间相当紧张，他就像一只展翅的秃鹰，等待德米特里乌斯吐出最后一口气。公元前286年，事态开始变动。推动时局走向的主人公是米利都一位名为菲洛克勒斯（Philocles）的西顿王族成员。

菲洛克勒斯是德米特里乌斯的舰队将领之一。这支舰队从阿提卡出发，穿越爱琴海，抵达亚洲最重要的港口之一——米利都。水手和雇佣兵在那里见证了他们的总指挥与托勒密之女那场推迟许久的婚礼。德米特里乌斯的大军来到亚洲之后，其舰队只能停泊在米利都港，国王率领一支精兵投入到陆地上的战争。海军将士的忠心毋庸置疑，其中许多人已经为安提柯父子效力了30多年。但这并不意味他们全然不顾自己的未来。公元前286年末，决定性的转折发生了。首先，他们听闻陆上部队卷入一场与利西马科斯之子阿加托克利斯及塞琉古的缠斗之中。不久后，利西马科斯派来的一支小队来到米利都城内。如今，港口的水兵必须做出选择。有的人保持对德米特里乌斯的忠诚，把战船向南开往卡里亚的卡乌诺斯。他们深信自己的安全可以得到保障，因为那里还有许多战船，足以在未来几年为德米特里乌斯之子安提柯二世提供可观的海上力量。其余的人则立即将战船献给利西马科斯。

菲洛克勒斯是跳槽者中的一员。他脱去旧时衣袍，转而成为托勒密海军在爱琴海的舰队指挥官。直到托勒密二世（Ptolemy II Philadelphus）[①] 在位期间（公元前281年—公元前246年），菲洛克勒斯一直担任这一职务。菲洛克勒斯为埃及带来的腓尼基城市与舰队，自阿契美尼德时代起就是海军的核心力量。他此番加入托勒密阵营，无异于将海上力量的平衡局面打破，埃及方面由此拥有重量级筹码。公元前285年，亚历山大里亚的谋士们看到了采取行动的时机。听闻德米特里乌斯身死，菲洛克勒斯受命指挥一支大军征服爱琴海。这支蓄力已久的海军力量，终于等到一展身手的时刻。数百艘三桨座战船、几十艘四桨座战船以及不少更大的军舰，浩浩荡荡地从安纳托利亚南部卡乌诺斯的兵工厂出发。他们横扫基克拉底群岛，很少有不归顺者，仅有的几个也处于混乱无序之中，很容易就被拿下。

多年前，"独眼"安提柯精心建立起的"提洛同盟"，如今完全被托勒密的势力覆盖。托勒密的将军们来到这里的阿波罗祭祀中心，成为希腊海域的新统治者。他们为神化的托勒密建起一座祭坛，而那些有关安提柯和德米特里乌斯的宗教庆典再也没人提起。巴肯（Bakchon）是托勒密王朝的将军之一，受命守卫这一地区。几年后，亚历山大里亚又派来新的专职人员。托勒密王朝建立起一座新的军事要塞，准备以此为基地争夺希腊本土的控制权。

托勒密的文臣武将从国都的宫殿北望地中海，却从未忘记埃及内陆。沿尼罗河而下，过了三角洲就是那红黑两色的土地。内陆腹地里，有埃及的40

---

① 译注：托勒密二世沿用父亲的名字，这在托勒密王朝中几成定例。其外号"Philadelphus"意为"恋姊者"，因为他在流放原配妻子后，遵循埃及法老的惯例，与自己的姐姐阿尔西诺伊二世成婚，与其共治埃及。

多个省。对于来自马其顿的统治者而言，非洲大地是一个奇妙的地方。正如对于埃及土著居民来说，亚历山大里亚这座地中海城市也非常陌生。托勒密对埃及王国的描述总围绕一个固定主题。他统治的这个国家有各种优势，不仅防御能力超群，财政收入也是腓力二世时期的马其顿的数倍，其人民还不受马其顿那臃肿复杂的官僚系统压榨。后世分析者普遍认同，古代地中海世界的政府体系确实存在这些问题，不同地域之间的区别，仅仅在于这种压榨的程度。居民被税收系统无情压榨，被迫为政府那心血来潮的想法劳动，这是政治传统的延续。自古以来，埃及就需要一个中央政权来统一治理尼罗河的泛滥。这对作为农业国家的埃及来说，不但是生存之根本，也是孕育文明的土壤。成熟乃至于腐朽的法老官僚机构，如今被希腊精英阶层接管。在这样的时代背景下，托勒密王朝自然会使用王权征用大量土地，并建立政府垄断。

然而，对土著居民来说，同样是垄断，新旧两种体制之间依旧有相当大的差别。托勒密之前的埃及，不管是最底层的农民还是最富有的地主，只要是埃及人，必受那自古以来的种族隔离政策的限制。埃及有自己的法律和司法体系，专为埃及人准备，而其他族群也有各自的法典。正因如此，托勒密无法从埃及人中征召士兵，这对图谋霸业的他来说，可算一个打击。

埃及人并非不会作战。早在公元前480年，埃及人就在阿提米西恩（Artemisium）和萨拉米斯的大战中，以出色的海陆实力迎战希腊人。所以托勒密军中不用埃及人，乃是处于政治上的考虑。尽管埃及可以继续在舰队中充当水手，但希腊统治者还是会为埃及士兵可能摧垮希腊而感到担忧。大概正因为如此，托勒密才对打了败仗的马其顿人和希腊人格外慷慨。他的军事力量只有从这些流亡海外的人群中得到补充。

除了亚历山大里亚之外，埃及还有其他希腊人城镇，不过它们并非都是在同一时期建成。托勒迈斯（Ptolemais）与南部的底比斯大约建于此时前后。以国王的兄弟之名命名的墨涅拉俄斯（Menelaus）一定也建于此时，但后来可能经历过重建。其余希腊城市大概建于托勒密二世及其后人的时代。但以一般逻辑考虑，早在托勒密一世时期就来到埃及生活的希腊人，应该已经开始在这里建立他们的侨城。被免税等特权吸引而来的不仅有希腊人，不少犹太人和撒玛利亚人也来到埃及建立村庄。无可争议的是，希腊化世界的其他国家都没有出现这样的建城热潮。

托勒密没有忽视压迫下的民众的阴沉情绪。在建立统治之初，他就花了很多工夫让政策施行得更和缓。在埃及，宗教是公共生活的核心，神庙和神职人员承载着埃及民族的传统。然而，当波斯人统治这里的时候，这些传统被他们鄙薄践踏。波斯人此举相当于自绝于埃及人民，而作为统治阶层的重要组成部分，神职人员也被驱赶到对立面。托勒密一世吸取教训，并未重蹈覆辙。他不但挽回波斯人当年亵渎阿匹斯（Apis）神牛的不良影响，还不惜重金在各地重整土地秩序，让神职人员的地位合法化。

现代游客满怀敬畏地凝视那些雄伟的法老神庙之时，往往不会意识到，他们正在欣赏的奇景，很大部分乃是托勒密王朝的修复作品。到了亚历山大时代，包括卡尔纳克神庙在内的许多遗迹都已残损不堪。外国入侵者的掠夺自然是造成此损失的一大原因，但更主要的因素却是不可抗的岁月，因为许多神庙已经存在1000多年。现代游客还会参观登德拉（Dendera）、伊斯纳（Esna）、考姆 - 翁布（Kom Ombo）及斐来（Philae）的神庙，尽管它们比不上卡尔纳克和卢克索的光辉，也难与拉美西斯的沉郁壮美相媲美，但也各有风采。不过，这些显赫的名胜往往有托勒密时代的痕迹，而相对次要的神庙则可以追溯至美尼斯（Menes）时代。

在古埃及的所有遗址之中，最重要的一个恐怕是萨卡拉（Sakkara）。但过去它常常被忽视，直到最近才因其中埋藏的诸多宝藏而声名大显。这个宝库简直是一个奇迹，其中碑文相当丰富，令人目眩。约建于公元前 2600 年的左塞尔（Djoser）金字塔，被誉为世界第一大型石头建筑，它见证了超过 2000 年的埃及文明史。从最早的金字塔残垣到气势惊人的塞拉皮雍（Serapeum）神庙，那神圣的公牛从第十八王朝（约公元前 1800 年前后）①到托勒密时代一直陪伴着沉眠的君主。

尽管这些遗迹的建造时间绵延很久，但后人却可以从其风格和内容上识别出，它们本属于同一种文化。它见证了古埃及文化的稳定，也表明这一文化在历史中过分僵化。这些废墟中有一个明显的不协调之处，即在距离塞拉皮雍

---

① 译注：作者在此处有误，埃及第十八王朝统治时间应为公元前 16 世纪至公元前 14 世纪。

神庙不到 300 码的地方，有一组半圆形雕像。虽然这些雕像周围充斥着现代混凝土建筑，且年久失修，但仍然可以清晰地看出它们属于希腊风格。雕像由 8 个部分组成，被称为"智者圈"（Philosophers' Circle）。一般认为，这组雕像建造于托勒密一世在位时期。

这 8 人中，有 7 人的身份大致可以确定，即荷马、柏拉图、赫拉克里特（Heracleitus）、泰勒斯（Thales）、普罗泰戈拉（Protagoras）、赫西俄德（Hesiod）以及品达（Pindar）。我们能理解这些人物的光辉，但另一些著名人物未曾出现，却令人十分费解。比如说，苏格拉底何在？托勒密的老师亚里士多德又在哪里？我们无从得知。第 8 个人的身份倒是很能引起我们的兴味。此人是我们的老朋友，即法莱卢的德米特里乌斯。他最为人熟知的身份是公元前 317 年到公元前 307 年雅典的统治者，而且还是卡山德的傀儡，但他本应享有更尊崇的地位。西塞罗非常尊重此人，其作品七度提及这个雅典人，而且每次都是正面形象。因为他管理下的雅典井井有条，比起那起起落落的古代民主，这种秩序更让罗马人感兴趣。

虽然法莱卢的德米特里乌斯的全部作品都已散佚，但从第欧根尼·拉尔修（Diogenes Laertius）留下的作品名录来看，他无疑具有非凡的禀赋与才能。除了记载统治雅典时期的回忆录，他还写过有关托勒密、苏格拉底、阿尔塔薛西斯、克里昂（Cleon）以及狄奥尼索斯等人事迹的著作。另外，他还有政治、法律、修辞学和军事方面的论文，并且评论过《伊利亚特》和《奥德赛》。一般认为，那些流传至今的伊索寓言故事，有许多都归功于他的收集整理。

据说，德米特里乌斯出生于雅典郊区的一个穷人家庭，比亚历山大大帝小几岁。他年轻时与剧作家米南德一道在亚里士多德学园里接受教育。不过，虽然他曾师从亚里士多德这样的大哲学家，但对他影响最大的人却是泰奥弗拉斯托斯（Theophrastus）。此人颇有柏拉图之风。亚里士多德被流放去优卑亚的时候，正是泰奥弗拉斯托斯接管学园。他留下的著作很丰富，其中有一部名为《人物》的小品集十分有趣，记载了马屁精、万事通、话痨和吹牛大王。

拉米亚战争即将结束的时候，法莱卢的德米特里乌斯作为使团的一员与安提帕特进行谈判，同行者包括迪马德斯和福基翁。安提帕特让雅典交出德摩斯梯尼、希佩里德斯（Hypereides）以及其弟弟希梅拉俄斯（Himeraeus）。法莱卢的德米特里乌斯在雅典扮演着越来越重要的角色，他不得不慢慢学着忍受穆尼齐亚驻军的羞辱。公元前318年，在时局变幻中，他成了波利伯孔的死敌。他趁乱逃离雅典，从而避免重蹈福基翁的覆辙。不过，他在逃亡途中结交安提帕特之子卡山德。当后者继承其父的权力后，他也随之东山再起。

当德米特里乌斯33岁的时候，他在马其顿人和饱受创伤的雅典民众的支持下，建立起一个以亚里士多德哲学为指导思想的政府。他的政府实行温和的寡头政治，由"最优秀的人"来决定国家的走向。相比当年在安提帕特的控制下，这个寡头政府如今拥有更多的权力。他还修订编纂法律，维持社会治安。然而，他的政权蒙上了一层"伪善"的阴影，足以抵消其优点。这一点缺陷很容易被敌人利用，成为攻讦他的武器。为了防止富裕阶层因奢侈而堕落，他立法反对铺张，打击在葬礼上的过度支出，还将婚礼娱乐限制在30人以内。从古至今，限制消费的努力往往以失败告终，这些努力总会使人对其倡行者的生活方式产生偏见。有传言称，德米特里乌斯是个浪荡子，热爱奢华享乐，经常举办宴会，而且男女不忌。虽然他禁止建造过高的纪念碑，但他本人却在城中树立了不少于360座自己的雕像。

公元前307年，当另一个德米特里乌斯将他赶下台后，他逃往底比斯。卡山德重建底比斯的时候，他曾向这座城市提供资金。公元前297年，卡山德死后，法莱卢的德米特里乌斯前往亚历山大里亚投奔托勒密。最初，托勒密选定镇守新都的并非德米特里乌斯，他的本意是将此荣誉留给泰奥弗拉斯托斯。但此时，这个老人已经70多岁，不想再搬家。

有关德米特里乌斯在埃及的活动记载很少，流传的轶事多半不可靠，所以我们无法确知其中细节。但可以肯定的是，他在埃及颇有影响力。德米特里乌斯在把亚历山大里亚变为雅典一般的世界文化中心一事上居功至伟，是亚历山大里亚图书馆的主要奠基人之一。自此以后，这座以亚历山大大帝之名命名的城市才与其名相衬。[2]在图书馆工作的是一群饱学之士，他们的主要工作，是以亚里士多德的知识体系汇编现有文明的知识。其中许多人曾在法莱卢的德米特里乌斯治下的雅典生活，如今追随他而来，希望能在亚历山大里亚谋得一份好差使。托勒密王朝资助着这里的实验和研究，无数在科学和艺术的各个领域有卓越禀赋的人，在此享受富足舒适的生活。

在亚历山大里亚的学者中，最著名的也许是欧几里得（Euclid）。两千年来，他所探索的知识一直是学生们的噩梦。有一段关于欧几里得和托勒密之间的逸闻，虽不大可能是历史真实，但颇具吸引力。其内容是埃及之主在欧几里得的逻辑面前惶惑不解，询问对方是否还有更便捷的理解方法。这位数学家尖锐地反驳道，在几何学上没有捷径可走。

人类在解剖学领域的第一次探索，始于希罗菲德斯（Herophilus）在亚历山大里亚图书馆的研究。希罗菲德斯认为，大脑才是智力的源泉，反对以心脏为思维所在的传统观点。而促成他得出这一结论的，正是托勒密。国王准许希罗菲德斯对囚犯进行活体解剖。另一方面，希腊化世界持续不断的军事问题，促进了斯特拉托（Strato）等人在工程研究方面的进步。斯特拉托是泰奥弗拉斯托斯的继任者，也是托勒密二世的个人导师。以上列举的仅仅是托勒密一世时代少数几位伟大的科学家，他们为埃拉托斯提尼（Eratosthenes）、阿利斯塔克（Aristarchus）和阿基米德等人的辉煌成就奠定了基础。

图书馆的抄书员在柱廊上辛勤工作，荷马和赫西俄德的作品得以从远古向后世走来。我们今天所知的许多版本，都可以追溯到亚历山大里亚图书馆。当时，托勒密王室为浩大的文化工程投入大量资金，这座图书馆逐渐成为古代世界藏书量最大的机构。法莱卢的德米特里乌斯对这项事业抱有极大热情，正是他的热心感染了王室。托勒密把监督手稿收集整理的工作交给德米特里乌斯。一时间，驶入港口的船被王室派出的人翻了个底朝天，只是为了从船上找到优质的手稿。据说，单单这一项工作，就为图书馆收进20万本藏书。

法莱卢人不但为托勒密王朝的文化事业鞠躬尽瘁，还打算冒险参与宗教事务。作为埃及法老，托勒密需要一座精神桥梁来弥合他出生的旧世界和他接管的新天地。德米特里乌斯受命成为新神塞拉皮斯（Serapis）的首席神职人员，专门管理相关事务。塞拉皮斯来源于萨卡拉的神牛阿匹斯崇拜。阿匹斯类同于古老的死神俄西里斯（Osiris），融合了宙斯和冥府之神哈迪斯（Hades）的形态。这样既能吸引埃及人，也能让希腊人感到亲切。德米特里乌斯宣称，在新神的庇佑下，自己受损的视力得到恢复。这就是俄西里斯的第一个神迹。这本质上是政治宣传，其意图十分明显，即把这位新神塞进神灵已经饱和的埃及精神世界。

然而，这位思想家和宗教改革家说到底还是一位政治家。在老年国王的宫廷里，政治的核心是继承问题。托勒密在早些时候构筑起有趣而危险的关系。火烧波斯波利斯的泰斯（Thais）宣称自己与亚历山大有过亲密关系，还为其生下几个孩子。当大帝来到埃及后，她也跟随而至。擅长弄笛的拉米亚一度是"围城者"德米特里乌斯的情妇，她曾跟随德米特里乌斯在雅典度过一段时光。在萨拉米斯战役结束后，她成了战利品的一部分。托勒密还有许多合法的妻子，第一任妻子是在苏萨集体婚礼中嫁给他的阿尔塔卡玛，出身阿尔塔巴佐斯家族，但她很快就被托勒密抛弃。此后，托勒密的每一次婚姻都是政治的产物。

公元前 321 年，托勒密最急迫的任务，便是找到对抗佩尔狄卡斯的盟友。就在此时，他与安提帕特之女欧律狄刻结为夫妇。这场婚姻意义重大且持续长久。欧律狄刻嫁来埃及之时，从马其顿带来一位侍女，此人后来成了她的对手。年轻的寡妇贝雷尼斯可能是安提帕特的侄孙女，她与欧律狄刻之间存在血缘关系。贝雷尼斯在前一段婚姻中已经育有两子。最晚到公元前 316 年，这位侍女引起托勒密的注意。托勒密子嗣众多，很多便是这种长期私下交往的结果。其中不乏一些杰出人物，在公元前 3 世纪上半叶的历史中留下深刻印记。公元前 309 年，未来的托勒密二世诞生了。彼时，贝雷尼斯陪伴托勒密在爱琴海作战。从此，她的重要性和影响力与日俱增。她与第一任丈夫所生的儿子马加斯于公元前 308 年被派往昔兰尼担任总督，镇压了欧斐尔拉斯的暴动，并亲自统治这一地区。尽管贝雷尼斯的影响力越来越大，但安提帕特之女欧律狄刻的地位并未像泰斯和拉米亚那样，被新人所威胁。但是，自新世纪始，一场巨变重塑了亚历山大里亚的政治格局。在宫廷中，托勒密的女人彻底划分为对立的阵营，朝臣也纷纷为继任者押上赌注。法莱卢的德米特里乌斯面对这个四分五裂的朝廷左右为难，但他自然不可能置身事外，还是选择了其中一个阵营。他选择的是老朋友卡山德的妹妹欧律狄刻的阵营，这位敢于上书直谏的人继续坚持自己的主张，毫不妥协退让。

欧律狄刻年事渐高，史书中并未留下她何时被换掉的记载。由于那些与托勒密长期保持亲密关系的女性都比较成熟，以往的相处模式也基本固定，很难认为这场埃及后宫巨变乃是托勒密的激情使然。有人认为，长久以来，托勒密一直对贝雷尼斯颇为钟爱。如今时局变幻，他终于可以公开表达自己的爱意。虽然安提帕特早在公元前 319 年就已去世，但其子卡山德——也即欧律狄刻的兄长继承了王位。托勒密不可能放弃同马其顿统治者之间的友好关系，于是仍然对欧律狄刻尊敬有加。公元前297年，卡山德身死。托勒密再也不用顾忌马其顿方面的影响，欧律狄刻自然也就不再重要。

更关键的问题是，确立贝雷尼斯的地位，对于整顿国内朝堂的混乱也颇有助益。国王册立新的王后，意味着她的孩子将继承王位。可是，欧律狄刻为托勒密生下4个孩子，废黜这样一位皇后并不容易。大约在公元前287年，欧律狄刻带着孩子们远走，王位继承问题随之尘埃落定。公元前285年，托勒密亲自为贝雷尼斯的长子加冕，即托勒密二世。从此，父子并为国王，共同治理国家。法莱卢的德米特里乌斯站错了队，对自己的命运满怀忐忑。不过，托勒密一世并未因此不再信任这位伟大的朝臣，也没有对他进行任何处罚。但贝雷尼斯和她的儿子却不会忘记德米特里乌斯曾经的立场，一旦托勒密二世完全掌权，德米特里乌斯的好日子也就到头了。这位奠定亚历山大里亚的文化中心地位的功臣仓皇躲藏，最终被新王捕获，死于狱中。

狂热的人们聚集在亚历山大里亚，共庆新神的诞生。此前，朝臣们为储君问题而斗争不断。如今，未来的国王已经登基，国家元首的人选尘埃落定。与此同时，"围城者"德米特里乌斯的大厦倾覆，希腊化世界的权力一角骤然一空，时局再次充斥着复杂和危险。托勒密王朝于此中获益颇多，但这同时意味着，托勒密必须处理由此产生的权力真空下的乱局。尽管近年来托勒密与德米特里乌斯有过短暂接触，但他与利西马科斯的联盟才是其外交政策的基础。托勒密姻亲广布，15年来，盟友们一直处于这种由婚姻和血缘建立的关系之中。而今，德米特里乌斯在战事中落败。利西马科斯见这位连襟如此下场，不由得动摇了与亚历山大里亚保持友谊的信念。

利西马科斯知道，仅仅是这层姻亲关系，并不足以让埃及和自己永远成为盟友。他又将自己的一个女儿嫁给托勒密二世，正是这个举措使局势开始紧张。在此之前，利西马科斯已经牢牢掌控陶鲁斯山一侧的安纳托利亚地区，还从德米特里乌斯处搜刮来一支堪与托勒密匹敌的舰队。他还征服爱琴海北部色雷斯附近的群岛，这表明他对马其顿王国与亚洲土地之间的海上通道的野心。

尽管在许多人眼中，利西马科斯的权力正变得岌岌可危，但他的行动实际上是为自己争取来托勒密方面的特殊人物。欧律狄刻和她的孩子们被赶出亚历山大里亚的时候，正是利西马科斯庇护了他们。后来，利西马科斯还让欧律狄刻的长子托勒密·克劳诺斯（Ptolemy Ceraunus）[①]在其朝廷中担任重要职务。亚历山大里亚朝廷反对利西马科斯的声音的主要观点是，若一味支持这位新盟友，那么势必会牺牲老朋友皮洛士的利益，而利西马科斯则会迅速登上希腊化世界的权力巅峰。

托勒密虽然很愿意与新崛起的势力结盟，但此举进行得并不顺利，许多人不看好这一选择。然而，不管压力有多么巨大，既然利西马科斯势头正盛，同时塞琉古依然是一个威胁，那么托勒密绝无可能与利西马科斯决裂。欧律狄刻之子在利西马科斯宫中待过一段时间，这位年事渐高的老人愿意支持他重夺埃及王位。托勒密若果真公开疏远利西马科斯，那么对方就算不直接对埃及下手，也很有可能联合塞琉古，一起威胁托勒密在叙利亚山谷的统治。

近来，叙利亚山谷一带的事态，极大地影响了托勒密与塞琉古之间的友谊。托勒密统治时期最后一次拓展疆域的活动，便是夺取腓尼基港口城市的控制权。自古以来，腓尼基的良港就是黎凡特最繁荣的商贸地区。脱离德米特里乌斯的掌控之后，这里就一直被塞琉古占据。

虽然眼下托勒密无法和塞琉古结盟，但还是与雅典保持着友好关系。雅典使团在亚历山大里亚受到热烈欢迎，返回时带走大量的战略物资，准备将比雷埃夫斯和阿提卡地区的其他要塞从安提柯势力的统治中彻底解放出来。在这段时间，关于托勒密与皮洛士之间的关系，也缺乏可靠史料。我们只能尽量公允地假设，两人关系依旧不错。

然而，尽管外交活动不断，但在第一代继业者国王的最后几年时光里，托勒密王朝也不像其他王国那样不断遭逢多事之秋，而是对世界风云完全袖手旁观。在托勒密父子两代交接时期，王国进入防御态势，其国力可能也的确到达增长停滞期。事实上，除了干涉叙利亚，或是偶尔对幼发拉底河东部地区进行一些令人费解的探求，托勒密王朝自始至终从未对开疆拓土抱有多么大的兴趣。

我们无法确知公元前295年之后托勒密隐退政坛的真实情况。传统观点认

---

① 译注：Ceraunus，意为雷电。

为，在为儿子戴上王冠之后，名为共治国王之一的托勒密一世，实际上已经处于退位状态。他在参与朝政时，几乎是以私人身份出席。但这种判断显然是错误的。与此相反，托勒密父子应该是一种伙伴关系，其目的在于让这种家族传承通过循序渐进的方式平稳进行，老国王得以稳妥地将埃及王国交到儿子手中。托勒密一世并非天生的帝王，但他十分清楚自己王国的境况。这位老国王另有儿子流亡在外，如果他没有将国内政权安排妥当，王国的未来将会出现乱局。

公元前283年，84岁的托勒密与世长辞。老人身材魁梧，由于年高而日渐臃肿。继任者托勒密二世为父亲举行了一场隆重葬礼，将他葬在亚历山大里亚。此时，这座以亚历山大之名命名的城市已经成为希腊化世界最重要的大都会。托勒密的遗体穿过深宫高墙，在花园里的奇珍异兽的注视下离开宫廷，葬于亚历山大身侧。另一边，托勒密二世的雄心渐渐升起，他独自统治埃及的时代来临了。

这位刚刚去世的国王是一个谨慎聪明的人物，他既有长远的战略眼光，也能充分查探细节情况。除了行军打仗之外，他还拥有广泛的爱好。传说他为人慷慨而体贴，但在必要时也可以提刀杀人。他是一名卓越的战士，也是善于权谋的政治家。他与亚历山大一道跟随亚里士多德学习成长，却几乎从未表现出他们老师那种有些离经叛道的性格。他不愿自己的政治生涯随着亚历山大去世而终结，于是趁先王影响犹在之时，在巴比伦的混乱中最大限度地争取利益，建立起自己的王国。毋庸置疑，他几乎是同代继业者中最成功的一位。

托勒密是继业者中最早完全控制其属地，也是最早宣布独立的人。作为独立的代价，他不得不承受时间和空间的限制。托勒密的国土远离马其顿和希腊，世界中心的消息总是很晚才能传到他这里。亚历山大在世时，从来不会甘愿如此偏安一隅。也许人们会觉得，托勒密的选择过分自私。但实际上，他广受臣民爱戴，同侪钦佩。与大多数同辈的继业者不同，托勒密安详地在床上与世长辞。30年来的浮沉霸业，给贝雷尼斯的儿子留下一个庞大的王国。除了埃及本土以外，其国土向北远至叙利亚山谷和巴勒斯坦，西边有昔兰尼，海上还有从基克拉底群岛、安纳托利亚南岸诸岛、塞浦路斯岛直到腓尼基的防卫带。其势力影响希腊本土和爱琴海沿岸的小亚细亚地区。与此同时，托勒密将自己的家族事业建立在一个远离纷争的地方。在此后的300多年，尽管托勒密的后代中有很多不肖子孙，但埃及王国的传承始终没有受到严重威胁。

利西马科斯

第十一章

亚历山大死后，

其生前打下的疆土被继业者瓜分一空。

利西马科斯获得其中最勇武好战的地区，

他是继业者中最勇敢的一位。[1]

伊普苏斯战役结束后，获胜诸国在小亚细亚进行会晤。利西马科斯是这场战役中反阿提卡同盟的核心人物。公元前302年，当战争陷入僵局时，正是他带领同盟重整士气，在最后一场战役中锁定胜局。彼时，利西马科斯是实际上的全军最高统帅，能够对其他将领发号施令。理论上讲，他分得的领土是从安纳托利亚到陶鲁斯山，但实际情况远比协定复杂。例如，赫勒斯滂的亚洲部分一定归他所有；他控制着赫拉克利亚，本都海岸也自然在其手中；他在吕底亚和弗里吉亚也有驻军，如此又有了统治埃托利亚高原的资本。不过，在广大的小亚细亚内陆，利西马科斯既没有统属的城市，也没有强大的驻军力量，其控制力度十分有限。古代统治者的真正势力范围，往往只有城镇及道路沿线地区，山脉与森林仍然属于土著贵族和部落首领。安纳托利亚西部是崎岖不平的山地，色雷斯国王既然想把这块旧属安提柯的土地改为自己的领地，也需要面对类似情境。我们虽不清楚有多少部落和城市向利西马科斯宣誓效忠，但至少可以确定，在伊普苏斯战役后，陶鲁斯山以西的亚洲土地已经不存在威胁利西马科斯霸权的敌人。

然而，在这片新占领的土地上，另有一股力量让利西马科斯烦心不已。战后，安提柯之子德米特里乌斯依旧控制着许多沿海重要城市，例如帕留姆、兰普萨科、阿卑多斯、克拉佐门尼（Clazomenae）、埃里特莱、以弗所以及米利都。这些城市拥有十分坚固的城防，像一条封锁线，从赫勒斯滂延伸到卡里亚，锁住利西马科斯领土的边境。利西马科斯的军队很难攻破这些坚固的城池，也无法依靠围困拿下他们。因为安提柯留下的势力此时依旧掌握着沿岸海路，这些城市不愁供给，自然也就不惧包围封锁。

德米特里乌斯与利西马科斯两人的命运紧密相连，连接他们的正是那强烈的仇恨。这种仇恨远远超过继业者之间的竞争带来的敌对情绪。我们很难确知他们互相嫌恶的原因。既然德米特里乌斯从未在亚历山大时期从军，所有他们之间的敌意不会早于继业者战争开始时。普鲁塔克非常喜欢这样一种传言：德米特里乌斯总是给其追随者讲述其他继业者在亚历山大麾下的糗事，还会给他们起绰号。德米特里乌斯一直将利西马科斯称为"司库"（treasurer），既暗示其吝啬，也说明他在对波斯的战争中没尽多少战士的义务。另外，这个称呼还隐含了利西马科斯是宦官的意味，极具攻击性。因为在马其顿的宫廷和官僚机构中，主掌国库的正是宦官。普鲁塔克记载的这些轶事表明，继承亚历山大伟业的马其顿贵族总是拉帮结派，形成一个个小而亲密的团体。他们统治着从多瑙河到印度河之间的广阔地区，但其核心人数颇少，相互往来互动频繁。因此，德米特里乌斯这种惯于嘲讽他人的习惯，自然会引起别人的反感。

德米特里乌斯的父亲死在伊普苏斯，但这并不能平息利西马科斯的愤怒。接下来的几年里，利西马科斯差遣自己在希腊的部下不断给德米特里乌斯找麻烦。雅典的流亡者菲利皮德斯（Philippides）在亚洲为伊普苏斯战役中战死的雅典人举行恰如其分的葬礼，还妥善安置俘虏。公元前 300 年，德米特里乌斯的妻子、舰船以及支持者被逐出雅典，大概就有菲利皮德斯的功劳。[2]

利西马科斯宿怨得报，而德米特里乌斯对他的感情已从简单的轻蔑变成深恶痛绝。雅典人不再与德米特里乌斯合作，他只好伺机回击。安提柯虽然战败身死，但他留下的庞大军事帝国却不可能在一夕之间倾颓。德米特里乌斯在此基础上，从希腊本土、安纳托利亚西部、塞浦路斯和腓尼基调集人手，加上伊普苏斯战场生还的余部，集结起一支强大的军队。此外，德米特里乌斯还组建起一支优秀的海军，其中不乏七桨座战船，而且还有至少一艘庞大的十三桨座战船，船上载满可以海陆两栖作战的勇士。公元前300年到公元前299年的冬天，德米特里乌斯率领舰队扬帆起航。伊普苏斯战役那年，伊庇鲁斯的皮洛士只有18岁，但这个年轻人在战场上展示出极高的军事才能。战后，他被派去镇守科林斯、墨伽拉和哈尔基斯等战略要地。德米特里乌斯意欲直击敌人心脏，于是直奔色雷斯半岛而去。利西马科斯没有舰队，只能眼睁睁看着海岸线被敌人攻破。利西马科斯亲自驻扎的地区，也受到德米特里乌斯的威胁。

利西马科斯尚未从公元前301年的巨大胜利中回过神来，还没有把那广大的新领土安排妥当。更广阔的领土意味着需要捍卫更长的边境，但可以据此开发更多的资源。在某种程度上，开发新属地会磨蚀旧秩序，统治者前进的脚步往往会因军队收割胜利果实而被耽误一二。利西马科斯自然也不例外。安提柯这一大威胁被移除，利西马科斯的旧日盟友此时都不急于出手相援。卡山德在希腊的危机中自身难保，托勒密虽然承诺派海军保护遭受德米特里乌斯进攻的重要城镇，但总是支吾其词不肯真正出兵。伊普苏斯战役之后，利西马科斯在其面对的第一场大挑战中，除了等待别无他法。他只好放任那胆大心狠的敌人践踏自己的领地，直至餍足而去。

德米特里乌斯离开色雷斯之后，转而去了亚洲。利西马科斯深知，若想改变如今脆弱不堪的境况，必须尽快找到盟友。他与马其顿的卡山德之间的联盟由来已久，日后也要继续维持。两人性情颇有相似之处：他们都谨慎而坚定，在必要时能够果断地采取武力解决问题。既然要面对亚洲的敌人，利西马科斯就万万不能让背后的马其顿也成为敌人。因此，他必须保持与佩拉的友谊。希腊化世界最北方的两位统治者肩负一个重要使命，那便是保卫"文明"的北境，不让伊利里亚到多瑙河一带的北方蛮族部落向南扩张。他们要时刻注意防范色雷斯人和伊利里亚人，这种压力在希腊化世界可以说是独一无二，亚洲和非洲的统治者永远不会有这种烦恼。就在他们常常挂怀的北方土地上，一个民族正在分裂，这种状况已经延续数代。就在世纪之交，凯尔特部落开始活跃，打破多瑙河沿岸往日的安宁。

这场漩涡的外沿触及利西马科斯王国的边境。这些来自易北河和莱茵河的凯尔特蛮族靠渔猎和刀耕火种型的原始农业为生，尚未受到早慧的近邻的影响。他们举家迁徙，从家乡向西部、南部和东部进发。凯尔特人可能一直受到波罗的海沿岸的日耳曼人的压迫，才决意离开故土，开拓新天地。其中有些人来到今天的比利时、意大利乃至英国东南部地区，另一部分人则选择巴尔干半岛。他们的先头部队沿多瑙河而下，逐渐积攒起自己的势力。随着实力的增长，蛮族人开始袭扰利西马科斯和卡山德的北方邻居。

蛮族人实际上并没有直接进攻利西马科斯和卡山德，而是通过在他们邻国挑起的骚乱间接影响希腊化世界。多年来，两位国王总是忧虑地注视着北部边境。此时，高卢人征服了伊利里亚西北部的潘诺尼亚平原，暴力粉碎当地的反对势力。蛮族队伍从那里继续向南，来到现在的波斯尼亚、塞尔维亚和阿尔巴尼亚一带。各民族的往复移徙，让巴尔干半岛陷入骚乱之中。流离失所的人们慌忙寻找新的居所，为了在新的土地上定居，不得不继续攻击他人，因此形成恶性循环。与利西马科斯王国接壤的色雷斯部落受此影响，也向南方索求土地。

世纪之交前后，这片土地见证了持续不断的战争。利西马科斯既然已经把大量资源投入到反安提柯的战争中，那么他的北方战线就不可避免地会遇到资源匮乏的情况。伊普苏斯战役之后，情况稍有改观。对于利西马科斯而言，盖塔人是北方蛮族中最强大的敌人之一。来自身后凯尔特人的压力，迫使盖塔人为生存而拼命决战。我们对盖塔人的具体实力了解不多，据现有材料推测，他们的军队主力可以与利西马科斯派来的雇佣兵一决高下。盖塔人兵马众多，声势浩大，统治着多瑙河下游大部分地区和现代保加利亚北部。

在公元前 3 世纪的最初 10 年里，利西马科斯的军队一直致力于在本国领土追击这些行踪不定的敌人。这一地域鲜有宫殿、堡垒或城镇，军队很难找到安营扎寨之所。正是在这一系列艰苦卓绝的战斗中，国王的继承人阿加托克利斯树立了赫赫威名。面对重重困难，阿加托克利斯成功征服并控制北方地区。然而，即便如此，他距离最终胜利还有一段距离。据传，这位王子一度战败被俘，部众四散奔逃。[3] 俘虏阿加托克利斯的色雷斯人，不久就把他送回父亲身边，还带去许多贵重礼物。他们希望借此说服利西马科斯停止对抗，返还那些被阿加托克利斯吞并的领土。他们太不了解利西马科斯。在这样的刺激下，利西马科斯只会被激起反击的勇气，力图一举击垮这个让他的家族和王国蒙羞的敌人。

公元前292年，利西马科斯亲自率领长期跟随他征战的军队来到北方。这支军队有许多早年跟随亚历山大的老兵，利西马科斯完全不用为军纪而犯愁。国王的精兵与那些长年对抗色雷斯敌人的边防军一起向敌人开进。利西马科斯将敌人的国内布局想象成马其顿，只管带兵向那想象中的首都开进，越过多瑙河还继续向前。但他没有意识到，此举正中敌人下怀，因为这样一支深入敌境的大军，很容易受到敌人游击战的侵袭。不久，军队补给线被敌人切断，而他们自己带的食物也消耗殆尽。侧翼和后方的士兵遭到敌军弓箭兵和枪兵的袭击，却无法进行抵抗。在巨大的压力下，利西马科斯被迫将军队驻扎在重重防御工事后面，以此保护他们不受流矢攻击。但这进一步加剧供应短缺的问题，利西马科斯不得不认真考虑如何解决饥饿问题。盖塔人控制着周边农村，利西马科斯的军队无法从村庄觅得食物。饥馑和无力反击敌人的绝望大大降低士气，军队一天天地虚弱下去。他们无法突破重围，但留下来就意味着等死。国王的亲信幕僚建议他带上骑兵逃走，这样至少可以让一国之主逃脱死亡或被俘的命运。但利西马科斯拒绝了这个提议，他没法抛弃那些一直对他忠心耿耿的人。他向敌人提出谈判请求。然而，此时的利西马科斯没有多少谈判的资本，谈判结果是马其顿军队向蛮族投降。在战事开始之时，他们信心满满地向敌人腹地挺进，大概万万没想到最终竟落得如此结局。

实际上，能遇上这些敌人是利西马科斯的幸事。盖塔王子德洛弥开特斯（Dromichaetes）是一个沉着冷静、思维清楚的人。在那个战乱频仍的年代里，很少有人能像他这般克服对敌人的偏见，做出更符合自己民族长远利益的选择。他把这些俘虏带到一座名为赫利斯（Helis）的小镇。利西马科斯的军队在这里很快见识到对方军民对自己的敌视。聚集在市镇中的盖塔人纷纷要求决定马其顿人的命运，他们急切地想要见证敌人的灭亡。

然而，德洛弥开特斯的崇高地位起了重要作用。作为率领盖塔人取得这场胜利的将领，他此时自然拥有很高的影响力。在他的要求下，盖塔人没有杀害马其顿俘虏。德洛弥开特斯对聚集起来的盖塔人说，大规模屠杀只会带来无休止的战争。尤其是现在，在敌人已经缴械投降的情况下，如若继续落井下石，就会激起更大的愤怒和反抗情绪。反之，如果能出手拯救他们，那么这个强敌就可以变成朋友，并能让他们归还这些年占领的土地和堡垒。利西马科斯明白德洛弥开特斯的用心，而且也别无选择，只好接受对方提出的条件。利西马科斯保证归还过去 10 年里占领的盖塔领土，而且今后不再入侵。为了强化这一协定，利西马科斯还将女儿嫁给德洛弥开特斯，并交出几名人质表明诚意。这些人质中还包括利西马科斯的继子克勒尔库斯（Clearchus），不过之后他很快就被释放。协定达成后，德洛弥开特斯派出部队护送被俘的马其顿官兵回到多瑙河畔，随后释放了他们。

新世纪的头 10 年里，利西马科斯一直为北方的战争奔忙，但这并不意味着他忽视了其他方向边境的安全。公元前 300 年，埃及统治者也加入利西马科斯和卡山德的阵营，致力于清除安提柯的残余势力。然而，这三人的同盟还没有来得及一展宏图，马其顿国王就死去了。公元前 297 年 5 月，卡山德去世，希腊化世界的格局在欧洲一角坍塌。

卡山德的长子继承了其父卓越的能力，但他的健康状况没能使他在希腊化世界的舞台上大展拳脚。腓力四世患有肺病，仅仅在位 4 个月就撒手人寰，给马其顿留下一片混乱。卡山德的遗孀、腓力二世的女儿塞萨洛尼切此时还在马其顿，在卡山德统治国家的那些年里，继承自腓力二世的血统为她赢得无数支持和爱戴。除了腓力四世以外，她还和卡山德育有两个儿子。但在他们的兄长溘然长逝之时，这两个孩子可能都尚未成年。于是，塞萨洛尼切成了事实上的摄政王，统治着这个希腊化世界的大国。然而，正是那两个尚未长成的孩子亲手毁了父辈留下的基业。两个年轻人都不够聪明，各自纠合起一帮人手，形成自己的派系，争取自己的利益。每个派系都与国外势力有联系，这些势力都想从马其顿的继承问题中攫取好处。在两兄弟中，兄长继承了祖父的名字，也叫安提帕特，他娶了利西马科斯的女儿；弟弟名为亚历山大，是托勒密的女婿。塞萨洛尼切是王国的太后，也是亚历山大大帝的妹妹，享有很高的威望。但在动荡而复杂的局势中，她并未表现出足够的谨慎。

皮洛士、德米特里乌斯与利西马科斯如同环伺在塞萨洛尼切国境周围的恶狼。作为此时马其顿的太后，她本应该不惜一切代价避免与他们发生冲突。然而，塞萨洛尼切的做法却是将王国分给两个儿子。不管哥哥安提帕特如何力争，塞萨洛尼切对幼子亚历山大的偏爱，还是使她决心让亚历山大也分得一份国土。在一代人之前，这个王国还撼动过整个世界，如今骤然分裂，其领土范围甚至不如腓力进行扩张之前。在兄弟瓜分国土的过程中，塞萨洛尼切的偏心暴露无遗，她为亚历山大争取到阿克修斯（Axius）河以西的肥沃之地，首都佩拉也在这里。安提帕特则掌控余下靠近色雷斯的土地。然而，接下来的一场阴谋，彻底击碎和平的表象。

安提帕特从父亲那里继承冷血这一特质，他一手策划了母亲的垮台。这个年轻人知道，只要塞萨洛尼切在世，他就无法统一整个王国。于是，安提帕特暗杀了母亲。他目前控制的地区接近其岳父的国土，因此他的行动极有可能得到利西马科斯的支持。安提帕特精心策划了一场政变。公元前295年，在塞萨洛尼切去世后不久，安提帕特率军渡过阿克修斯河，赶走安坐另一半国土的弟弟亚历山大。

亚历山大逃往伊庇鲁斯，向国王皮洛士求助。皮洛士答应用自己的军队帮助流亡在外的卡山德之子。作为交换条件，他要求亚历山大收服马其顿之后，割让部分土地给伊庇鲁斯。与此同时，入主马其顿西部的安提帕特并未得到广泛支持。他的弑母行为实在太骇人听闻，许多与塞萨洛尼切亲近的人都因此与他疏远。皮洛士没费什么力气就将安提帕特赶出这个他刚刚赢得不久的王国，亚历山大重掌佩拉大权。依照先前的约定，伊庇鲁斯的皮洛士获得提菲亚和帕劳埃（Parauaea）的西部地区。此外，原为马其顿属国的阿卡尔纳尼亚（Acarnania）、安菲洛奇亚（Amphilochia）和安布腊基亚（Ambracia）也被皮洛士收入囊中。不久后，他还将伊庇鲁斯的都城也迁移至此。然而，这个北方王国引得其他人眼热不已，因此受到不断骚扰。

发生在王国西部的事情引起利西马科斯的极大关注。他的女婿没能令他满意，被支持塞萨洛尼切的势力赶出佩拉，并被流放到马其顿东部的一块飞地，过起半流亡式的生活。这使利西马科斯投鼠忌器，不敢对马其顿轻易采取军事行动。据记载，他还曾伪造一封假称来自托勒密的书信，想要以此骗过皮洛士，因为伊庇鲁斯与埃及之间的亲密关系尽人皆知。信中建议皮洛士与亚历山大谈判，但可以继续保有那一块已经控制的马其顿领土。利西马科斯迫切希望皮洛士率军离开马其顿，回到伊庇鲁斯。为此，他在信中声称，可以补偿给皮洛士300塔兰特。这封信的开头是"国王托勒密致信国王皮洛士，此致问候"，这就完全暴露利西马科斯的诡计，因为托勒密给皮洛士写信的时候，从来都是以

"父亲写给儿子，祝安"开头。

这一事件显然严重冒犯了皮洛士，但幸运的是，利西马科斯足够沉着冷静，在事件过后依旧可以正常地进行统治。他倒是没有打算为安提帕特旷日持久地打下去，因为马其顿分裂不和的状态，实际上对他十分有利。他与皮洛士的谈判仍在继续。公元前294年，利西马科斯和安提帕特带着长长的队伍来到佩拉，与皮洛士和亚历山大会面。双方很快达成和平协议：伊庇鲁斯在西部的统治得到确认；马其顿的两位国王就各自领地分界达成一致；利西马科斯出资保障皮洛士的队伍顺利离开马其顿领土。

亚历山大在最困难的时期不仅曾向皮洛士求援，而且还给"围城者"德米特里乌斯写信求助，以防皮洛士一人的力量不足以保护他。当时，德米特里乌斯正在与斯巴达人作战。听闻卡山德的继承人给马其顿带来的这么一场乱局，他十分心动。斯巴达人彼时并不团结一致，德米特里乌斯很快摆脱他们的纠缠，继续向北进军。

此时的亚历山大却不再需要德米特里乌斯的援助，仅仅是皮洛士一个盟友，就让他付出高昂的代价。这位年轻的马其顿新王也许不够理智，但绝对不缺乏勇气。他率领朝臣来到边境城市迪翁（Dium）面见德米特里乌斯，希望通过谈判让对方退兵。不过，一旦有动用武力的必要，亚历山大也会孤注一掷对抗这个新敌人。有关这段历史的细节尚不清楚，据说双方展开了一场阴谋与反间的较量。最后，安提柯王朝的国王并未被年轻的亚历山大毒死，且在事后及时控制住自己的怒气，表现得云淡风轻。不过，这一说法很可能是希洛尼摩斯为增加其君主的合法性而编造的。无论如何，这场风波的最终结果是德米特里乌斯突然宣布离开北方，返回希腊。亚历山大自然十分高兴，亲自护送德米特里乌斯回到色萨利的拉里萨（Larissa）。他们在那里举办了一场宴会，德米特里乌斯趁机杀死倒霉的亚历山大。

次日，马其顿人来到拉里萨，争相称颂德米特里乌斯，奉其为王。这些人大多与安提柯的势力做过斗争，其中许多人甚至毕生皆耗于此。因此，他们能做出这样的选择并不容易。卡山德之子安提帕特实在太招人憎恨，而德米特里乌斯大概是此时唯一有可能且有能力击败安提帕特的人。[4] 德米特里乌斯久经战争考验，如果由他来当政，那么马其顿长久以来的不稳定就有希望得到解决。

德米特里乌斯此时在希腊和马其顿的动作，为利西马科斯提供了新的机会。把多瑙河的战事完全托付给阿加托克利斯之后，利西马科斯便可以将注意力放在小亚细亚西海岸。这里是利西马科斯从伊普苏斯战役的胜利中分得的最大好处。特罗德和吕底亚的土地上广布城邑，这些地方物产丰富，周围有大量财富。海岸沿线还有珠串一般的城市带，从阿卑多斯一直延伸到士麦那（Smyrna）、安提戈尼亚、以弗所、米利都甚至更远的地方。

公元前302年的战役之后，这些原本归安提柯所有的城市落入利西马科斯及其能干的副将普雷培劳斯手中，但德米特里乌斯很快扭转这一局面。安提柯死后，德米特里乌斯的海军力量依旧维持着对沿海地区的控制。帕留姆、兰普萨科、阿卑多斯、克拉佐门尼、埃里特莱、以弗所和米利都皆在德米特里乌斯的掌控之中。但与此同时，利西马科斯并非毫无建树，他在内陆取得很大进展，很快占领萨迪斯。萨迪斯有古代世界重要的造币厂，利西马科斯拿下那里之后，建起堡垒一般的国库。据传，利西马科斯之妻阿玛斯特里斯在丈夫迎娶阿尔西诺伊之后就被安置在此地，后来才回到赫拉克利亚家中。虽然没有更多的直接证据可以佐证当时的情况，但利西马科斯对萨迪斯的控制表明，他应该基本统治了安纳托利亚西部的大部分内陆地区。

在爱琴海沿岸的城市里，利西马科斯也广撒银钱，逐渐树立起威望。这个过程进行得十分缓慢艰辛，但只要利西马科斯真正收获这里的权力，也就意味着他控制了这些城镇的方方面面。从此，百姓的财富都是他的财富。之前花出去的银钱，总有收回来的时候。

公元前295年到公元前294年是利西马科斯从德米特里乌斯手中夺取城市的最佳时机。据普鲁塔克记载，正当德米特里乌斯在希腊四处作战，并最终夺取马其顿王位的时候，安纳托利亚的所有领土都被利西马科斯收入囊中。战争自然是利西马科斯扩张地盘的手段之一，但外交的威逼利诱则被他运用得更多。如今，利西马科斯已经是这一带无可争议的最大军阀。

到了公元前3世纪的头10年接近尾声的时候，已经有可靠证据表明，利西马科斯已经控制伊奥尼亚地区。米利都出土了有关利西马科斯在当地13个城市战略的铭文，这些城市包括以弗所、士麦那（后来以利西马科斯的一个女儿之名被重新命名为欧律狄切亚）、特奥斯（Teos）、普列内、萨摩斯以及米利都。

不过，利西马科斯的势力是否延伸到卡里亚，就是另一个问题了。和小亚细亚其他地方一样，这里的半独立王朝势力也在不断扩充自己的影响力。掌控此地的权力的是卡山德的弟弟普雷斯塔库斯，自从被德米特里乌斯从奇里乞亚赶走后，他就一直定居在这里，而且还把引人注目的赫拉克利亚重新命名为普雷斯塔库亚（Pleistarcheia）。根据铭文记载，普雷斯塔库斯的继任者是欧波莱姆斯。此人并非碌碌之辈。20余年前，他就担任卡山德在卡里亚战争中的将领，与安提柯的侄子抗衡。公元前312年，他还在希腊中部担任将军，为卡山德效命。雅典城外出土了一块铅牌，上面铭刻着他的名字。据推测，欧波莱姆斯在伊普苏斯战役期间及之后的时间里，都在普雷斯塔库斯麾下效力。欧波莱姆斯在普雷斯塔库亚的统治时期大概是从公元前294年到公元前286年，也许还会更久。[5] 另外，普鲁塔克的记载暗示，到公元前286年的时候，利西马科斯控制这片地区，但这一说法并没有其他证据。所以我们还是可以认为，欧波莱姆斯当时仍然拥有一个独立的小王国。与此同时，托勒密对卡里亚的伊阿苏斯（Iasus）等地区的影响使局势更加复杂。更靠南部的卡乌诺斯则似乎仍然对德米特里乌斯保持着忠诚，即使是在被塞琉古打败后，他仍然试图与德米特里乌斯的海军会合。

然而，尽管没有多少文字史料能够证实利西马科斯对小亚细亚海岸的控制，但该地区至今尚存的废墟却多少能反映这一点。利西马科斯及其驻守在安纳托利亚的将军都非常擅长营建规模宏大的堡垒，而伊奥尼亚和卡里亚由于常年不稳定的政局，也被迫发展出优秀的城防体系。

后世参观以弗所的游客，大多会将目光集中于那些保存完好的古罗马遗迹。但在城市上方的山脊处，那由利西马科斯修建的环形城墙遗址，还是会吸引追怀古代的游客。如今，这座城墙仍然有12英尺之高，瞭望塔和城门依稀可辨。可想而知，当年建造这么一座巨型城墙，是多么惊人的壮举。它的占地面积比城市本身要大得多，周长超过5英里，城镇周围的所有山丘都在其防御范围之内。

事实上，利西马科斯不仅修造了这座城墙，还承担了重建小城的任务。这项任务可谓艰巨。正因如此，我们如今才得以看到如此宏伟的遗迹。早在希腊化时代的百余年前，希罗多德就注意到此地河水淤积造成的影响。到了利西马科斯时代，这座城市虽然繁华依旧，但日渐衰落。于是，利西马科斯决定将城镇和港口整体西迁，搬到更高的地方。利西马科斯从来都不以聪明著称，这次行动显然也不够机智。他将特奥斯、勒维都斯（Lebedus）和科洛封（Colophon）的居民强行迁往新城市，无疑让这片本就不太平的土地更加动荡。为了迁徙人口，他把勒维都斯和科洛封都夷为平地。不过，日后这两座小城都被重建，恢复往日的荣光。鲍桑尼亚斯镇压了誓死抵抗的科洛封人，这些人被葬在今西勒（Cile）村北部地区。

土耳其的其他地方也散落着这一时期的遗迹，有的是城墙，有的是防御工事。其中许多都是利西马科斯主持建造的。最令人印象深刻的是普雷斯塔库亚的城池，其宏伟程度比起以弗所，都有过之无不及。普雷斯塔库亚的城墙是希腊化世界最出色的防御工事之一，曾经守卫着此地极具战略意义的港口。如今，此地成了一个内陆湖的湖岸，背后崎岖的山脉和雄伟壮丽的古城墙令人过目难忘。

就在伊普苏斯战后的第 7 年，利西马科斯最大的敌人在诸多盟友的支持下登上王位。从此，色雷斯的边境不再是卡山德与利西马科斯两位故交的会面地，转而成为敌对双方的前沿阵地。然而，德米特里乌斯并未表现出想要攻打色雷斯的意思。甚至有迹象表明，利西马科斯与德米特里乌斯还达成正式和平协议。然而，利西马科斯庇护了安提帕特，还将亚历山大的遗孀嫁给阿加托克利斯，这些行为无疑给马其顿政治埋下不安定的种子。此时，德米特里乌斯的目光转向别处，他决心在希腊半岛重建统治秩序。似乎只有这样，方不负他作为腓力二世和亚历山大大帝的继任者的身份。

公元前 294 年的秋天，在德米特里乌斯的军事压力下，色萨利和博奥提亚承认马其顿新王的霸权，底比斯人也默认他的权威。但是，就在次年，斯巴达军队为温泉关南部的抵抗势力注入新力量，德米特里乌斯不得不为遏止底比斯的独立态势继续操劳。然而，当马其顿人来到前线的时候，斯巴达国王克雷奥尼姆斯（Cleonymus）已经做好打一场防御战的准备。不过，"围城者"德米特里乌斯并非浪得虚名，很快就靠一场围攻战重新拿下底比斯，斯巴达人急忙离开这里。德米特里乌斯仍需在此地重塑声望，仅仅惩罚了底比斯的几个造反头目，并任命历史学家希洛尼摩斯治理这个麻烦不断的地区。[6]

公元前 292 年的夏天，德米特里乌斯发现，他的敌人建立了一个联盟，其盟友都恐惧佩拉新王的威势。爱琴海周围的人都感受到切身威胁，于是向伊庇鲁斯派出使者，建议成立一个协同防御联盟。此时，博奥提亚人再次反叛，德米特里乌斯急忙赶来平叛。他的儿子安提柯二世击败博奥提亚军队，这令德米特里乌斯感到十分满意。然而，底比斯守军的抵抗十分顽强，光凭安提柯二世的一次胜利，并不足以使其就此偃旗息鼓。德米特里乌斯只好再次准备进行围城。

埃托利亚人占领德尔菲的隘口，由此可以控制从博奥提亚向西的道路。皮洛士率领麾下精兵入侵色萨利，并准备前往温泉关，想要阻断德米特里乌斯和马其顿之间的联络通道。不过，皮洛士的到来已经分散德米特里乌斯对底比斯的注意力，他努力的目标其实没多少意义。德米特里乌斯迅速挥师北上，赶走皮洛士，率领 11000 人的队伍重新占领色萨利，并且很快回到底比斯城下。围城战打得十分拖沓，德米特里乌斯明白，是时候拿出过去那屡试不爽的手段了。猛攻的代价十分高昂，国王本人都被箭雨所伤。最终，马其顿人还是拿下了底比斯。

受围的城市如同特洛伊一般，坚守了很久。城中守军奋力防守，不死不休。根据我们掌握的事件时序来看，德米特里乌斯为了攻破这座有 7 个城门的城市，大约花费一年多的时间。德米特里乌斯如同多年前在罗德岛战役中一般，几乎是以一个赌徒的姿态疯狂进行战斗，将成败交由天神决定。德米特里乌斯对手下败将经常表现得宽宏大量。这次胜利后，他一如往常，并没有要求战败的底比斯交出一切。

此役结束后，德米特里乌斯将精力放在前往科孚岛、拜访雅典以及出席皮提亚（Pythian）运动会等杂事上。这使马其顿新王耗去许多年。正因如此，利西马科斯才得以在统治最为艰难的几年里免去这个最大敌人的侵扰。[7]公元前 3 世纪的第二个 10 年开始时，德米特里乌斯仍然将注意力仅仅放在希腊。此时 . 引起他注意的是埃托利亚人。埃托利亚人控制了通往皮提亚运动会的主场德尔菲的道路，德米特里乌斯只好改在雅典举行比赛。在运动会上，人们遵奉德米特里乌斯为神。德米特里乌斯趁机呼吁大家对埃托利亚人发动一场神圣战争。春天来临时，德米特里乌斯调集军队，从色萨利向埃托利亚进攻。马其顿人的铁蹄横扫整个埃托利亚地区，此地没有哪个势力能与其抗衡。德米特里乌斯的部下放火烧毁沿途民居，盗取牲畜，完全剥夺他们的生存之本。

皮洛士听闻消息，立刻前去支援埃托利亚。然而，德米特里乌斯没等皮洛士赶来，就先下手出击。他在埃托利亚留下 10000 名士兵，用以继续占领此地，自己则率领其余部队入侵伊庇鲁斯。眼看这场对决就要上演，却不知为何，两军生生错过了彼此。德米特里乌斯满怀豪情，顺利进入伊庇鲁斯地界，开始尽情掠夺。而皮洛士则来到埃托利亚，猛力攻击德米特里乌斯留下的守军。埃托利亚人一定也加入皮洛士的队伍，并肩与德米特里乌斯的驻留部队决战。因此，皮洛士在人数上占据压倒性优势。伊庇鲁斯国王在个人对战中击败敌军指挥官，其部队粉碎了马其顿方阵，俘虏 5000 多人。一时间，皮洛士善战的英名传开，风头无两。

最终，这场混战并没有产生一个真正的赢家。马其顿国王和伊庇鲁斯国王的地位并未因这一役改变，反倒是埃托利亚人趁乱幸存下来。如果说这场战争对德米特里乌斯有什么好处的话，那至多就是巩固了马其顿在巴尔干半岛的势力。公元前 289 年，皮洛士得知德米特里乌斯病重的消息，便趁此机会出兵，为前一年被劫掠的本国领土进行报复。然而，这一事件并未扭转巴尔干半岛的军事格局。德米特里乌斯虽然无法以一己之力抗衡所有敌人的联合攻击，但马其顿仍然是半岛上最有实力的国家。伊庇鲁斯国王趁德米特里乌斯病重之际越过边境，直向埃德萨（Edessa）进军。一路上，有不少马其顿人加入他的队伍。不过，伊庇鲁斯终究是一个弹丸小国，无力支持其统治者巨大的个人野心。很快，皮洛士所计划的吞并希腊、马其顿、意大利乃至西西里的远大征程就陷入困境，而德米特里乌斯渐渐恢复健康。马其顿国王征召了更多士兵，毫不费力地击退伊庇鲁斯军队。当然，他的将士无意跟随他进入对方疆界。[8]

利西马科斯身陷北方战事的那几年里，并未受到那位坐在马其顿王座上的敌人的关注。当时，德米特里乌斯的其他敌人正在其打击下痛苦嚎啕。事实上，德米特里乌斯并不是因为难以顾及而放松对利西马科斯的打击。相反，他曾带兵越过其西部领土。这就说明德米特里乌斯并非无力对付东边的敌人。更深层的原因是，利西马科斯的领土并非德米特里乌斯真正垂涎之所在。

德米特里乌斯的目光从未离开亚洲，他总是期待恢复其父安提柯的旧日帝国。伊普苏斯战役后,利西马科斯夺取了这里的大部分土地。公元前289年,德米特里乌斯和皮洛士达成和平共识。这样一来,马其顿边境就不存在任何紧迫的威胁。希腊的敌人也许还会制造麻烦,但那并不能直接影响北方王国。利西马科斯把全部精力投入到争夺亚洲上,从而无暇顾及马其顿王国本身。德米特里乌斯从马其顿、希腊、黎凡特以及爱琴海诸岛集结起庞大的海陆军队。这就令人不禁疑惑,有如此实力的德米特里乌斯,竟然没有彻底消灭皮洛士、埃托利亚以及其他敌人。[9]

动员并运送100000人的部队,还要有相应的保障系统,德米特里乌斯为此做出巨大努力。他需要一支不少于500艘战船的舰队。为了达成这一目标,全希腊的大港都必须动员起来。不久之前,德米特里乌斯在色萨利海岸建立一座名为德米特里乌斯阿斯(Demetrias)的新都城。此地位于希腊中部,位置险要。德米特里乌斯就是在这里监督战争的准备工作。他计划在公元前288年整军出发。海陆两军人数众多,无法集中于一地。因此,他划定了数个城市,分头进行攻击。

如此规模的大军不可能一直保持神秘。公元前289年,利西马科斯得知德米特里乌斯准备进攻亚洲的消息。此后,他充分利用战役正式打响前的几个月准备防御。利西马科斯的北方边境如今安定下来,可以集中兵力对付德米特里乌斯带来的威胁。利西马科斯很有自知之明,知道以自己的实力对抗德米特里乌斯还远远不够。他开始疯狂联络盟友,色雷斯半岛的首都进入紧张备战氛围。利西马科斯的使者被派往各地,到处游说旧日盟友加入抵抗德米特里乌斯的行动。利西马科斯与埃及的托勒密关系密切,二人相交已久。对于利西马科斯而言,托勒密的帮助至关重要,因为只有托勒密的海军才有可能与德米特里乌斯的海上力量抗衡。此外,塞琉古和希腊各邦也都加入联盟。

联军战略的关键在于皮洛士的态度。利西马科斯需要联合皮洛士的军队,在德米特里乌斯动身前往亚洲之前进行阻挠,共同面对其军中的马其顿方阵与雇佣兵。其他盟友虽然也各有价值,但他们不是离得太远就是兵力不够。然而,皮洛士在不久之前与德米特里乌斯达成停战协议,利西马科斯及其盟友不得不使出浑身解数劝他重新出战。各方使者劝说皮洛士的主要理由是,假如德米特里乌斯获胜,亚洲的一切资源都会收归他所有,这样一来必将打破巴尔干半岛的均势局面。到那时，伊庇鲁斯的安全将难以为继。另外的人则暗自煽风：亚洲的富庶尽人皆知，如此宝地若让德米特里乌斯占据岂不可惜？伊庇鲁斯国王再难掩饰贪欲，与反德米特里乌斯联盟达成一致。德米特里乌斯梦想创造属于自己的马其顿帝国神话，但反对他的人正虎视眈眈。他们编织起一张大网，从亚历山大里亚一直延伸到安布腊基亚。

公元前 288 年的春天本应是德米特里乌斯进军亚洲的开始，但在此之前，利西马科斯做出的外交努力已见成效。自伊普苏斯战役以来，希腊化诸国还没进行过如此大规模的联合行动。利西马科斯的部队从小亚细亚的希腊城市赶来，官兵们沿着海岸，踏上多年前亚历山大走过的路，方向却是相反。利西马科斯在赌，因为这个时代的一切都充满巧合。如果盟友们都依约行动，那么他就成功了。利西马科斯面对德米特里乌斯的这一心态，显示出此时的他有多么绝望。我们从现存史料中无法推算出利西马科斯究竟拥有多少兵马，但当时他的将军们应该很清楚，他们的力量不足以与马其顿举国之力相抗。

自伊普苏斯战役后，德米特里乌斯与那位打头阵的敌人还没见过面。德米特里乌斯将儿子安提柯二世留在后方，让他守卫马其顿王朝的希腊堡垒。国王本人亲率大军从佩拉出发，向东挺进。利西马科斯的行程相当漫长，从首都出发后很久，才能到达那富庶的边境城市安菲波利斯。我们难以确知接下来发生的事情，因为现存史料相互矛盾。据鲍桑尼亚斯记载，利西马科斯在一场战斗中差点输掉整个色雷斯。波里内乌斯则认为，色雷斯国王用计占领安菲波利斯。但普鲁塔克声称，德米特里乌斯未战先逃，利西马科斯轻取马其顿北部地区。

此役真相到底如何暂且不提，之后德米特里乌斯受到来自另一个方向的威胁。战局就在此时发生了转折。皮洛士终于开始行动。他从伊庇鲁斯出发，穿越边境进入马其顿。他一路上没有遇上什么阻力，因为马其顿大部分兵力都被德米特里乌斯带去安菲波利斯，国内防御为之一空。皮洛士无所顾忌地向马其顿腹地进军，沿途大肆踩躏。他停驻于马其顿平原边缘的贝洛亚（Berrhoea）镇。此地在马其顿都城佩拉的西南方，与埃格隔着阿利阿克蒙河。

马其顿官兵得知皮洛士已入侵他们的家园，对德米特里乌斯的积怨开始表现出来。尽管德米特里乌斯最近取得成功，全军上下却都开始讨论投敌的事情。德米特里乌斯思量过后，决定转身迎击皮洛士，因为皮洛士既不是马其顿人，也不是亚历山大大帝的伙友。德米特里乌斯认为，军队更有可能齐心协力对付这样一个敌人。

德米特里乌斯心中一定充满绝望，他在这种境地下左右为难，大脑一片空白。当德米特里乌斯把部队带到伊庇鲁斯人面前，马其顿士兵仍旧不愿为他卖命打仗。德米特里乌斯这才明白，马其顿士兵要的并不是把敌人从利西马科斯换成皮洛士，而是想要换掉自己的将军。皮洛士趁机派人渗入敌营，诱使马其顿士兵转变立场。德米特里乌斯军中的不满情绪逐渐累积到一定程度，最终演变为叛乱。许多士兵脱离军队，加入皮洛士的阵营。亲信幕僚们劝德米特里乌斯赶紧撤离，于是这位国王披着破旧的斗篷，戴着破烂的帽子悄悄逃走。他轻易丢下自己的国家，一如多年前拿下这个王国时一样轻松。

在德米特里乌斯打马西行的时候，利西马科斯也跟在其后。色雷斯国王来到贝洛亚，与皮洛士一道瓜分战利品。阿克修斯河再次成为两国边境，马其顿军队也分裂为两部分，各自归附一位国王。不过，皮洛士与利西马科斯二人倒是都没插手分配军队事务。两位国王将分得的马其顿领土当作依附于自己王国的行省，没有在古老的马其顿王国建立自己的朝廷。皮洛士的首都在安布腊基亚，利西马科斯的旧都近来刚刚遭受地震，但他觉得没必要把首都从那地处战略要地的旧址移走。双方达成某种协议，卡山德那快要被人淡忘的儿子安提帕特被悄悄处理掉，其妻子欧律狄刻是利西马科斯的女儿，此时也被投入大牢。

正当两个胜利者瓜分马其顿的战果之时，德米特里乌斯正赶往卡山德里亚，他的妻子菲拉正在那里等他。菲拉掌控着卡山德遗留的财富和一支军队，尽管丈夫如今落魄如斯，但她还是保持着忠诚。这个女人已经年近暮年，她给予第二任丈夫很大的帮助。据说，在安提帕特掌权的时代，她就惯于为父亲出谋划策。菲拉在马其顿人仍有很高声望，她正是以此帮助德米特里乌斯渡过了一个个命运的低谷。在兄长卡山德仍然在世时，菲拉就着力调节丈夫和哥哥之间的关系。然而，德米特里乌斯此次遭受的灾难非往日可比。马其顿是菲拉生长的故土，也是其父兄先后统治的王国。她的丈夫如此轻易地失去这个王国，这对她的打击实在太大，她最终服毒自尽。德米特里乌斯却被激发起斗志，前去希腊寻求支持，甚至立法将自由交还给底比斯，以期他们还能留在自己的阵营。

德米特里乌斯既然能在阿提卡试图东山再起，就表明他还一息尚存。他的名声并没有在一夕之间消失殆尽，雇佣兵的队长仍然支持这位他们追随已久的人物。德米特里乌斯建立起一支小舰队，运载了少量官兵，准备去与敌人决战。利西马科斯本有制服他的本事，却在面对这个老对头的时候仍然战栗不已。德米特里乌斯初登亚洲之际，一切都很顺利。然而不久之后，他被阿加托克利斯和塞琉古联手打压，气势渐颓。公元前285年，德米特里乌斯气数终尽，再也无力回天。利西马科斯从中获利最多，其王国经受住德米特里乌斯的考验，变得愈发强大。利西马科斯本人在各个方面的权威也更加稳固。

利西马科斯现在树立起信心，对自己的强大与安全深信不疑。他相信自己的军队一定能将伊庇鲁斯人从阿克修斯河流域赶出去。随着德米特里乌斯倒台，皮洛士的帝国同样得到扩张。此前，他就在与卡山德之子亚历山大的交易中扩大伊庇鲁斯的疆界。如今，他更是控制马其顿本土的大部分地区以及色萨利。然而，具有讽刺意味的是，支持皮洛士取得如此成就的，正是现在正准备对付他的利西马科斯。不过，利西马科斯也知道，皮洛士对这些地区的控制并不深入，当地人对他的支持很容易被动摇。公元前285年，利西马科斯跨过阿克修斯河，向皮洛士发起进攻。皮洛士被打了个措手不及，急忙从佩拉向西撤退。他走的路线正是后来罗马时代的埃涅阿提亚（Egnatia）大道，沿此南下便能来到马其顿平原边缘山麓的埃德萨，这里的地形更加有利于防御。皮洛士对自己统率的马其顿军队没有信心。如果不战而退，他在马其顿人心中的威望一定会进一步下降，而如果坚持与利西马科斯对抗，又要冒极大的风险。有人认为，皮洛士是在交锋失利后才被迫放弃佩拉，但没有充足的史料证明这一点。当皮洛士与德米特里乌斯交手时，前者在贝洛亚和马其顿丘陵地带分别设置两处指挥部。利西马科斯年事已高，如果他突然离世或是撤离此地，皮洛士的僵持战略就胜利了。

利西马科斯当然不会让皮洛士得逞，他率军继续向西挺进，全面切断埃德萨附近的补给线。皮洛士麾下的马其顿人不愿战斗，而伊庇鲁斯士兵的人数又远远不足以对抗利西马科斯的大军。如此情况令皮洛士头疼不已。更糟糕的是，如今补给线已断，若继续僵持下去，饥饿会摧垮他的部队。皮洛士最终的选择是悄悄逃离营地，将整个王国拱手让给利西马科斯。尽管如此，皮洛士还是控制着提菲亚、帕劳埃、安布腊基亚、安菲洛奇亚和阿卡尔纳尼亚。

尽管并没有史料记载这场战役的细节，但从种种蛛丝马迹来看，皮洛士与利西马科斯之间展开了一场非常持久的战役。第一轮战斗可能是在色萨利展开，安提柯二世此时与皮洛士结为盟友，在这一役中出兵支援。然而，他们二人加起来仍旧不足以抵抗利西马科斯。伊庇鲁斯国王被迫撤往埃德萨，准备第二轮防御。此外，还有人认为，皮洛士再次战败，利西马科斯趁此机会侵入伊庇鲁斯，顺道羞辱了莫洛西亚诸王的陵墓。[10]

如今，利西马科斯完全统治着这个古老的王国，似乎巴尔干半岛上的其他国家全都联合起来反对他才是正常的。然而，事实并非如此。虽然皮洛士与安提柯二世建立了一个反利西马科斯联盟，但并没有证据表明，半岛上的其他势力加入了他们的阵营。佩拉新王想出一个奇招，与埃托利亚人结下了友谊。这一地区的人长期以来都以极高的独立性闻名，这次居然以利西马科斯及其妻子阿尔西诺伊的名字命名了两个城镇。福基斯人也加入利西马科斯的阵营，他们很快显示出自己的能耐，把安提柯二世从埃拉提亚驱逐出去。希腊政治精英大都认为，反对利西马科斯的联盟注定失败。尽管利西马科斯接管的是北方的马其顿王国，但皮洛士的伊庇鲁斯军队和安提柯二世的兵马并不在希腊本土。对这些希腊人来说，他们好像并非远在北方，而是近在咫尺的威胁。

现存史料会让我们得出这样的结论：希腊统治阶层颇具历史洞察力，因为利西马科斯的力量主要集中在爱琴海，沿岸是巴尔干半岛和小亚细亚，到处是良港。这其实是史料留给我们的错误印象。许多希腊人都明白，利西马科斯作为一个以亚洲为基地的统治者，肩负着马其顿的重任，对他们来说更可能是一个潜在的盟友，而不是威胁。的确，利西马科斯在生命的最后几年很少插手希腊本土事务。爱琴海对他来说只是广阔帝国的一部分，他更关心的是赫勒斯滂海峡周边的安全，[11]以及安纳托利亚的核心地带。这是一片机遇与挑战并存的土地，这里的人们既有扩张的空间，也时刻准备丢掉习旧的枷锁，迎来经济的腾跃。这些可能性正是这片边地所独有的优势。

机遇和挑战总是相伴偕行，新的潜在对手也须时时提防。伊普苏斯战役后，利西马科斯迎来比提尼亚王国的芝普特斯的挑战。此人坐拥广袤的土地，自公元前315年起，就对马尔马拉海沿岸城市表现出极大兴趣，尤其是阿斯塔克斯和卡尔希登。此前，他为了争夺这两座城市，与安提柯的侄子托勒梅乌斯相斗已久，但每次尝试都以失败而告终。伊普苏斯战役结束后，芝普特斯再一次燃起夺取这里的希望。他的努力威胁到赫拉克利亚，这里是利西马科斯统治本都的战略要地。芝普特斯有两个重要的盟友，他们在这一带有共同的利益。其中，作为欧洲与亚洲之间的交通枢纽，拜占庭自古以来就一直有抵抗马其顿的传统。

比提尼亚战役发生于公元前 280 年，但其具体时间和相关细节都不甚清晰。唯一清楚的是，利西马科斯在此战中大败，险些丢掉性命。[12] 利西马科斯不仅失去尼西亚，还为了不让芝普特斯占领阿斯塔克斯，亲手将这座城市夷为平地。利西马科斯的坚定盟友赫拉克利亚也受到比提尼亚君主的猛烈攻击，大部分领土都落入敌手。

在这种情况下，我们不难理解利西马科斯想要直接控制该城邦的用意。由于前妻阿玛斯特里斯的关系，利西马科斯与赫拉克利亚之间一直保持着友好往来。自公元前 300 年起，阿玛斯特里斯的两个儿子克勒尔库斯和欧克西亚提斯（Oxathres）就开始统治此地。克勒尔库斯还跟随继父参与同盖塔人的战争，甚至一度与德洛弥开特里斯一起作为人质。如今，对阵芝普特斯的失利，严重影响他们的声望。公元前 284 年，阿玛斯特里斯之死给予赫拉克利亚人民推翻兄弟俩统治的机会。阿玛斯特里斯死于一次航行，很快就有消息称，她的死和两个儿子有关。利西马科斯来到赫拉克利亚，以弑母罪逮捕他们。此后的审判无非走个过场，处决已成定局。利西马科斯由此安抚了国内情绪，地位进一步提升。但他建立起的国民法制没有维持多久，很快就被贪婪的阿尔西诺伊破坏殆尽。

赫拉克利亚并不是利西马科斯在最后几年里实行扩张的唯一例证，培奥尼亚（Paeonia）的情况也与此略同。利西马科斯认为，直接统治这些地区，比将其作为缓冲地带更加安全。皮洛士的岳父奥多隆（Audoleon）长期统治这个马其顿北部的小王国。他与亚历山大和卡山德都保持着良好关系，他的父亲很可能曾在亚洲军队中英勇作战。[13] 不久前，在雅典人与德米特里乌斯的冲突中，奥多隆也出力颇多。奥多隆于公元前 284 年逝世，其王国因之发生一场危机。奥多隆的儿子阿里斯顿（Ariston）逃亡到色雷斯，利西马科斯决定让他在此歇息：

当地居民认出了这个王子，亲切地接待他。他们在国王的浴室里服侍阿里斯顿洗漱，还端上国王的饭菜。他们按利西马科斯给的暗号行事，解除了阿里斯顿的武装。王子骑马逃走，利西马科斯将培奥尼亚收归囊中。[14]

作为亚历山大大帝生前的侍卫，利西马科斯已是七旬老翁。如今，他统治着异常广阔的疆土。从安提柯王朝的前哨阵地德米特里乌斯阿斯到海玛斯山脉，从色萨利到马其顿以北的培奥尼亚之间的广袤区域，都在利西马科斯的掌控之中。视线向东转移，穿越爱琴海北部的岛屿和通往本都盆地的要道马尔马拉关隘，亚洲地区的赫勒斯滂 - 弗里吉亚、赫拉克利亚、埃托利亚、吕底亚、伊奥尼亚、卡里亚、弗里吉亚、利考尼亚乃至奇里乞亚山口，都是利西马科斯的地盘。这些地区是他 40 年来辛勤累积的结果。这个庞大帝国的最大危险，恐怕就是其统治者年事渐高。不过，幸好他身边还有人乐意追随。

位列头名的就是阿加托克利斯，他健壮而有才华，是一个理想的继承人。然而，他竟死在利西马科斯前面。一些史料记载了他生前骇人听闻的私人生活细节，但有关他在政治方面的评论却不多。这位王位继承人在公元前 3 世纪 80 年代晚期大概处于中年，在此前 20 年里，他在战场上立下无数战功。阿加托克利斯奔忙于色雷斯和安纳托利亚，在军事和民政两方面成绩斐然，与不少政治精英结下友谊。从腓力城（Philippopolis）到萨迪斯，许多朝臣和差役正是通过他谋得职位。他参与了至少一座城市的建设，当地居民对他十分感激。

其他继业者王国先后找到年老的国王与合格的继承人之间过渡问题的解决方法，但在利西马科斯这里至今尚未实现。多年来，阿加托克利斯及其同僚力图推行一种方案，即按照托勒密和塞琉古试验过的方式，与老国王建立区域间的伙伴关系，划分势力范围，也分别承担各自的责任。

然而，年老的利西马科斯却不愿做出此种尝试，因为他太习惯于身居高位独揽大权。他既然对爱琴海的亚细亚沿岸各城市抱有如此浓厚的兴趣，自然不愿与别人分享权力和地位。阿加托克利斯成功地解决了德米特里乌斯的困局，转回头来却发现其父的态度十分消极。他虽然有一定的财政和军事权力，但终究只是国王的继承人。他的状态恰好助长了利西马科斯的偏执，促使利西马科斯最终选择激进的解决方法。

与许多同辈人一样，利西马科斯经历了不止一段婚姻。他曾与安提帕特之女、赫拉克利亚的狄奥尼索斯之遗孀以及托勒密的女儿先后成婚。阿尔西诺伊不仅是王朝延续的产物，更是一个专业的统治者。利西马科斯的朝堂曾对阿尔西诺伊是否应该出席国家会议而有过争论，而这些争论可能给她留下创伤。由此埋下的怨恨，使她在日后残忍粗暴地解决继承问题。这位杰出的女性是贝雷尼斯之女，自公元前300年嫁给利西马科斯以来，在其宫廷中产生巨大的影响。阿尔西诺伊继承母亲的野心与能力。她的母亲贝雷尼斯是埃及统治者的王后，通过自己的手腕爬到埃及王朝的权力巅峰。阿尔西诺伊希望自己三个儿子中最年长的托勒密·利西马科斯继承王位，取代此前的法定继承人。阿加托克利斯是尼西亚与国王所生的儿子，阿尔西诺伊不愿与自己没有血缘关系的人登上王位。近18年来，阿尔西诺伊一直致力于提高自己在国王心中的地位。她成功地做到了这一点，在利西马科斯的王国中已经拥有一支颇有权势的力量。她不仅是国王利西马科斯的妻子，更是重建以弗所、赫拉克利亚以及卡山德里亚的主导者。[15]

有传言声称，阿尔西诺伊曾色诱阿加托克利斯，但没有成功。一些人认为，这加剧了两方之间竞争的残酷。受到打击的王后在朝堂上搅起风云，准备解决掉这位在王国内一人之下万人之上的储君。她蓄谋发动政变已久，现在有一个助力出现了，正是完成计划的良机。此人就是传闻中恶魔般的托勒密·克劳诺斯（Ptolemy Thunderbolt）①，其母是托勒密的第三任妻子欧律狄刻，与阿尔西诺伊是同父异母的兄妹。克劳诺斯与母亲被驱逐出埃及，流亡在外。他一度待在安提阿，希望获得塞琉古的帮助。公元前287年，他投靠利西马科斯。从公元前285年到公元前283年，他的地位步步高升，成为阴谋暗杀集团中的关键角色。克劳诺斯以阴谋著称，这次他的特长再一次派上用场。不过，据说这次由阿尔西诺伊谋划、克劳诺斯执行的行动，得到了老国王的首肯。

我们很难想象，阿尔西诺伊这位同父异母的兄长在遭受其母的苛待后，还能如此自如地与妹妹展开合作。尤其在当时，利西马科斯把同尼西亚所生的

---

① 译注：其名的希腊文 Κεραυνός 意为雷电，故英文译名作 "Ptolemy Thunderbolt"。

女儿（也叫阿尔西诺伊）嫁给托勒密二世，而此人作为克劳诺斯的异母弟，抢走本来属于他的王座。不过，将克劳诺斯与这场谋杀联系在一起的证据并不充分，利西马科斯与阿尔西诺伊之子托勒密·利西马科也应该在凶手之列。托勒密·利西马科与克劳诺斯二人构成了一幅具有对称性的图景，塞琉古和阿尔西诺伊最小的两个儿子的死可能与他们有关，而这种对举的文字效果显然会更受书写者和读者的欢迎。[16]在如此历史背景下，托勒密·利西马科的行动也顺理成章地被拿出来再三考量。

　　这场阴谋发生的时间大约是公元前283年到公元前282年之间。不幸的是，阿加托克利斯陨落的原因和方式都不甚清楚。现存史料来自查士丁（Justin）、门侬和斯特拉波，他们的记载都太过简短，而且不可靠。查士丁和斯特拉波都认为，阿加托克利斯是中毒而亡。门侬认为，阿加托克利斯被监禁起来，利西马科斯可能亲自动手杀害他。不论具体情况如何，至少对阿尔西诺伊来说，计划进行得很成功。然而，几乎就在阿加托克利斯死去的一瞬间，广阔的希腊化世界被这一消息震动，各国反应激烈。这场谋杀就像投在平静水面的一颗石子，激起千万层涟漪。阿加托克利斯的妻子名为吕珊德拉（Lysandra），她也是托勒密一世的女儿。她在丈夫被杀后迅速逃离宫廷，与利西马科斯的另一个儿子亚历山大一道流亡塞琉古王国。阿加托克利斯身边的朋友紧随其后，另有一些慑于当时血腥气氛的人也选择逃离。做出弑子行径的利西马科斯已经深陷阿尔西诺伊和克劳诺斯的影响，内政外交无不受他们摆布。

尘埃落定

第十二章

利西马科斯 74 岁的时候，塞琉古 77 岁。

虽然都已年过古稀，

但他们的青春之火和对权力的热情并没有因年岁增长而减退。

他们都已拥有广阔的疆界，

但总觉得自己的拳脚被有限的土地束缚。

决定他们生活的并不是年龄，

而是统治的野心。[1]

反安提柯联盟的国王们自结盟之初，就在瓜分安提柯帝国的细节方面达成共识。首先是托勒密，他自认在黎凡特一带功勋卓著，因而拿到叙利亚山谷。但实际上，托勒密在反安提柯阵营中的贡献实在太少，也不够有决心。在战争中正面对抗安提柯的其他君主，都对托勒密大失所望。塞琉古扩张了自己的领土范围，已被托勒密拿下的叙利亚山谷本应属于他的势力范围。赢回这片地区的唯一方式就是战争，但塞琉古显然没有这么做的打算。有人认为，塞琉古这次出人意料的软弱态度，乃是出于对托勒密的感激之情。多年前，正是埃及统治者救他于水火，还帮助他取得现在的地位。不过，就算个人情感影响了塞琉古的决断，现实的政治因素也一定发挥了很大作用。托勒密先后击败佩尔狄卡斯和安提柯，即使是在伊普苏斯战役后，塞琉古的军事力量也远不及托勒密的这两位手下败将。无论如何，塞琉古还需为巩固现有成果付出许多努力，美索不达米亚西部和叙利亚北部必须加强防守，西部疆界正在向腓尼基以北的地中海沿岸推进。塞琉古王国的四境都很脆弱，争夺叙利亚山谷并不急于一时。德米特里乌斯占有西顿和推罗，托勒密掌控着奥龙特斯山谷的南部地区和伊苏斯湾对岸的奇里乞亚，卡山德的弟弟普雷斯塔库斯也忙于建立自己的统治。旧日的反安提柯同盟，如今失去共同的敌人，也就没了存在的意义。昔日盟友四散，每个人都盘算着从别人身上榨取利益，已然成为潜在的对手。

托勒密、利西马科斯和卡山德之间通过联姻加强了联系。面对这些人隐隐成形的联盟，塞琉古只能选择向德米特里乌斯示好。他派出使者去见德米特里乌斯，一面表达自己的友谊，一面提出联姻的主张，想要迎娶德米特里乌斯与菲拉的女儿斯特拉托妮可。这位年轻的姑娘至少比新郎小 30 岁，德米特里乌斯带着她来到叙利亚海岸，两国准备在那里达成政治上的合作，顺便举行婚礼。

此次旅途并不顺利，恶劣的天气迫使舰队停在奇里乞亚。德米特里乌斯趁机袭击金达的国库，卷走 1200 塔兰特的财宝。普雷斯塔库斯被打了个措手不及，来不及采取任何行动。风暴渐渐平息，新娘的父亲带着巨大的财富继续向罗苏斯（Rhosus）航行。这是一座位于伊苏斯南岸的城市，也是亚历山大大帝战胜大流士三世的地方。塞琉古率领自己的朝臣在这里等候德米特里乌斯父女的到来，并专门举办了一场漫长而丰富的庆典。

这一对盟友的诞生立即在马其顿国王的宫廷引起轩然大波，这位昔日的盟友对这个新建立的联盟感到十分不安。庆祝活动一结束，德米特里乌斯就举兵入侵奇里乞亚，把不幸的普雷斯塔库斯赶走。虽然塞琉古本人并没有参与任何入侵别国的行动，但德米特里乌斯此举一定是在塞琉古的默许下完成的。奇里乞亚只是塞琉古与昔日盟友之间裂隙的开始。嫁妆自然是婚约的一部分，在塞琉古看来，奇里乞亚就是新娘带来的嫁妆。塞琉古打算让德米特里乌斯带着奇里乞亚的部分财宝离开，自己接手此地。但他的岳父拒绝了这一要求，坚持占领此地。塞琉古感到非常愤怒。既然从这里获得领土无望，他还是希望能从其他地方获得土地，以抵偿这个损失。公元前 295 年，塞琉古向德米特里乌斯提议，把西顿和推罗交给他，作为斯特拉托妮可的嫁妆。这一要求加深了这对翁婿的分歧。德米特里乌斯认为，塞琉古胆敢提出这样的要求，无异于对他尊严的严重挑战。

在安提柯帝国覆灭后的混乱岁月里，塞琉古王国成为希腊化世界的四强之一。经过长达 15 年的行军和战斗，塞琉古拥有了一个庞大的国家。摆在他面前的问题，是如何统治广袤的疆土。塞琉古对政治中心的选择非常果决，将首都定于领土最西端。他把宫廷从巴比伦转移到皮耶里亚（Pieria）的塞琉西亚，此地位于劳迪基亚北海岸，拥有一个良港。直到塞琉古在靠近安提戈尼亚的奥龙特斯河流域北部建立新的首都之前，他的朝廷一直在塞琉西亚。塞琉古的手下为国王和王室军队建起宫殿和营房，还在城郊建立驻军基地。塞琉古的象军被安置在奥龙特斯河上游的阿巴密亚地区，退伍老兵则安顿在安提阿东北的基罗斯（Cyrrhus）。国王为老兵们提供了肥沃的土地。作为回报，这些老兵的家庭要为塞琉古军队培养新一代士兵。

塞琉古把重心移向西方，并不意味着他对幼发拉底河以东地区失去兴趣。他比任何人都了解巴比伦和伊朗高原的富庶，那里的财富对他来说非常重要。如何控制叙利亚北部，过去一直是安提柯的心腹大患。如今江山易主，新王仍然为这个问题头疼。在这样一个从安提阿延伸至阿富汗的庞大王国中，统治者必须经常四下巡查，才能保证对全国的控制。这就意味着塞琉古不得不经常远离更加靠近希腊的西部地区。解决这一问题的办法是派驻长官，人选就是塞琉古之子安条克。安条克是一个有担当且值得信赖的人，不会滥用父亲赋予他的权力。就这样，塞琉古把东部土地的统治权授予总督安条克。此时的亚洲如同戴克里先（Diocletian）之后的罗马帝国一样，交通设施十分原始，个人的政治力量依赖于军事权力。统治如此广大的王国，必须采用分区治理的手段。

公元前 293 年，安条克称王，开始与其父共治国家。王国的行政体系，也正式划分为东西两部。接下来，德米特里乌斯之女斯特拉托妮可离开塞琉古，转而与安条克成婚。根据普鲁塔克的说法，安条克爱上了父亲的妻子斯特拉托妮可，这种对继母的不伦感情使他日渐憔悴。塞琉古对自己的继承人十分关心，当他从御医埃拉西斯特拉图斯（Erasistratus）那里听闻儿子病弱的真相后，就与妻子离了婚，好让安条克娶她为妻。安条克与斯特拉托妮可在他们的婚礼上获称"上亚洲"①的国王与王后。不过，就真实情况而言，促成这场有些奇怪的婚姻的主要因素，并非浪漫的爱情，而是政治。塞琉古与德米特里乌斯之间的关系不断变动，国王与另一位国王之女的婚姻也受到影响。事实上，我们观察那段时间安条克的动态，也难以想象他对继母的痴恋如何产生。因为在那段时间里，安条克主要在底格里斯河畔的塞琉西亚活动，很少踏足安提阿地界。几乎可以肯定，塞琉古之所以这么做，是为了避免在与德米特里乌斯反目成仇后，其女儿还是自己的王后这样的尴尬局面。因此，塞琉古选择以这种方式将她赶走。虽然斯特拉托妮可仍然贵为王后，但这样做还是可能立即引发与其父的战争。

安条克在东方的统治究竟如何，完全不为人所知。据推测，他应该是沿用以往阿契美尼德王朝在当地的治理模式。伊朗高原的夏天酷热难耐，美索不达米亚则更加炎热。夏季，安条克会移驾埃克巴塔纳的宫殿。因为相较而言，那里的夏天舒适一些。冬天一到，热气消减，整个朝廷会回到底格里斯河畔的塞琉西亚继续工作。年轻的国王在旅途中游历了广阔的内陆地区，在那里继续播撒希腊化城市的种子。由安条克下令建造的城市都坚固无比，经受住时间和强敌的考验。在帕提亚游牧民族到来后，这些城市依旧矗立在地平线。安条克需要做的，绝非只是发号施令那么简单，许多工程都需要君主亲自监督。马其顿统治者往往对工程技术非常感兴趣，安条克也不例外。在他们的日常工作中，除了领导军队以外，第二项重要职能就是营建城市。如同波斯人的宫殿、埃及法老的金字塔和亚述人装饰在建筑物腰线②上的军事图像一样，这些城市是马其顿人权力的象征，也是他们王朝的纪念碑。

正当安条克忙于完善亚洲的政权之时，塞琉古也在黎凡特巩固自己的地位。塞琉古与德米特里乌斯的结盟并非毫无结果，武力与谈判双管齐下，他终于获得奇里乞亚。这不但强化了塞琉古的北方边境，还让陶鲁斯山也成了他的西境壁垒，能应对来自西方的攻击。此外，塞琉古还在南部边境整修了与托勒

---

① 译注：Upper Asia，指古代小亚细亚的一部分。

② 译注：frieze，指西式建筑的柱顶中央较宽的部分。

密国土接壤的城镇和要塞，并建造新城，以防南方敌人入侵。

塞琉古本想闷声发大财，但他稳健的发展计划却被外部事态打断。卡山德之死引发了一场争夺马其顿王位的残酷斗争，虽然塞琉古并未参与其中，但事件的影响注定会触及安提阿的城门。作为塞琉古的前盟友，德米特里乌斯如今成为佩拉的新王。继承腓力和亚历山大的故国，并没有让德米特里乌斯的野心得到满足。德米特里乌斯的目标明显在亚洲，塞琉古与旧日盟友又走到一起。在过去，他们也曾这样共事，旨在破坏安提柯的帝国。如今，敌人换成了老对头的儿子。

塞琉古在安提阿静静等候，他担心自己的实力不足以对付这个危险敌人。就在此时，塞琉古听闻，巴尔干半岛发生重大事件。德米特里乌斯仓皇逃离马其顿，投奔儿子安提柯二世。虽然遭受失败，德米特里乌斯却并未一蹶不振。他的舰队还完好无损。他的雇佣兵虽然规模不大，但拥有丰富的作战经验。他打算利用这些资源，坚持执行入侵亚洲的计划。

德米特里乌斯生命中这最后一段航行并不容易，简直可称得上令人绝望。从希腊起航时，跟随他的只有11000名步兵和几千名骑兵。公元前287年初，塞琉古一直等待着德米特里乌斯的来临。对于塞琉古而言，因为不确定对方具体的目的地，这段时间显得分外难熬。根据可靠的消息，入侵者走了跨越爱琴海的最短航线，在米利都登陆。米利都远离塞琉古的国土，这让焦躁难安的国王大松一口气。德米特里乌斯的用意很明显，他要尽可能把战火限制于利西马科斯在卡里亚、吕底亚和伊奥尼亚的领土。父亲安提柯曾在这里统治多年，德米特里乌斯希望在此找到支持自己的力量。

虽然德米特里乌斯在亚洲的首战告捷，但公元前286年的战局很快证明，他的胜利不过是镜花水月，太容易被击碎。利西马科斯之子阿加托克利斯率领大军从北方赶来，迫使德米特里乌斯向内陆撤退，向东进入安纳托利亚。德米特里乌斯率领一小群雇佣兵消失在弗里吉亚，有关他真实用意的谣言四起。有人揣测，德米特里乌斯希望穿越亚美尼亚的群山，成为米底之王。但无论其意图如何，阿加托克利斯一直跟在后面无情地追击。德米特里乌斯的部下在这场追逐战中变得疲惫不堪，军心早已涣散。自从去年登陆以来，原本万余人的军队已损失8000人。德米特里乌斯见此情势，转而向南逃往陶鲁斯山。

我们不清楚德米特里乌斯的情况是否被塞琉古得知。但就算塞琉古知道，恐怕也不会感到多少安慰。塞琉古知道德米特里乌斯在东方的野心，而阿加托克利斯还将德米特里乌斯赶向他的边境。最终，当德米特里乌斯越过陶鲁斯山隘口，在奇里乞亚平原的塔尔苏斯安营扎寨，塞琉古最深的恐惧还是变成现实。这片沿海平原的农田为早已疲惫不堪的军队提供了给养，德米特里乌斯却不愿意因掠夺这里而与塞琉古彻底反目。德米特里乌斯太清楚自己的弱点，但他不能置那些随他冒死穿越安纳托利亚的士兵于不顾。驻扎在塔尔苏斯的入侵者给安提阿写了一封信，称自己不希望开战，而是想让作为姻亲的塞琉古施以援手。塞琉古面对如此形势时的表现，若非出于优柔，就是出于马基雅维利式的狡猾。他命令奇里乞亚的官员为德米特里乌斯的人马准备补给，还去信安慰对方，声称原谅他们在自己疆域内的劫掠行径。塞琉古在过去曾试图利用德米特里乌斯对抗其他对手。如今，德米特里乌斯仍然有可能是击败利西马科斯的有力武器。若想坐收渔翁之利，塞琉古必须考虑不稳定的局势对自身的威胁。

　　在安提阿的朝堂上，群臣对上述问题进行了激烈讨论。最后，深受国王倚重的将军帕特罗克勒斯提醒大家，这个曾经的盟友是一个多么反复无常的人。如今，德米特里乌斯处于绝地，难保他不会做出什么孤注一掷的冒险，因此万万不可轻易让他在本国地界久留。[2]塞琉古认定德米特里乌斯一定会背叛他，从而威胁到自己国土的安全，于是决定先下手为强，解决掉德米特里乌斯。塞琉古小心翼翼地率领军队进入奇里乞亚地区，准备对抗入侵者，哪成想德米特里乌斯已经撤回到陶鲁斯山地。亚洲之主并没有立即开始追击，甚至在德米特里乌斯遣使从山里出来求见他的时候，真的准备重启谈判。使者提出的第一个条件是塞琉古允许德米特里乌斯离开，让后者去某个野蛮未化的地方，在那里安顿手下士兵。德米特里乌斯此番行为无非拖延时间之举，也没人相信这个志在征服亚洲的人会安于做一个部落首领。塞琉古开始着手准备即将到来的战争，并组织起叙利亚的防线。不过，双方还是达成停战协议，塞琉古允许德米特里乌斯在公元前286年到公元前285年的那个冬天在卡陶尼亚（Cataonia）滞留两个月，但要求他交出一些军官作为人质。

　　虽然塞琉古并没有真正进攻德米特里乌斯，但他也没打算让对方在这段时间得以翻身。塞琉古在德米特里乌斯的冬营地附近驻扎自己的军队，对德米特里乌斯形成合围之势。德米特里乌斯见此情景，知道了塞琉古的意图，但不打算就此屈服。他不愿自己的势力灭亡于此，便从塞琉古给他划定的地界溜走，逃进卡陶尼亚的其他地区。如此一来，塞琉古就必须出手歼灭入侵者了。他给将军们下令，一定要将这支既小且衰的军队赶出领土。逃亡中的德米特里乌斯在人生最黑暗的时刻表现出不屈于逆境的坚韧，他的军事才能在这种情况下仍然得以发挥，他曲折的军旅生涯因此成为史诗一般波澜壮阔的故事。德米特里乌斯利用这一带复杂的地形，成功击退所有试图接近他的敌人，甚至在一场使用镰刀战车的遭遇战中取得胜利。据史料记载，在伊普苏斯战役期间，塞琉古就拥有这种武器，但似乎并未真正使用过。这一次，塞琉古手下将领在不合适的条件下使用镰刀战车，但被德米特里乌斯手下的老兵轻松躲开，并遭到对方反击，很快一败涂地。对于塞琉古来说，比起这场失败更糟糕的是，德米特里乌斯控制了叙利亚北部的一条道路。

德米特里乌斯的好运没多久就消耗殆尽，他病倒了。他的军队因此失去前进的动力，疲惫不堪的手下终于有时间思考他们当下的处境。越是想清楚这一点，士气越是下降。许多人叛逃到塞琉古一方，还有不少人不确定塞琉古是否会接纳自己，逃到别处以求自保。德米特里乌斯病了整整 40 天，难以下地行走。等到他能够重新站起来的时候，赫然发现自己的人马已经十分稀少。他的处境十分危急。在这段时间里，塞琉古并没有大举进攻。与此相反，他更乐于把敌人严密地限制在营地里，用饥馑和疾病消耗其战力。

安提柯之子并非一个容易控制的猎物。虽然军队四散，但他仍有忠心耿耿的士兵追随，这些人都是经验丰富的老兵。夜幕降临时，德米特里乌斯佯装向西南方的奇里乞亚挺进，实则带着部下向东进发。他们悄悄躲过塞琉古的军队，翻越阿曼努斯山脉，进入叙利亚北部。他奋力向基罗斯地区挺进，因为那里自亚历山大时代起就有许多由马其顿人和雇佣兵驻扎的军事殖民地。他希望在那里找到一些曾与自己或是父亲安提柯并肩作战的老兵，这些人可能对安提柯一家有些旧情。不过，这样一来，德米特里乌斯的用意暴露无遗，塞琉古很快明白自己该向哪个方向追击。他集结所有能上阵的士兵，紧追德米特里乌斯不放。与此同时，他还派出军官去往各个城市，保证这些城市对塞琉古王朝的忠诚。塞琉古旨在孤立德米特里乌斯那一小支军队，并准备进行最后一战，彻底消灭他们。塞琉古最终追上德米特里乌斯，紧邻其营地布下阵来。足智多谋的德米特里乌斯策划一场夜袭，但他的勇武来得太迟，现在才开始战斗，已经难挽狂澜。因为就在这关键的时刻，从德米特里乌斯阵营中脱逃的士兵来到塞琉古营内，警告他们德米特里乌斯将要发动攻击。德米特里乌斯意识到计谋已然露馅，于是又退入夜色中。已经察觉的塞琉古军队开始追赶离去的敌人。

次日清晨，两军在基罗斯附近列阵。这里原本是安提柯的军事基地，也是这一地区的首府。德米特里乌斯知道，既然己方军队已被追上，一场硬仗已然无法避免。于是，他掉转马头，率领全军准备迎击。他将希望寄托于附近的地理环境，敌人可能因为地形缘故难以投入大量军队，这样自己那仅有几千之数的军队或可一战。他把这些士兵排成战斗队形，在几乎没有骑兵的情况下，让步兵分成两列，部署于山谷两侧。塞琉古从东南发起进攻，阻断对手撤退的步伐。他的军队规模要大得多，满是石砾的地面让他难以部署骑兵，但他带来的几头大象尚有发挥作用的空间。两军开始交战，德米特里乌斯以一贯的热情率军前进。他主动扑向对面的步兵，击退第一波攻势。军队另一翼的战况则进行得不太顺利，塞琉古的军队紧紧相逼，德米特里乌斯不得不从自己率领的一翼中拨调人手相援，死死守住防线。一时间，两翼战况都陷入僵局，塞琉古准备冒着危险打破僵持局面。

塞琉古率领 8 头大象和一支王室卫队，通过一个能绕过敌人侧翼的隘口穿越峡谷。他们来到敌人侧翼暴露的位置，却没有立即进攻。塞琉古知道，德米特里乌斯的手下一定深陷绝望之中，因为他们身处敌国腹地，经过几个月的劳顿磨难已经精疲力竭。亚洲之主认为他们一定已经失去抵抗的意志，就跃下马来，摘掉头盔，好让敌军士兵认出他。他只带了一面小盾牌，一步步走向敌军阵列，对他们喊话："你们与这疯狂的头目待在一起，还要忍受多久的饥馑？从他那里，你们能得到报酬吗？他只有一个梦想中的帝国，在现实中能为你们分什么好处？"[3] 塞琉古这一举动无疑冒着巨大风险，他面对的这些人对安提柯之子忠心耿耿。他们有无数离开的机会，却未曾这样做。现在，德米特里乌斯的军队暴露在人数众多且精锐无比的敌军面前，无处可退。

德米特里乌斯仅仅带着几个同伴逃离战场。傍晚时分，他们来到埃曼努斯山，试图在这里躲避塞琉古的追击。塞琉古正在进行一场彻底的搜捕行动，要求全军注意把守所有可能从战场上逃走的路线。德米特里乌斯的目的地是卡乌诺斯，因为他的舰队在那里。要想到达卡乌诺斯，必须经过一段横跨半个安纳托利亚的艰难行程。入夜后，躲避在森林里的德米特里乌斯看到四周都是敌人的营火，终于明白自己逃跑的希望终究是一场空。仅凭他现在的实力不可能冲破这道防线。最终，德米特里乌斯接受自己失败的事实，向塞琉古投降。他军旅生涯的辉煌与惨淡，也在此一并结束。

接下来的事情很快就能讲完。利西马科斯想要用 2000 塔兰特换来德米特里乌斯一死，却被塞琉古厌恶地拒绝。塞琉古将德米特里乌斯关在安提阿附近的监牢里，直到这位安提柯王朝的继承者自己饮酒而死。

塞琉古·尼卡托尔（Seleucus Nicator）统治幼发拉底河以东的马其顿帝国长达 30 年（据《巴比伦编年史》，塞琉古的统治始于公元前 312 年）。在新世纪的前 20 年里，他还吞并除叙利亚山谷和腓尼基以外的整个黎凡特。在那些曾为亚历山大效力的继业者中，塞琉古的疆域和财富远超同侪。他和儿子建立新的政府体系，共同统治着几乎独立的两部分。安提阿和底格里斯河畔的塞琉西亚分别是帝国东西两部分的中心，全国共划分为 72 个总督辖地，其中大部分直接听命于东部的安条克。这一体系经受了时间的考验。除了一些浅显的内容，两位国王的治国之道基本是父子间的秘密。

安提柯倒台后的几年里，塞琉古父子都没有进行大规模扩张。他们只在时机最好的时候夺取几处要地——在西方，他们从德米特里乌斯手中接过奇里乞亚；东部的防御边界则延伸到索格狄亚那。除了那次在陶鲁斯山对德米特里乌斯展开的自卫性质的反击以外，他们避免一切与其他马其顿国王交战的可能。现在，70 多岁的塞琉古彻底放弃长期以来的和平政策，决定对利西马科斯发起战争。塞琉古之所以做出这种变化，很大程度上是因为他的机会主义想法。因为不久前，利西马科斯的宫廷中发生一场阴谋，塞琉古从中看到难以抗拒的机会。

利西马科斯的长子阿加托克利斯死于被父亲默许的阴谋。阿加托克利斯的妻子儿女逃往安提阿寻求庇护。这位广受爱戴且十分有能力的王子被杀后，利西马科斯王国的宫廷和军队一时间都陷入混乱。王子生前的亲朋好友开始担心自己的安危，慌忙逃离凶手统治的国度。其中许多人都跟着王子的家眷投奔塞琉古。亚洲统治者十分欢迎他们的到来，仍留在国内的人看到在亚洲能受到不错的待遇，也纷纷加入叛逃的行列。甚至连利西马科斯的另一个儿子亚历山大，也为了躲避父亲，选择逃往东方。那位被谋杀的王子在过去的 20 年里指挥了许多战役，他的惨死使他曾经的部下大感震惊和悲伤。这些事件在利西马科斯军中造成混乱，但对塞琉古来说，无疑是个极好的消息。

阿加托克利斯被杀提供的机会，正是塞琉古迫切所需。这位年逾古稀的老人知道自己不会活太久，希望在有生之年能够平定国家的边疆。近年来的历史表明，亚洲面临的最严峻挑战往往来自西方。欧洲的侵略者总是受到财富的诱惑，又有军纪严明的部队在手，便一心想着掠夺亚洲。如今，能够做到这一点的，只有利西马科斯一人。

塞琉古调动全国的军事力量，热火朝天地准备人生最后一场伟业。军队核心是重装步兵和马其顿式的骑兵，可从叙利亚和美索不达米亚的军事殖民者中征集；伊朗高原出产最好的波斯、米底以及巴克特里亚战马，可作为骑兵的补充，但数量有限。国王在安提阿举行了一场正式的出征仪式，随后便率领他那强大的部队走上征途。塞琉古军队所行的道路历史悠久，这条路穿过奇里乞亚山口，一直通向安纳托利亚高原。如今，我们对这场战役所知甚少，只了解其梗概。利西马科斯听闻塞琉古来袭，并未主动迎击，而是在小亚细亚西部等候。这样他就可以在自己的国土作战，不需要为通信和运输烦忧。不过，利西马科斯这么做，也可能是因为军队不愿随他艰苦跋涉。自阿加托克利斯被杀以来，许多人都不再像以往那样全心信任这位国王。

流亡在外的利西马科斯之子亚历山大也受命指挥一支部队，他带兵占领弗里吉亚大部分地区，亲自拿下屈塔希亚（Cotiaeum）。与此同时，塞琉古亲率主力进攻吕底亚的要塞萨迪斯。既然塞琉古已经打到吕底亚，利西马科斯便不能再拖延下去。于是，他开始在吕底亚中部的克鲁斯（Corus）平原集结兵力。库鲁佩迪安（Corupedium）战役是亚历山大的老部下之间发生的最后一场势均力敌的大战。战役细节不甚清楚，但结局是塞琉古胜出，而其对手在战场上阵亡。据传，两位老战士进行了单挑。

尽管基本可以肯定，这种说法一定不真实，但将领对决的画面实在很有震撼效果。两位老人年轻时都曾追随亚历山大攻打波斯，如今他们在亚洲上演的最终一战，就像是一个颇具戏剧性的插曲，在多年之后遥遥回应着当年。虽然利西马科斯身死，但他的国家并未因此安定下来。阿加托克利斯的妻子吕珊德拉决心为丈夫的死报仇雪恨，坚持不让他的遗体下葬。亚历山大虽然站在塞琉古一边，但还是费了很大力气找到父亲的遗体（利西马科斯的遗体当时正由其爱犬守护），并将他埋葬在利西马基亚附近。

利西马科斯的成就像晨雾一般，在阳光下渐渐消散，不见踪影。他的子孙中再没人可以与加拉太人打斗周旋，也没人会去赞助大图书馆，更没人能容忍无知傲慢的罗马执政官。这种脆弱个性似乎是由地理因素导致的。一般认为，希腊化世界分为埃及、亚洲和马其顿三部分，但这实际上是后人归纳的。利西马科斯王国的统治范围，接近后世的拜占庭帝国，后者在大约 1000 年后才出现。他的王国就像一种预示，其耐力让所有文明羡慕。在利西马科斯漫长的一生中，其王国占据着巴尔干半岛到安纳托利亚地区的一部分。此后，罗马人统治了这里。再后来，这一地区先后被匈人、哥特人、保加尔人、阿瓦尔人、马扎尔人、阿拉伯人、土耳其人和罗斯人占领。

在亚历山大的所有继业者中，塞琉古活到了最后，他在 77 岁高龄时仍然能够带兵。利西马科斯去世之后，其生前统治的欧洲和亚洲地区都对塞琉古敞开大门。现在，塞琉古麾下的军队除了安提阿带来的，还要加上库鲁佩迪安战役中的敌军幸存者。这样一来，塞琉古拥有整个希腊化世界最强大的陆军力量。公元前 281 年的秋天，塞琉古开始侵占利西马科斯留下的帝国。他将手下派往爱琴海沿岸和赫勒斯滂的城市，以宣扬他的胜利。此外，他还在萨迪斯和安卡拉（Ancyra）等重要的内陆要塞驻扎军队。当地贵族和官员纷纷表示归顺，塞琉古根据他们的财产和军功，对其原有地位进行确认或更改。

旧日残余势力还在不断制造令人头疼的小麻烦。利西马科斯的皇后阿尔西诺伊是一个了不起的女人，她未来将作为托勒密二世的配偶在世界舞台继续发挥影响。而现在，她不会因为丈夫的死就接受王朝的终结，于是在戒备森严的以弗所建立起属于自己的政权。然而，以弗所的市民不会唯其马首是瞻。他们听闻塞琉古胜利的消息，就顾着自己的利益，赶紧将阿尔西诺伊及其随从赶出城去，以免自己的城市遭到包围。就这样，塞琉古轻松地控制小亚细亚的爱琴海海岸。在其他地区，塞琉古不仅接手死去的利西马科斯的遗产，还给其他敌人带来不少麻烦。

在战事开始阶段，比提尼亚国王芝普特斯站在塞琉古一边，协助他一起攻打宿敌。而今利西马科斯身死，塞琉古接手他原来的土地，成为占据安纳托利亚西北部的更强大的力量。芝普特斯转而对塞琉古刀兵相向。附近地区的统治者也不希望陶鲁斯山北部出现新势力，何况这一势力比原先的利西马科斯更加强大。位于黑海之滨的赫拉克利亚趁利西马科斯惨败之机获得自由，如今正急切地寻找可以帮助其维持独立的盟友。拜占庭和卡尔希登的城镇加入赫拉克利亚的联盟，他们还从北方获得本都的米特拉达梯（Mithridates）的支持，这至少可以确保塞琉古无法在安纳托利亚地区肆意妄为。

不过，无论外部情势如何发展，老国王自有计划。在战胜利西马科斯之后，塞琉古觉得色雷斯和马其顿也应该收入囊中，于是便决定挺进欧洲。目前为止的战绩让他觉得，自己无往不利，大可奋发向前。据传，尽管迪迪马的神谕劝告塞琉古不应返回欧洲，但他还是无法抵抗返回家乡的诱惑。塞琉古也许在想，等到了佩拉，他就可以把亚洲托付给安条克，自己在腓力和亚历山大大帝的宝座上安度余生。塞琉古已经有50年没有看见家乡的青山绿水，同其他继业者一样，马其顿身份一直令他骄傲。这种情绪很有可能影响了他的决策。

公元前281年到公元前280年的冬天，塞琉古集结好军队，准备向赫勒斯滂进发。前路看起来十分平顺，不见任何抵抗势力。这样一次人员和动物的大迁徙，注定要耗费不少时间。他们沿海岸大道前行，向利西马科斯的旧都进发。

与塞琉古同行的是埃及的首任王位继承人托勒密·克劳诺斯，当然他已不再是继承人。几年前，他从父亲的朝廷中仓皇逃离，先是投奔塞琉古，之后又转投利西马科斯。据说，他也参与了谋杀阿加托克利斯。最终，不知何时他又回到塞琉古的阵营。无论具体情况如何，高贵的出身保证他走到哪里都会受到欢迎。很快，他就与塞琉古建立亲密的关系，并在其麾下效劳。

克劳诺斯对埃及王位自有打算。加入塞琉古的阵营以来，他慢慢建立起一个相当大的政治集团。克劳诺斯在利西马科斯的追随者中也颇有影响。塞琉古年事已高，这些人不免担心这位老人的未来，或是他那远在千里之外的继承人日后的动向。克劳诺斯出身帝王之家，如今自己也身处高位，自然会吸引不少对未来抱有务实态度的人。克劳诺斯到达利西马基亚后，自觉有足够的支持，便准备开始行动。

塞琉古从利西马基亚启程，继续向马其顿进发。国王身边的高层都沉浸在一种舒适的氛围中，就连国王本人也将这段旅程当作游览观光。一边长途跋涉，一边进行观光，是马其顿贵族常见的一种消遣。塞琉古听说在他们行进路线附近有一处遗迹，当地人传说这个遗迹用于纪念伊阿宋（Jason）和阿耳戈船英雄（Argonauts）。老国王决定暂歇脚步，参观一下那个遗迹。此时，他的卫兵过于疏忽，没有注意到克劳诺斯及其亲信偷偷潜近。刺客们在几秒之内就持剑砍倒塞琉古，轻易地完成暗杀。这一定是克劳诺斯长期计划的背叛。在这个时代，大人物往往会十分注意自身的安全。一般来说，侍卫会收走所有接近国王的人的武器。塞琉古大概不会特别信任这位埃及王子，对其不设防备也并非出于自愿。另外，塞琉古出行时，身边一定还有其他安保人员随行。克劳诺斯能够如此轻松地完成暗杀实属罕见，很大可能是策反这些人的结果。

接下来事态的发展佐证了这一怀疑，因为在国王死后，其部下没有人试图逮捕刺客，也没有人惊慌大叫。塞琉古的遗体被抛在尘土之中，暗杀者继续实施政变。克劳诺斯从塞琉古头上取下王冠，回到主力部队所在的营地。在那里，他被拥戴为王。

"围城者"德米特里乌斯曾嘲笑塞琉古是"大象的指挥官"。虽然这是一句戏言，但不可否认的是，这一称呼对于这位活到最后的初代继业者来说还是非常贴切。塞琉古的声名自印度开始，当时马其顿人把大象这种可怖而脆弱的巨兽吸收进部队。塞琉古远征帝国东部期间唯一的相关记录，就是旃陀罗笈多赠送给他 500 头大象。这些巨兽在伊普苏斯战场上的发挥，保证了公元前 3 世纪初塞琉古在地中海东部的地位。几乎一代人的时间过去后，这 500 头大象中仍有几头尚存，足以吓退德米特里乌斯所率雇佣兵，迫使他们在叙利亚北部的群山中投降。塞琉古死后，其子安条克还利用这些大象在安纳托利亚的一场名为"象军大捷"的战役中击败加拉太人，在国土西部树立自己的威望。

塞琉古不是同辈中最有才华的，也没有给世人留下最深刻的印象，但他是最富有同情心的继业者，也是十足幸运的冒险家。他的人情交道在当时可称怪异，曾拒绝将德米特里乌斯的性命卖给利西马科斯。而且比起其他继业者，他更加亲近非希腊臣民。他的成就不容小视，他留下的国家延续了 200 多年，为希腊文化的传播创造了条件。

塞琉古跌宕起伏的一生结束后，还留下一个颇为讽刺的结局。九泉之下的塞琉古，一定想不到接管他庞大王国遗产的人究竟是谁。帕加马的菲莱泰罗斯（Philetairos of Pergamum，此人本是利西马科斯的宦官，库鲁佩迪安战役之前，他背叛旧主，将手中的要塞与财富献给塞琉古）找回老国王的遗体，并将其骨灰送到安条克手里。在表示忠心之后，菲莱泰罗斯回到帕加马，建立阿塔罗斯王朝。菲莱泰罗斯死后，其侄子坐上王位，随后代代相传。最终，阿塔罗斯王朝取代塞琉古王朝在安纳托利亚大部分地区的统治。后来，帕加马的阿塔罗斯王朝与罗德岛人一道，将罗马军团带进希腊化世界。罗马人来到这里后，拂去了塞琉古留在世上的一切遗痕。

后记

　　最后一位继业者就这样命丧当时最危险的人物之一——克劳诺斯之手。克劳诺斯若是生在中世纪，大概会被冠以"坏人托勒密"的称呼。但在希腊化时代，简单的褒贬往往不能给人定性。托勒密一世之子在埃及被父亲剥夺继承权，他本人对此意气难平。他始终认为，埃及王位理应属于自己。这种精神和现实的巨大落差，使他本就残暴的天性更添错乱。他在马其顿王座上的时间并不长，不久就战死沙场。克劳诺斯在亲手杀死同父异母的妹妹阿尔西诺伊的孩子之后，自己也命赴黄泉。他的头被割下来，装饰加拉太军阀的长矛。

　　亚历山大死后的40年里，世界久处混乱之中。纵观人类文明史，任何身处巨大历史变革时代的人，几乎都长期被飘忽的未来和焦虑的当下深深困扰，亚历山大大帝身后的第一代继业者自然也不例外。短短几十年间，被毁灭的城市和遭破坏的地区超过以往任何时代。虽然许多古代文明都成长于战争的背景之下，但这一时期的战争规模却是前所未见的大，影响也是闻所未闻的广，战争所需资金更是耗竭东方王国积攒的巨大财富。

　　随着亚历山大麾下将军中的最后一位身死，这种危险的不确定性立即加剧。蛮族趁机从中欧入侵。公元前279年，加拉太部落以从前伊利里亚人和色雷斯人闻所未闻的方式，攻破希腊化世界的北部防线。他们的恐怖统治虽然没有持续太久，却留下深重的创伤。希腊化世界最终集结起足够力量，将这些四肢发达却头脑简单的入侵者赶了出去。然而，蛮族毕竟留下巨大的影响——他们所打击的古老文明的艺术与政治面貌因此发生转变。帕加马的浮雕不仅有很高的美学价值，还很好地反映了此次蛮族入侵的另一影响，即希腊化时代的第二代君主纷纷选择逃避战事。他们这种心态带来的平静状态保持了很久，直到罗马人的到来才打破这种平静。其原因可以追溯到加拉太人入侵后，希腊化世界形成的紧张心态。

这并不是说军事活动完全偃旗息鼓（事实上，这一时期的高卢人作为价廉质优的雇佣兵，搅乱了国际局势），但战事规模比起公元前280年之前的战争不可同日而语。安提柯二世满足于在巴尔干半岛的狭小地盘上坐稳王位，所以他对外的战役往往规模不大。这让我们更多想起古希腊各城邦之间的战争，而不是此前40年里马其顿人的世界混战。他的父亲和祖父不会想到，他们的后代竟能如此克制自己的野心。托勒密一世的继承人或许对叙利亚山谷有兴趣，也有意夺回在萨拉米斯战役中失去的海军基地，但马其顿裔的法老从未想过一统希腊化世界。塞琉古的继任者发现自己面对重重挑战，不仅要消灭加拉太人的残留势力，还要打击敌方官员的离心倾向，更需抵御伊朗高原的帕提亚王国的侵略。这些事务足以耗空塞琉古王国的人力物力，使其再难有称霸世界的野心。

伊庇鲁斯方面，在公元前280年之后，英勇伟岸的国王皮洛士仍活跃了10年左右。在西线与罗马和迦太基的对抗中，皮洛士尽了最大努力。在马其顿与伯罗奔尼撒的最后一战中，皮洛士的才能与勇武一以贯之。最后，一位阿戈斯老妇用一块瓦片击杀皮洛士，这位伊庇鲁斯国王的一生就此了结。同时代人对皮洛士的评价很高，古代世界最伟大的谋略家汉尼拔将他列为最卓越的将领之一。但皮洛士往返意大利的战争毫无创获，只是证明他比同时代的英雄多活了几年。也许，这位前途无限的伟人，不适合这个群英陨落的时代。

注释

刊名简写

ABSA：《英国雅典研究年鉴》

AJP：《美国语文学刊》

CA：《古典时代》

CQ：《古典季刊》

GRBS：《希腊罗马拜占庭研究》

HSCP：《哈佛古典语文学研究》

JHS：《希腊研究》

LCM：《利物浦古典月刊》

YCS：《耶鲁古典研究》

ZPE：《纸草学与碑铭学杂志》

前言

【1】普鲁塔克《道德小品》第3卷（Moralia III），F. C. 巴迪特（F C Babbitt）译，马萨诸塞州剑桥市：哈佛大学出版社，1931。

【2】亚历山大创立了一个名为"混乱"（Disorderlies）的特别机构，用以晓谕全体马其顿人他对付帕曼纽的手段。

第一章 巴比伦

【1】昆图斯·库尔提乌斯·鲁弗斯（Quintus Curtius Rufus）《亚历山大生平史》（The History of Alexander），约翰·雅德利（John Yardley）译，伦敦：企鹅出版集团，1984年，第10章第5节第5行。

【2】需要注意的是，虽然在库尔提乌斯和狄奥多罗斯等人的著作中都提到这枚戒指，但阿里安（Arrian）《远征记》（Anabasis）却并未提及。阿里安写作的史料来源是托勒密，也许正是因为托勒密不想宣传佩尔狄卡斯在巴比伦地位卓越，故讳去不谈。

【3】以下内容参见 R. M. 艾灵顿（R M Errington）《从巴比伦到特里帕拉德索思：公元前323年—公元前320年》（From Babylon to Triparadeisos 323—320 B.C.），《希腊研究》第90期，1970年，第49—77页；其他观点参见 N. G. L. 哈蒙德与 F. W. 沃尔班克（N G L Hammond and F W Walbank）《马其顿史》第3卷（History of Macedonia, vol. 3），牛津大学出版社，1988年，第95—106页；A. B.

博斯沃思（A B Bosworth）《亚历山大的遗产》（The Legacy of Alexander），牛津大学出版社，2002 年。

【4】根据有关亚历山大的浪漫传奇，亚历山大不仅将戒指遗赠给佩尔狄卡斯，还将罗克珊娜留给了他。不少人将之视为一种合理的解读，最著名者当属 W. M. 赫克尔（W M Heckel）在其作品《亚历山大帝国的将军》（The Marshals of Alexander's Empire）中的看法。这种桃色秘闻的依据是一本名为《亚历山大的最后时光及遗嘱》（The Last Days and Testament of Alexander）的小册子。据推测，这本小册子是为了某种宣传之用，出现于亚历山大死后不久，内容是历史与浪漫传奇的结合。赫克尔认为，这本小册子是为波利伯孔宣传而作。这一观点值得商榷。

【5】昆图斯·库尔提乌斯的具体身份与写作时间都不为我们所知，一般认为他生活在公元 1 世纪。他的作品中的第 10 卷的内容可以为这一结论佐证，他将巴比伦的继承危机与罗马领导人的更迭与继承作了比较。此处明显是将佩尔狄卡斯不愿称王与提比略不愿接受王位两事并举。参见 W. M. 赫克尔 1988 年的文章《亚历山大的最后时光及遗嘱》第 1—4 页。

【6】J. R. 埃利斯（J R Ellis）在《菲利普二世的刺客》（The Assassination of Philip II）一文中质疑这个故事的真实性。这段公案仅仅出现于普鲁塔克《名人传·亚历山大卷》第 10 节中，阿里安《远征记》第 3 章第 6 节虽也提及，叙述内容却不止这 4 个人物，而是有另一人参与其中。

【7】昆图斯·库尔提乌斯《亚历山大生平史》第 10 章第 7 节 18—19 行。

【8】昆图斯·库尔提乌斯《亚历山大生平史》第 10 章第 7 节第 15—18 行。

【9】亚历山大的心愿还包括：为赫菲斯提安建造一座巨大的火葬堆；为父亲腓力造一座金字塔以及 6 座高大的神庙；为与迦太基人开战造 1000 艘船只；建设一座由欧亚两洲居民共同居住的新城市。尽管这些说法的真实性存疑，但在当时的局面下，似乎没什么正当理由来终止这些计划。有一种推测认为，佩尔狄卡斯意欲通过废止这些计划，以使克拉特鲁斯无法利用这些机会造势，甚至利用集会之机将他们一劳永逸地杀掉。参见 E. 巴迪安（E Badian）发表在《哈佛古典文学研究》第 72 期（1968 年）上的文章《国王的记事本》（'A King's Notebooks），第 183—204 页；R. 莱恩福克斯（R Lane Fox）《亚历山大大帝》（Alexander the Great），伦敦，1973 年；R. M. 艾灵顿《从巴比伦到特帕拉德索思：公元前 323 年—前 320 年》，第 59 页。

第二章 佩尔狄卡斯摄政时代

【1】《苏达辞书》，π 字段第 1040 号。

【2】修昔底德在书中提到一位名为伊奥拉斯的马其顿军官，是佩尔狄卡斯二世[①]的副手，极有可能是安提帕特的父亲。

【3】公元前 390 年，马其顿年轻的国王俄瑞斯忒斯（Orestes）被他的摄政王俄罗波斯（Aeropus）所杀，俄罗波斯夺取王位，并且之后由其子鲍桑尼亚斯接任。与此同时，另一名王室后人阿敏塔二世也得到了王位。随後两人都被谋杀。紧接着，阿敏塔三世成功继承王位，勉强维持 −24 年的统治。虽然他一度下台，但还是在斯巴达军事力量的帮助下复出。亚历山大二世于公元前 370 年继位，但仅仅在两年后，就被自己的妹夫托勒密所杀。其弟佩尔狄卡斯三世继位，杀掉了成为摄政王的托勒密。不久之后的公元前 360 年，他在与伊利里亚人的一场战役中被杀。

【4】克拉特鲁斯并不赞同亚历山大在东方的某些政策，他的离去从另一方面看也是在为赫菲斯提安最终攀登高位留出机会。多年以来，许多人相信安提帕特有意反抗亚历山大。不过这始终是一种假设，没有任何证据。不仅如此，安提帕特到底是忠于亚历山大，还是真的怀有异心，我们都不

---

① 译注：古希腊马其顿王国的国王，公元前 448 年—公元前 413 年在位。

得而知。后来，其子卡山德试图劝说国王收回成命。假使国王当真不信任安提帕特，那么不太可能让他在这许多年间一直领兵。

【5】哈帕拉斯事件引发了对迪马德斯和德摩斯梯尼等人的大审，希佩里德斯是检察官之一。整个事件的具体时间和牵连范围久经争论。参见 E. 巴迪安发表在《希腊研究》第 81 期（1961 年）上的文章《哈帕拉斯》，第 16—43 页；以及 N. G. 阿什顿（d N G Ashton）发表在《历史》第 30 期（1983年）上的文章《拉米亚战争：错误的开始》（The Lamian War: a False Start），第 117—120 页。

【6】普鲁塔克《名人传·福基翁卷》（Parallel Lives）第 22 章，由 I. 斯科特－吉尔福特（I Scott-Kilvert）翻译，汇编为《亚历山大时代》（The Age of Alexander），由企鹅出版集团于 1973 年出版。

【7】经推测，希腊人当时留下一股小部队，防止安提帕特太快离开拉米亚。另据狄奥多罗斯《历史丛书》第 17 卷第 15 章记载，当时联军在埃托利亚及其他盟友撤离的情况下，面临人力短缺的问题。

【8】即"白克利图斯"，以与"黑克利图斯"（亚历山大酒后杀掉的那位将军）区分。白克利图斯在印度领一队步兵，但之后成为骑兵，参加了奢羯罗和马里阿等战役。在克拉特鲁斯与波利伯孔返回欧洲时，白克利图斯也一道跟随，但可能是受命在奇里乞亚协助建造舰队。不过，没有任何证据表明，他曾指挥佩尔狄卡斯（即随后的变节者）的海军。

【9】不幸的是，对马其顿最终胜利起关键作用的这几场海战，我们知之甚少。狄奥多罗斯的叙述太过简且令人迷惑，我们难以确知竟发生过两场还是三场甚至更多次的海战。参见狄奥多罗斯《历史丛书》第 18 章第 15 节第 8—9 行。另注意 N.G. 阿什顿刊于《英国雅典研究年鉴》第 72期（1977 年）第 1—11 页的文章《公元前 322 年的阿莫尔格斯海战》（The Naumachia near Amorgos in 322 BC），以及发表于《希腊罗马拜占庭研究》第 20 期（1979 年）上的文章《有几艘五桨座战船？》（How Many Penteris），第 327—342 页；参考更多不同的解释，请阅读哈蒙德与沃尔班克的《马其顿史》（History of Macedonia），第 113—122 页；以及赫克《亚历山大帝国的将军》，第 373—377 页。

【10】在狄奥多罗斯笔下，克拉农场战役与之前列奥纳托斯那场十分相似，且叙述简短。可能是因为作者的记忆混淆了两场战役之故。而普鲁塔克在其作《名人传·福基翁卷》第 26 节中，将克拉农的失利归因于领导者缺乏经验以及安提帕特对联盟的某些高层行贿。后一条说法还多少有些根据，但说希腊联军缺乏经验的将领则是无稽之谈。即使在普鲁塔克本人笔下，他也认可福基翁的一大特质便是怀将才。

【11】安提帕特萨摩斯的问题交给了亚洲的"国王"佩尔狄卡斯。这一举动表明，至少在目前，安提帕特与佩尔狄卡斯两人之间的关系还算良好。

【12】参见阿里安《远征记》中《亚历山大身后事》（Events After Alexander）第 1 节第 11 行。这段记载仅见于库尔提乌斯的作品，内容是佩尔狄卡斯与阿里阿拉特斯两次交战，最终阿里阿拉特斯兵败，随后被绞死。

【13】普鲁塔克《名人传·欧迈尼斯卷》，B. 培林（B Perrin）译，马萨诸塞州剑桥市：哈佛大学出版社，1919 年，第 4 章第 1 节。

【14】引自查士丁《特洛古斯＜腓力史＞摘要》（Epitome of the Philippic History of Pompeius Trogus）第 13 章第 4 节。

【15】了解更多有关亚历山大寝选址的争议，可参看 E. 巴迪安《国王的记事本》一文。

【16】普鲁塔克《名人传·欧迈尼斯卷》第 5 章第 4 节。

【17】虽然有充分的理由相信，克拉特鲁斯受到马其顿普通士兵的爱戴，但我们看到的史料却往往倾向于夸大这种爱戴。根据欧迈尼斯的同伴，同时也是这场战斗的目击者——卡迪亚的希洛尼摩斯的描述，这种对方人气很高的传言，是用来突显欧迈尼斯的聪明才智的。不过也有不少观点怀疑希洛尼摩斯的言辞，因为他的观察多少带有主观色彩。参见 S. 霍布罗（S Hornblower）《卡迪亚的希洛尼摩斯》（Hieronymus of Cardia），牛津大学出版社，1981 年。

【18】法尔纳瓦兹的经历十分有趣。他是大流士王庭中的贵族阿尔塔巴佐斯之子，亚历山大的

情妇芭悉尼之兄。妹夫门侬去世后，他接手了爱琴海海战，最终于公元前332年兵败被俘，后来却逃脱了。但马其顿人似乎宽恕了他，甚至十分欢迎这个波斯人（就像乃父一样）。而菲尼克斯其人却前所未闻。

【19】根据科尔奈利乌斯·奈波斯（Cornelius Nepos）《欧迈尼斯传》（Lives: Eumenes）第4节。另据普鲁塔克《名人传·欧迈尼斯卷》第7节，欧迈尼斯找到一具尚存的克拉特鲁斯之后便开始哀悼，直至其死去。这种说法极富浪漫色彩。狄奥多罗斯《历史丛书》第19卷第59章第3节则有另一种说法：欧迈尼斯当众将克拉特鲁斯的骨骸交托一位名叫阿里斯顿的军官，这位军官最终于公元前321年将克拉特鲁斯的遗骨交给菲埋葬。

【20】菲洛塔斯之所以被撤掉奇里乞亚总督之职，是因为他与克拉特鲁斯的关系过于亲密。后来，他投奔到安提柯麾下。换掉菲洛塔斯的人是菲洛克塞诺斯（Philoxenus）。

【21】西西里的狄奥多罗斯《历史丛书》第10卷，R. M. 吉尔译，马萨诸塞州剑桥市：哈佛大学出版社，1954年，第18章第35节第1—6行。

【22】同上，第18章第33节第3行。

【23】亲托勒密者的文献来源尚未确定。不过，P. A. 斯塔德（P A Stadter）在其书《尼科米迪亚的阿里安》（Arrian of Nicomedia，北卡罗来纳州教堂山：北卡罗来纳大学出版社，1980年）第148—149页提供了一种趣味横生而有理有据的解释，说明托勒密亲自记录亚历山大的身后事。

【24】据阿里安《亚历山大身后事》第1节第34行，腓力·阿达乌斯的秘书阿斯克列皮奥多鲁斯（Asclepiodorus）和阿塔罗斯都曾在特里巴拉德苏斯发表演讲声援欧律狄刻。不过，考虑到此时阿塔罗斯正在为佩尔狄卡斯残部劳心劳力，他不太可能亲往，但有可能派出代表。

【25】安提帕特在特里巴拉德苏斯对腓力·阿达乌斯的4名侍卫的任命，可以清楚地显示出他在政治制衡方面的技巧。这四人分别是：利西马科斯的弟弟、波斯总督朴塞斯塔斯的弟弟、波利伯孔之子亚历山大以及安提柯的侄子托勒梅乌斯。

第三章 马其顿的挣扎

【1】阿特纳奥斯（Athenaeus）《哲人晚宴》第2卷（The Deipnosophists），C. B. 古力克（C B Gulick）译，马萨诸塞州剑桥市：哈佛大学出版社，1928年，第4章115行。

【2】据哈蒙德与沃尔班克的《马其顿史》第130页，任命"国王总管"的决议是由马其顿集会做出的，会上卡山德甚至没有被选为波利伯孔之下的二号人物，因而逃走去寻求安提柯的帮助。不过，据作者所看到的史料，这种推论似乎站不住脚。

【3】此说的史料来自昆图斯作品第8卷第5节第22行至第6节第1行。不过，阿里安在《远征记》第4卷第12节第2行里叙述的类似故事中的主人公却是列奥纳托斯。

【4】查士丁《特洛古斯＜腓力史＞摘要》第13卷第4节记载，佩尔狄卡斯在巴比伦任命卡山德为国王近侍与护兵的指挥官。不过，鉴于查士丁的作品是出了名的不可靠，以及卡山德在亚洲并没有任何军事职衔的事实，这种说法大概不太可能是真的。

【5】有4种古典文献述及迪马德斯之死，分别是：狄奥多罗斯《历史丛书》第18卷第48节第4行、阿里安《亚历山大身后事》第1节第15行、普鲁塔克《名人传·德摩斯梯尼卷》第31节及普鲁塔克《名人传·福基翁卷》第30节。其中，狄奥多罗斯并未提及卡山德参与其中，阿里安只提到是安提帕特让卡山德处死迪马德斯。普鲁塔克的两处叙述相互矛盾，令人疑惑。他在《福基翁卷》中写道，卡山德亲手杀死了迪马德斯，而在《德摩斯梯尼卷》中，则变成了卡山德仅仅是对迪马德斯做出了判罚。

【6】这位尼卡诺尔是希腊古史中众多尼卡诺尔之一，尚未确认其身份。这一人物一度被认为是亚里士多德的女婿，曾在公元前324年的奥林匹克运动会上宣读《流亡者法令》。不过，近年来的

研究表明，他应该是奇里乞亚总督巴拉克鲁斯与安提帕特的女儿菲拉之子，菲拉就是后来被安提帕特许给克拉特鲁斯，之后又嫁给德米特里乌斯的女子。参见 A. B. 博斯沃思在《古典学季刊》第 44 期（1994 年）上发表的文章《马其顿的新王子》（A New Macedonian Prince）。

【7】波利伯孔这一号令在某种程度上可以说是对亚历山大《流亡者法令》的回应，事实上却是单纯为卡山德拉帮结派做出的权宜之计。参见 R. H. 辛普森（R H Simpson）发于《历史》年刊第 8 期（1959 年）上的文章《"独眼"安提柯与希腊人》（Antigonus the One-Eyed and the Greeks），尤请注意第 388—389 页。

【8】这一事件存疑。仅有波里内乌斯（Polynaeus）《战略》（Stratagems）第 4 卷第 11 节第 2 行描述了卡山德设计逮捕尼卡诺尔，并提及为此召开了一场集会；而狄奥多罗斯《历史丛书》第 18 卷第 75 节第 1 行只是说他被暗杀。

【9】奥林匹亚丝的坟墓可能已经被找到，此说请参见 C. F. 埃德森（C F Edson）发表于《赫斯帕里亚》[①] 第 18 期（1949 年）上的文章《奥林匹亚丝之墓》（The Tomb of Olympias）。

第四章 安提柯的发迹

【1】普鲁塔克《道德小品》第 3 卷，P. A. 克莱门特、H. B. 霍夫雷特（H B Hofleit）译，马萨诸塞州剑桥市：哈佛大学出版社，1931 年。

【2】在亚历山大征战途中，托勒梅乌斯于公元前 334 年留驻卡里亚。他与阿桑德一起取得那场对战奥朗托巴提斯的著名胜利，夺取哈利卡纳苏斯附近的几个城镇。此后，他便从史册中消失，直到公元前 313 年去世才被重提。R.A. 比洛在《"独眼"安提柯与希腊化国家的建立》（Antigonos the One-Eyed and the Creation of the Hellenistic State，加利福尼亚大学出版社，1990 年）一书的第 426 页推论，托勒梅乌斯在历史舞台上的缺席应该是疾病所致。托勒梅乌斯的儿子与他同名，是安提柯手下干将，不过最后与叔父决裂。

【3】有关马尔叙拉斯的情况参见 W. M. 赫克尔《佩拉的马尔叙拉斯：马其顿历史学家》（Marsyas of Pella: Historian of Macedon），《赫尔墨斯》年刊[②] 第 108 期（1980 年），第 444—462 页。

【4】有些文献没有提及阿桑德的职务，而认为安提柯是吕底亚的总督。不过，实际上负责吕底亚的是阿桑德。他们与波斯之间的战争细节不清，时间顺序也很模糊。有人认为三场战役是由卡拉斯、巴拉克鲁斯和安提柯分别指挥的，也有人认为安提柯一度充当整个小亚细亚的临时总指挥。更多解读参见比洛《"独眼"安提柯与希腊化国家的建立》第 43—45 页，A. R. 邦（A R Burn）在《希腊研究》第 72 期（1952 年）上发表的文章《亚历山大战事记录：公元前 332 年—公元前 330 年》（Notes on Alexander's Campaigns 332-330），以及 E. M. 安森（E M Anson）发表在《历史》第 37 期（1988 年）上的《弗里吉亚总督安提柯》（Antigonus, the Satrap of Phrygia）。

【5】普鲁塔克《名人传·欧迈尼斯卷》第 3 章第 3 节。

【6】有关卡里亚战役的细节，可参看 H. 豪本（H Hauben）发表在《纸草学与碑铭学杂志》[③] 第 13 期（1974 年）上的文章《公元前 321 年雅典海军的胜利》（An Athenian Naval Victory in 321 B.C.），

---

① 译注：Hesperia，词源是古希腊神话中一位女神。这是由美国雅典古典研究院创办的古典学术期刊，创刊于 1931 年。

② 译注：自 1866 年起发行的古典文献学期刊，创办者是德国弗兰兹施坦纳出版社。

③ 译注：Zeitschrift für Papyrologie und Epigraphik，简称 ZPE，创刊于 1967 年，每年发行 4—5 期，是国际纸草学和碑铭学的权威期刊之一。

第 56—67 页。

【7】W. M. 朗塞（W M Ramsay）发表于《希腊研究》第 43 期（1923 年）上的文章《陶鲁斯山北麓的战事》（Military Operations on the North Front of Mount Tarsus）认为，诺拉大致位于今土耳其东南的现代市镇埃雷利（Eregli）附近。不过这一说法尚未得到证实。

【8】波列蒙是阿塔罗斯的弟弟，兄弟二人曾受命前往埃及从托勒密手里夺回亚历山大的遗体，当然都以失败告终。不过，波列蒙最著名的事件是他在菲洛塔斯受审的时候逃走。相关信息参见昆图斯·库尔提乌斯《亚历山大生平史》第 7 章及阿里安《远征记》第 3 章第 27 节。

【9】E. M. 安森在《希腊罗马拜占庭研究》第 18 期（1977 年）上指出了普鲁塔克《名人传·欧迈尼斯篇》第 12 章与狄奥多罗斯《历史丛书》第 18 章第 55 节第 4 行和第 18 章第 53 节第 5 行两处有关欧迈尼斯获释的文献之间的差异（第 251—256 页）。普鲁塔克认为，欧迈尼斯巧妙地修改了誓言的细节，效忠对象包括国王和奥林匹亚丝。不过，安森正确地驳斥了这一点。

【10】安提贞尼斯原本是腓力手下的军官。他在希达斯皮斯战役中的英勇表现，为他赢得了亚历山大的赞扬。他当时率领一支步兵军队，有可能正是银盾军。杀害佩尔狄卡斯的时候，他是行凶者之一。另外，关于透塔摩斯其人，我们一无所知。

【11】R. M. 艾灵顿发表在《赫尔墨斯》（Hermes）年刊第 105 期（1977 年）上的文章《西西里的狄奥多罗斯与早期继业者年表：公元前 320 年—公元前 311 年》（Diodorus Siculus and the Chronology of the Early Diadochoi 320–11 BC，第 478—504 页），本文有力地论证了公元前 320—公元前 311 年的事件年序。作者把这些事件的时间推迟了一年。例如，他认为安提柯在美索不达米亚过冬是在公元前 317 年至公元前 316 年，而不是公元前 318 年至公元前 317 年。艾灵顿的年序虽解决了一些疑问，但也带来更多的问题。不过，两个年表都能完全令人满意，也许这些问题本就无解。

【12】米底王国兴起于公元前 750 年左右，一直与亚述人冲突不断，直到公元前 612 年在巴比伦人的帮助下击败对方，才迎来一段时间的安宁。波斯原先是米底的附庸国，公元前 550 年，居鲁士起兵消灭了米底王国，建立起更加著名的波斯帝国。

【13】西西里的狄奥多罗斯《历史丛书》第 9 章第 19 节第 43 行。

【14】出自普鲁塔克《名人传·欧迈尼斯篇》第 16 章。不过，作者有关这两场战役的叙述十分模糊，应当谨慎看待。

【15】普鲁塔克《名人传·欧迈尼斯篇》第 17 节第 7 行。

【16】普鲁塔克《名人传·欧迈尼斯篇》第 18 节第 1 行。

【17】普鲁塔克《名人传·欧迈尼斯篇》第 18 节第 2 行。

【18】一般认为，安提贞尼斯死于残忍的火刑，因为他背叛了欧迈尼斯。不过，W. M. 赫克尔在其作品《亚历山大帝国的将军》第 315 页中的解释更加清楚：据狄奥多罗斯《历史丛书》第 18 章第 62 节第 6 行，透塔摩斯在战后与安提柯进行谈判。安提贞尼斯一向以忠诚闻名，他可能劝阻过透塔摩斯，希望他不要就此对欧迈尼斯背信弃义。因此，安提贞尼斯如此惨死，正是因为他对欧迈尼斯的忠诚。另外要注意，透塔摩斯的结局并不为人所知，有可能因为他背叛了欧迈尼斯而受到奖赏，得以为安提柯服务。

第五章 僵局

【1】鲍桑尼亚斯（Pausanias）《希腊志·第一卷·希腊中部》（Guide to Greece, Vol. I, Central Greece），P. 李维（P Levi）译，伦敦：企鹅出版集团，1971 年，第 1 章第 6 节第 7 行。

【2】阿特纳奥斯《哲人晚宴》第 1 章第 18 节 A 部分提及此仪式。

【3】据《哲人晚宴》第 6 节第 614 行的描述，朴塞斯塔斯是德米特里乌斯在雅典的朝廷的一员。另外，在卡里亚的特格拉（Theangela）发现的一块铭文详述了他们的条约。虽没有旁证，但朴塞斯

塔斯在卡里亚战役中为安提柯效力是很有可能的。

【4】从我们所掌握的资料来看，有至少 4 种文献认为，提出这一要求的乃是卡山德，而将阿桑德明确认定为卡里亚的总督。参见昆图斯·库尔提乌斯《亚历山大生平史》第 10 章第 10 节第 2 行；查士丁《腓力史摘要》第 13 章第 4 节；阿里安《亚历山大身后事》第 5 节；狄奥多罗斯《历史丛书》第 18 章第 3 节第 1 行、第 18 章第 39 节第 6 行、第 19 章第 62 节第 6 行。

【5】比洛《"独眼"安提柯》第 110 页提出，安提柯在公元前 317 年战胜克利图斯，并获索斯琴尼斯（Sosigenes）归降后，就已拥有一支强大的军队，但接连在腓尼基输给托勒密，又在塞浦路斯输给卡山德。然而，没有确凿证据可证明这一说法，而且"安提柯有一支常备海军"的假设也十分可疑。

【6】有关这项宣言的讨论，请参见辛普森《"独眼"安提柯与希腊人》。

【7】人们经常认为特勒思弗洛斯是安提柯的侄子，但事实上这一说法并没有依据。特勒思弗洛斯仅仅出现在第欧根尼·拉尔修作品第 5 卷第 79 节。雅典著名剧作家米南德因其密友名节有亏而受到审判，此时有一位名为特勒思弗洛斯的人出来为他说情。文中记载，特勒思弗洛斯是德米特里乌斯的堂表亲，但没有具体指明他们的关系。这则轶事仅仅是作者的只言片语，我们没有理由就此推断安提柯与此人有关，或者认为第欧根尼所述这一特勒思弗洛斯与安提柯手下是同一个人。如果安提柯与特勒思弗洛斯当真是叔侄关系，狄奥多罗斯没有理由完全不提及这一点。

【8】阿桑德一度同意归附安提柯，将自己的总督领地献出，并把弟弟送去敌方以证忠心。但他很快就后悔了，前去救出了自己的弟弟。他旋即回到原先的同盟中，向托勒密和塞琉古求援。

【9】我们从雅典铭文（序号：IG 2.1.682）①中得知，雅典海军的将军名为提摩喀雷斯（Thymochares）。

【10】加沙之战的具体日期素有争议，我们采取公元前 312 年秋季的说法，可参见 L. C. 史密斯（L C Smith）发表在《美国语文学杂志》（AJP）第 82 期（1961 年）上的《西西里的狄奥多罗斯作品第 18 卷—第 20 卷年表》（The Chronology of Books 18-20 of Diodorus Siculus，第 288—290 页）、H. 豪本发表在《美国语文学杂志》第 94 期（1973 年）上的《论公元前 313 年—公元前 311 年年表》（On the Chronology of the Years 313-311 B.C.，第 258 页—第 261 页）以及 P. V. 威特利（P V Wheatley）发表在《纸草学与碑铭学杂志》第 144 期（2003 年）的《西顿 22 年德拉克马银币与加沙之战》（The Year 22 Tetradrachms of Sidon and the Date of the Battle of Gaza，第 269—276 页）；反对此说的观点可参见 A. B. 博斯沃思的《亚历山大的遗产》第 225—231 页。

【11】虽然没有什么实际证据表明安提柯意在入侵埃及内部，但也没有更多的文献佐证他曾与纳巴泰人作战。

【12】这一条约出土于 1899 年。当时发掘出的一块石碑上刻有安提柯的书信，信中宣布了这一和平条约。其中没有提到塞琉古，也没有提到在加沙的失败。有趣的是，条约中还提到了波利伯孔，这大概是因为他在伯罗奔尼撒半岛的影响力尚存的缘故。具体内容参见 C. B. 威尔斯（C B Welles）的《希腊化时期的王室通信》（Royal Correspondence in the Hellenistic Period，伦敦，1930 年）。有关普遍和平的最佳讨论，参见 R. H. 辛普森发表于《希腊研究》第 74 期（1954 年）的文章《公元

---

① 译注：IG 即 Inscriptiones Graecae，希腊铭文。最早是由普鲁士皇家科学院创建的铭文收集整理项目，意在整理出版希腊本土及周边群岛发现的铭文资料。期间几经曲折，终究陆续出版，成为古典学界最为重要的资料集之一。为降低阅读难度，铭文一律使用拉丁文出版，使这一系列资料集受到不少诟病。本处引用的是《希腊铭文》第 2 卷第一部分的内容，这一部分铭文陆续出版于 1877—1895 年，内容大致是公元前 5 世纪末期到公元前后共计 4 个世纪的阿提卡地区的铭文。

前 311 年和平的历史背景》（The Historical Circumstances of the Peace of 311，第 25—31 页）。

【13】西西里的狄奥多罗斯《历史丛书》第 10 卷，R. M. 吉尔译，马萨诸塞州剑桥市：哈佛大学出版社，1954 年，第 19 章第 105 节第 1 行。

第六章 托勒密

【1】西西里的狄奥多罗斯《历史丛书》第 10 卷，第 19 第 86 节第 3 行；另参见第二章注释第 23 条。

【2】埃及的魅惑与希腊的智慧之间泾渭分明。M. 本纳（M Bernal）在其精彩作品《黑色雅典娜：古典文明的亚非之根》（Black Athena: The Afroasiatic roots of Classical Civilisation，伦敦，1987 年）中指出，古希腊广受埃及和腓尼基的文化滋养。本纳认为，将希腊视为欧洲或雅利安民族文明的正统，实际上是 19 世纪以来种族主义的发明。

【3】不久之前，人们都普遍认为，托勒密的记载确是阿里安的史料来源。直到 20 世纪六七十年代，这一观点才开始受到挑战。反对观点中最著名的是 R. M. 艾灵顿发表在《古典季刊》（CQ）第 19 期（1969 年）上的文章《对托勒密笔下亚历山大的成见》（Bias in Ptolemy's History of Alexander）。如今，这种质疑观点俨然成为新的权威正统。尽管 J. 罗伊斯曼（J Roisman）在同一刊物第 34 期（1984 年）上发表了文章《托勒密与其他记载亚历山大历史的对手》（Ptolemy and his rivals in his history of Alexander）为托勒密作了有力的辩护。到了 1994 年，W. M. 艾利斯（W M Ellis）的论著《埃及的托勒密》（Ptolemy of Egypt）在对托勒密进行辩护时，气势就要弱许多。

【4】阿里安的《远征记》第 3 章第 18 节第 9 行提到，一位名为托勒密的人在波斯战争结束后清洗幸存者，此人可能正是拉古斯之子托勒密，但不能确定。有关讨论可参见赫克尔《亚历山大帝国的将军》第 223 页。

【5】参见 P. 哈丁（P Harding）《希腊罗马公文译集·第 2 卷：从伯罗奔尼撒战争到伊普苏斯战役》（From the end of the Peloponnesian War to the battle of Ipsus, Translated Documents of Greece and Rome, No 2），马萨诸塞州剑桥市：哈佛大学出版社，1985 年，第 159—161 页。

【6】许多人认为，狄奥多罗斯混淆了帕福斯的尼可勒斯和萨拉米斯的尼科克雷翁。这也可以解释为尼可勒斯是从岛的另一侧进行统治，他对托勒密的反抗虽然以失败告终，但留下了他自己铸造的钱币，可以佐证他对托勒密的反抗。另外，波里内乌斯的作品（即《战略》）第 8 章第 48 节也确认了上述信息。

【7】现存文献只有普鲁塔克的《名人传·德米特里乌斯卷》中提到了这次攻围，但并没有交代清楚背景，只是说德米特里乌斯正在从叙利亚赶来的路上。虽然从理论上讲，这一情节也有可能发生在公元前 311 年德米特里乌斯在纳巴泰战役后对巴比伦没有实现的攻击之后，但放在公元前 309 年托勒密在奇里乞亚和卡里亚的作战中则更合逻辑。

【8】安德罗斯到底是谁的地盘这一问题没有定论，最受认可的说法是安提柯。不过比洛的著作《"独眼"安提柯》第 225 页认为，这里之前是托勒梅乌斯的领地。

【9】西西里的狄奥多罗斯《历史丛书》第 10 卷，R. M. 吉尔译，马萨诸塞州剑桥市：哈佛大学出版社，1954 年，第 20 章第 37 节第 1 行。

【10】同上，第 20 章第 37 节第 2 行，不过只提到给养和军费。

【11】同上，第 20 章第 50 节第 5 行。

【12】H. 豪本发表在《鲁汶东方学刊》（Orientalia Lovaniensia Periodica）第 6—7 期（1975 年）上的文章《安提柯对埃及的进攻计划》（'Antigonos' Invasion Plan for his Attack on Egypt in 306 BC'）描述了这次进攻。

【13】西西里的狄奥多罗斯《历史丛书》第 10 卷，R. M. 吉尔译，马萨诸塞州剑桥市：哈佛大学出版社，1954 年，第 20 章第 76 节第 3 行。

【14】A. E. 撒穆尔（A E Samuel）《托勒密年代考》（Ptolemaic Chronology），慕尼黑：贝克出版社，1962年，第3—24页。

【15】虽然并没有直接证据，但在公元前301年的战争期间，托勒密很有可能再次进入叙利亚山谷。不过，这次擅自行动对反安提柯联盟的影响不大。西顿方面再无受到入侵的记录。如果说托勒密为联盟做出什么贡献，恐怕只有加强新占领土的防御这一点。

第七章 塞琉古

【1】普鲁塔克《道德小品》第10卷，H. N. 福勒（H N Fowler）译，马萨诸塞州剑桥市：哈佛大学出版社，1936年，第790行。

【2】阿庇安《罗马史》第11章《叙利亚战争》，H. 怀特译，马萨诸塞州剑桥市：哈佛大学出版社，1912年，第56节。

【3】这一故事版本众多。有的版本里为国王捞起王冠的是某个无名的水手，但他捞起王冠后，为防再次被弄湿，将它戴在自己头上。此人随后因僭越被处死。阿里安《远征记》第7章第22节第5行与阿庇安《叙利亚战争》第56节就是两种不同的版本。

【4】这个故事来自所谓"皇家纪事"，其真实性一直受到质疑。故事中的神殿是为埃及的塞拉皮斯神而建的。而这就引出了另一个问题——这个神是托勒密和法莱卢的德米特里乌斯在几年后才造出来的。参见 J. D. 格兰杰（J D Grainge）的《胜利者塞琉古》（Seleukos Nikator）第218—219页。

【5】参见科尔奈利乌斯·奈波斯的《欧迈尼斯》，其中还指出安提柯也是这场谋杀的参与者。

【6】格兰杰在《胜利者塞琉古》一书中写道，多喀摩斯和塞琉古之间可能发生过战斗。其依据是《巴比伦编年史》第10章第8节至第9节中的话："在它被毁后，火烧了它。"在 A. K. 格雷森的《亚述与巴比伦编年史》（Assyrian and Babylonian Chronicles for a more modern）第116页及史密斯《巴比伦历史文献》（Babylonian Historical Texts）第143页都将这句话解读为"当它陷落后，沉浸在狂热的气氛中。"前者认为这句话是在说多喀摩斯和阿孔之间的战斗，后者认为这句话是用于解说安提帕特之死。但实际上，原文这句话仅有7个字，不应该附会太多。

【7】《巴比伦编年史》（Babylonian Chronicle）第10章第5节，英译出自史密斯《巴比伦历史文献》第142页。

【8】阿庇安在《叙利亚战争》第53节里记载道，塞琉古逃跑后，安提柯指派了一名叫布利托（Blitor）的人统治美索不达米亚地区。不过，布利托是何许人，至今仍然是未解之谜。

【9】参见狄奥多罗斯《历史丛书》第19章第55节第5行。狄奥多罗斯认为，托勒密亲和善良的名声在外，塞琉古因而去投奔他。实际上，塞琉古要想不经由安提柯的领地出逃，埃及几乎是他唯一的选择。

【10】此前，培松曾任巴比伦总督，但在加沙与德米特里乌斯并肩作战时被杀。也就是说，此时的巴比伦处于权力真空的状态。

【11】西西里的狄奥多罗斯《历史丛书》第10卷，R. M. 吉尔译，马萨诸塞州剑桥市：哈佛大学出版社，1954年，第19章第100节第6行。

【12】1934年，S. 史密斯编辑出版了巴比伦编年史，结集为《巴比伦历史文献》，本书所引内容皆来自此。另参见格雷森的《亚述与巴比伦编年史》，此书出版于1975年，可提供一些更加现代的解释。艾灵顿的《西西里的狄奥多罗斯与早期继业者年表》使用了巴比伦编年史及巴利昂纪事石板（Marmor Parium）作为基础史料，但招致争议。这套编年史不仅十分零碎，而且三种不同史料的时序各有差异，因为它们采用了不同的日历系统。希腊的一年从当今通用历法的6月开始，马

其顿人以 10 月为一年的起始，巴比伦历则是 4 月。① 参见比洛《"独眼"安提柯》第 141 页。比洛对编年史所提供信息的解读很是独特。他认为安提柯并没有亲身参与战争，彼时他正在赫勒斯滂－弗里吉亚忙于建立城市。不过，这种说法更像是为德米特乌斯在塞琉古手下落败开脱，而且也没有足够的证据支持此说。

【13】霍布罗《卡迪亚的希洛尼摩斯》第 97—98 页写道，狄奥多罗斯在写史时，采用的是省略了希洛尼摩斯战事的文献版本，因为有关希洛尼摩斯的事件并不生动有趣。这种说法让我们震惊不已。

【14】时任波斯总督的人名为埃瓦戈（Evager），在这场战役中殒命。不过，一直以来人们总认为，此人与安提柯治下的阿里亚总督埃瓦戈拉斯乃是同一人。

【15】西西里的狄奥多罗斯《历史丛书》第 10 卷，R. M. 吉尔译，马萨诸塞州剑桥市：哈佛大学出版社，1954 年，第 19 章第 92 节第 5 行。

【16】史密斯《巴比伦历史文献》第 143 页第 10—11 行译文。

【17】同上，第 138—140 页。

【18】同上，第 144 页第 26—29 行译文。

【19】波里内乌斯《战略》第 4 章第 9 节第 1 行。

【20】该掌故见普鲁塔克《名人传·亚历山大卷》第 62 节第 14—15 行。旃陀罗笈多因冒犯亚历山大，差点丧命。然而，印度史料对旃陀罗笈多早期征战生涯的记载广为人知，其中并未提及他与亚历山大的会面。

【21】阿育王的统治时代自公元前 273 年起，止于公元前 236 年。他征战期间杀人无数，但在战争过后，他逐渐醒悟战争本是罪恶。于是，阿育王开始宣扬非暴力的理念，发誓"只会以正道征服印度"。印度多地都有他立下的石碑，碑文生动诠释了他所坚持的"正道"，也即以佛教的"八正道"为基础的世俗和人道思想。阿育王推行了大规模社会福利体系，并专门为此立法。1948 年印度独立时，鹿野苑（Sarneth）石柱上阿育王的狮子形象被选为印度国家的象征。

【22】塞琉古究竟割让了哪些地区，至今是个未解之谜。根据斯特拉波《地理学》第 15 章第 2 节第 9 行，塞琉古放弃了阿里亚、格德罗西亚（Gedrosia）、阿拉霍西亚以及帕拉帕米西代（Parapamisidae）。根据阿育王的铭文，这一描述似乎也属实。然而，在双方签订条约后不久，安条克就开始在阿里亚一带活动。而在阿拉霍西亚，亚历山大离世的 20 多年后，著名的幸存者西庇尔提亚斯仍然统治着这里，因为我们知道他款待过塞琉古驻印度的使节麦加斯提尼（参见下条注释）。所以，旃陀罗笈多也有可能只占领了这些地区的一部分。

【23】麦加斯提尼对印度的记述今已佚，但其后的作家广泛地引用他的记载。阿里安对其人其书作过很高的评价，而斯特拉波和普林尼只是将他的记载作为补充。他在旃陀罗笈多的王庭中任使节的时间尚不清楚，但推测应该是自塞琉古与旃陀罗笈多握手言欢后开始的。

第八章 退潮

【1】普鲁塔克《道德小品》第 3 卷，马萨诸塞州剑桥市：哈佛大学出版社，1931 年，第 182 节。

【2】普鲁塔克《名人传·亚历山大卷》第 77 节写道，佩尔狄卡斯也是这场谋杀的共犯。不过，

---

①译注：当今世界通用的历法由教皇格里高利修正。此前，罗马世界一直沿用的是恺撒创制的儒略历。恺撒订立新历之前，罗马使用的历法以 3 月为一年中第一个月。在英语等西方语言中，各个月份的名称仍可见罗马历法的痕迹。

这一说法就比较荒诞了。

【3】哈蒙德与沃尔班克合著的《马其顿史》第167—168页的内容认为，亚历山大四世是在两年后死于赫拉克勒斯的暗杀。但这一说法没有什么可靠的证据。另参见P.格林的《亚历山大在亚克兴》一书的第28页与第747页。

【4】西西里的狄奥多罗斯《历史丛书》第10卷，R. M. 吉尔译，马萨诸塞州剑桥市：哈佛大学出版社，1954年，第19章第105节第3—4行。

【5】参见W. W. 塔恩发表在《希腊研究》第41期（1921年）上的文章《芭悉尼之子赫拉克勒斯》（Heracles, Son of Barsine），第18—28页。

【6】西西里的狄奥多罗斯《历史丛书》第10卷，R. M. 吉尔译，马萨诸塞州剑桥市：哈佛大学出版社，1954年，第20章第28节第2行。

【7】普鲁塔克《名人传·德米特里乌斯卷》，马萨诸塞州剑桥市：哈佛大学出版社，1919年，其中亚历山大时代的部分由斯高特－科尔维特（Scott-Kilvert）翻译。本文段见第2节。

【8】有关法莱卢的德米特里乌斯之后的情况，请参见第10章，原文第176—180页。

【9】普鲁塔克《名人传·德米特里乌斯卷》第9节。

【10】除此之外，还有其他以安提柯之名命名的城市，但仅仅在斯特拉波的《地理学》或拜占庭的斯蒂芬努斯（Stephanus）的作品中一闪而过，没有确凿的证据证明其所在。有关安提柯兴建城市，可参见比洛的《"独眼"安提柯》第292—305页，以获得更全面的认识。

【11】安提戈尼亚的具体位置是在安提柯东北方5公里处。塞琉古将安提柯的城市夷为平地，所以虽然此地在300年后尚存，但大概只是一个村庄。

【12】西西里的狄奥多罗斯《历史丛书》第10卷，R. M. 吉尔译，马萨诸塞州剑桥市：哈佛大学出版社，1954年，第20章第53节第2行。

【13】安提柯实际上对王位继承人没有选择余地。德米特里乌斯的弟弟腓力大约就在此时去世，安提柯以王室成员的规格厚葬了儿子。这多少令沉浸在胜利和权势的喜悦中的安提柯感到一丝悲伤。腓力就像父兄身后的一道影子，没什么伟大业绩。他唯一值得注意的事迹，是在公元前310年去赫勒斯滂镇压凤凰城起义。相关问题请参见比洛《"独眼"安提柯》第420—421页。

【14】每一本有关这一时代的书都对继业者的王权提出过假设。大多数人都认为这是一个划时代的时期，各种各样的希腊君主国家如雨后春笋。但这些事情不过是安提帕特死后时局自然演进的结果。

【15】卡山德在罗德岛被围困期间为其输送10000单位的大麦，利西马科斯则送来40000单位的大麦和等量的小麦。

【16】有关罗德岛巨人像的详细资料请参阅P.克雷顿（P Clayton）和M.普莱斯（MPrice）所编《古代世界七大奇迹》（The Seven Wonders of the Ancient World），伦敦与纽约，1988年。

【17】在当时的雅典，拥有投票权的公民有20000多人，选举重要官职的大会最低需要6000人参加。尽管出席大会有津贴，但这也足见大众参与的广泛度。

【18】雅典的民主在许多方面受到批评，其中最显著的方面就是把妇女和奴隶排除在公民之外。但这种看法未免有以今论古之嫌。1832年英国的《改革法案》（Reform Act）颁行之前，备受赞誉的英国议会制度也未曾为任何类别的人口赋予专门的投票比例。直到1928年，女性才获得与男性同等的投票权。

【19】这一时期的铭文有载，卫城和神庙一度用于存放军火。

【20】有关铭文及其来源的讨论请参见R. A. 比洛发表在《古典时代》（CA）第8期（1989年）的文章《安纳托利亚的王朝》（Anatolian Dynasts）第173—206页。

【21】普雷斯塔库斯兵败的说法，仅见于鲍桑尼亚斯的《希腊志》第 1 卷第 15 节第 1 行。

第九章 伊普苏斯

【1】普鲁塔克《名人传·福基翁卷》第 29 节。

【2】西西里的狄奥多罗斯《历史丛书》第 10 卷，R. M. 吉尔译，马萨诸塞州剑桥市：哈佛大学出版社，1954 年，第 20 章第 106 节第 2 行。

【3】赫克尔在其著作《亚历山大帝国的将军》第 274 页提出自己的看法：因为没有多少记载说明他在亚历山大手下工作，因而可以认为他实际上是腓力的侍卫。

【4】普鲁塔克《名人传·亚历山大卷》第 46 节。由伊恩·斯高特-科尔维特（Ian Scott-Kilvert）在《亚历山大的年岁》一书中译出。

【5】库尔提乌斯和查士丁都提及了这一事件，不过侧重点各有不同。所言多虚的查士丁在这一情节之前还讲了另外一件事，事涉利西马科斯，内容是亚历山大无意伤了他，用自己的王冠为其止血。这显然是后人附会的故事（类似于阿里安《叙利亚战争》第 64 节的内容），其目的是宣扬后来成为国王的利西马科斯与王冠的渊源。塞琉古也有几则类似的轶事。

【6】查士丁《腓力史摘要》第 15 节第 3 行(普鲁塔克的同段记载在《名人传·亚历山大卷》第 55 节）对利西马科斯的行为做出了解释。查士丁称他实际上是把卡利提尼从痛苦中解救出来。亚历山大以肢解这位哲学家为乐，后又将他与一只狗关在一个笼子里。利西马科斯后来与印度修行者卡拉诺斯的关系能为此观点佐证。但这件事情远非看上去那么简单。一些学者认为，普鲁塔克提到的利西马科斯乃是亚历山大的马其顿老师，而不是阿加托克斯的儿子，但相关证据仍旧模糊而矛盾。

【7】利西马科斯似乎一直对哲学抱有浓厚的兴趣。他把希帕嘉（Hipparchia）①、西奥多罗斯（Theodorus）等当世著名哲学家邀请到自己的宫廷里。但也有记载称他驱逐了王国内的所有哲学家。

【8】另有一种说法称，这桩联姻应该发生在公元前 313 年休塞斯战败后。但这两个日期都缺乏充分的证据。

【9】安提帕特可能试图用军事力量帮助利西马科斯。正如狄奥多罗斯在《历史丛书》第 10 卷第 18 章第 18 节第 4 行提到的，作为拉米亚战争条款的一部分，安提帕特承诺将 12000 名被剥夺公民权的雅典人安置在色雷斯。但并没有史料能表明这些人是否全数去了色雷斯。

【10】但是休塞斯本人活了下来。休梭城出土的所谓"伟大铭文"甚至可以证明，他的王国在世纪之交仍然存在。铭文表明，在西方 80 英里之外的卡比利（Cabyle），一位名叫斯巴达克斯（Spartocus）②的王室后裔统治着那里。斯巴达克斯和休塞斯都发行了硬币，但使用范围很小。有关休梭城发掘的更多细节，请参见 M. 基基科瓦和 D. P. 迪米特洛夫所编《色雷斯城市休梭城》（英国考古报告，1978 年补编第 38 号）。

【11】据说，利西马科斯还收买了多喀摩斯的私人宣官菲茱泰罗斯，此人后来升任财政长官，并创建了帕加马（Pergamum）王国。不论在伊普苏斯战役之前还是之后，多喀摩斯的军旅生涯起伏不断。他建起一座以自己名字命名的小镇，此地后来以出产红色大理石而闻名，当地人称之为多喀米特（docimite）。这种大理石深受罗马人喜爱。参见辛普森发表在《历史》第 6 期（1957 年）上的文章《狄奥多罗斯第 10 卷第 19 章的讹误案例》（第 504—505 页）。

【12】除本文所述情况外，另有看法认同塞琉古是在卡帕多西亚过冬的。其主要根据是狄奥多罗斯《历史丛书》第10卷第20章第113节第4行。但在我们看来，塞琉古既然已经走出如此遥远的距离，更有可能希望和利西马科斯扎营在一处，以避免安提柯的突然侵袭。另有一个相对次要的问题是，普雷培劳斯是何时与利西马科斯会合的？目前还没有史料能解答。但比洛在其著作《"独眼"安提柯》第177页提到，他们见面的地点可能是西纳达。

【13】狄奥尼索斯把自己的女儿嫁给托勒梅乌斯，用以与安提柯结成姻亲（参见第6章）。此外，他还帮助安提柯攻打塞浦路斯。

【14】据阿特纳奥斯《哲人晚宴》第8卷第578节B段记载，安提柯爱上了德米特里乌斯的一个情妇。但一般认为，这里的安提柯不是"独眼"安提柯，而是安提柯二世。

第十章 托勒密再兴

【1】普鲁塔克《道德小品》第3卷第189节。

【2】托勒密建造的亚历山大里亚灯塔是古代世界七大奇迹之一。不过，这座灯塔和罗德岛巨像一样，早已消失在历史长河之中。灯塔虽然最终落成于其子托勒密二世的时代，但最初的构想却是来自托勒密。托勒密希望以一座伟大的建筑为亚历山大里亚的荣光添彩，这座世界上最大的灯塔据此落成。这座灯塔的具体样貌已经不为我们所知，但据史料推测，它大概有3层结构，高达300多英尺，塔顶上有宙斯雕像。与罗德岛巨像一样，亚历山大里亚灯塔在14世纪被地震破坏，成为一片废墟。如今，灯塔原址盖起了一座伊斯兰式堡垒建筑。有些学者认为，伊斯兰建筑的尖塔造型，是从亚历山大里亚灯塔找到的灵感。

第十一章 利西马科斯

【1】查士丁《特洛古斯＜腓力史＞摘要》第15节第3行。J. S. 沃森（J S Watson）翻译，伦敦，1853年。

【2】利西马科斯后来为菲利皮德斯送去谷物为谢礼，还为公元前298年的节庆船提供了新的桅杆和风帆。

【3】狄奥多罗斯的残篇记载了阿加托克利斯被停这一事件。然而，在鲍桑尼亚斯的《希腊志》第1卷第9节第7行中，作者认为所谓阿加托克利斯被停，其实是混淆了稍后利西马科斯被德洛弥开特斯停房的事件，并非历史事实。

【4】此时安提帕特的动向不为我们所知，但随后他出现在利西马科斯的宫廷里。他大概正是趁此时机逃去了其岳父的地盘。

【5】有关欧波莱姆斯其人及其活动年表的争论，请参阅比洛《安纳托利亚的统治者》。

【6】根据波里内乌斯的记载，底比斯的造反头目是拉卡里斯，此人惯于惹是生非。当德米特里乌斯清洗底比斯的时候，他在一道沟渠里躲了几天，而后投奔了利西马科斯。令人难以置信的是，此人直到公元前279年还在搅动阴谋，计划将卡山德里亚出卖给安条克。不过，据鲍桑尼亚斯的说法，他在逃离雅典后不久，就因不义之财而被谋杀。

【7】底比斯被围的具体时间和德米特里乌斯夺取马其顿王位后发动的一系列战役的顺序都颇有争议。格林的《亚历山大在亚克兴》、哈蒙德与沃尔班克的《马其顿史》以及 H. S. 伦德的《利西马科斯》（伦敦与纽约，1992年）各自提供不同的看法。值得庆幸的是，这一系列事件的结尾——皮提亚运动会的时间是确定的，即公元前290年。

【8】德米特里乌斯在陆上的势力大约仅仅能与对手平分秋色，但他在海上的实力非常雄厚，拥有可在当时横行无敌的海军。就在不久前，他还夺取了皮洛士的重要岛屿科孚岛。这座岛屿本是皮洛士的妻子——叙拉古僭主阿加托克利斯之女拉纳莎（Lanassa）的嫁妆。如今，皮洛士另外

迎娶伊利里亚公主，拉纳莎愤而改嫁给德米特里乌斯，一并带去的还有这座岛屿。德米特里乌斯听说拉萨莎愿嫁给自己后，毫不迟疑地答应了下来，并且立即派出海军占领科孚岛。

【9】普鲁塔克一定夸大了德米特里乌斯此时调集的兵力，因为希腊不可能像亚洲一样一直维持这样庞大的军队。

【10】鲍桑尼亚斯作品第 1 卷第 10 节第 2 行简短地介绍了色萨利的战事，隐约表达了皮洛士与安提柯二世之间的联盟关系。弗尼基德斯（Phoenicides）的戏剧《吹笛人》的残篇也暗指了两人之间的密约，因为这部喜剧上演的时间恰在此时。至于利西马科斯羞辱莫洛西亚王室陵墓一事，则多有疑点。鲍桑尼亚斯对此事件的真实性抱怀疑态度。

【11】这当然并不意味着利马科斯放任自己新取得的王国不管。利马科斯帐下有一位名为菲利皮德斯的雅典望族之后，此人久随利西马科斯辗转各地。如今，他回到自己的家乡，在政坛声名鹊起。另外，利西马科斯的食客比提斯（Bithys）与其情况略同。这两人都积极为利西马科斯宣传造势。德摩斯梯尼的侄子德摩卡莱斯（Demochares）也返回雅典，他的政治名望远高出前两人。公元前 303 年，德摩卡莱斯被祖国流放。德米特里乌斯战败后，他才得以返回家乡。虽然德摩卡莱斯并未在流亡途中投入利西马科斯帐下，却两次率团出使。利西马科斯赏赐给他 130 塔兰特。

【12】门侬作品残篇留有一些对此次战役的记载。在他笔下，利西马科斯败于芝普特斯之手的战役，可能是指库鲁佩迪安之战。在这场战役中，比提尼亚人与塞琉古并肩作战。

【13】亚历山大时期统治培奥尼亚的人名为阿里斯顿（Ariston）。此人多次出现于多种史料之中，其中最著名的表现是在某次战斗中杀死了一名波斯贵族。另外，他对高米拉战役的胜利也颇有贡献。此人的身份信息表明，他与奥多隆可能是父子关系。相关内容请参见赫克尔《亚历山大帝国的将军》第 354—355 页。

【14】波里内乌斯《战略》第 4 卷第 12 节第 3 行，由 B. 波拉克翻译。这里的记载可能压缩了阿里斯顿从稍歇到被利西马科斯驱逐之间的时间。

【15】有关此说尚存争议，参见 H. S. 伦德《利西马科斯》第 194 页。

【16】在古代作家中，只有门侬认为克劳诺斯参与了谋杀阿加托克勒斯。据分析，他有可能是把托勒密·克劳诺斯与托勒密·利西马科混淆了，因为显然后者能从阿加托克勒斯之死中捞到更多好处。然而，另有一些研究者的看法与此迥异。他们认为，克劳诺斯没有谋划或参与任何阴谋，阿加托克勒斯死后他也离开了利西马科斯，转而投奔了塞琉古。这种说法令我们更加困惑了。有关此问题的两方看法请参见格林的《亚历山大在亚克兴》第 132—133 页和哈蒙德与沃尔班克的《马其顿史》第 239—240 页。至于托勒密·利西马科，则在父亲故去和阿加托克勒斯陨落造成的混乱中幸存了下来。库鲁佩迪安战役后，他逃往伊利里亚，在那里还与克劳诺斯和安提柯二世发生了几场小规模冲突，最后来到吕基亚的特尔梅索斯（Telmessus）。他的后代在这里建立自己的独立王国。

第十二章 尘埃落定

【1】查士丁《特洛古斯＜腓力史＞摘要》第 17 章第 1 节。

【2】公元前 312 年，帕特罗克勒斯就因在巴比伦与德米特里乌斯的对战中表现出色而崭露头角。公元前 280 年，帕特罗克勒斯掌管着安条克在亚洲的军队。在塞琉古统治期间，帕特罗克勒斯曾被派往里海考察，据此写了一本包含丰富地理信息的著作，后来频繁被普林尼和斯特拉波引用。与同时代的麦加斯梯尼不同，帕特罗克勒斯的文字受到斯特拉波的认可。

【3】波里内乌斯《战略》第 4 章第 9 节第 3 行。

参考文献

古代文献

Appian, *Roman History*, translated by H White (London and Cambridge, Massachusetts, 1912).

Athenaeus, *The Deipnosophists*, II, translated by C B Gulick (London and Cambridge, Massachusetts, 1928).

Diodorus Siculus, *Universal History IX*, translated by R M Geer (London and Cambridge, Massachusetts, 1947).

Diodorus Siculus, *Universal History X*, translated by R M Geer (London and Cambridge, Massachusetts, 1954).

Justin, *Epitome of the Philippic History of Pompeius Trogus*, translated by J S Watson (London, 1853).

Pausanias, *Guide to Greece*, Vol. I Central Greece, translated by P Levi (London, 1971).

Plutarch, *Alexander*, translated by I Scott−Kilvert and included in *The Age of Alexander*(London, 1973).

Plutarch, *Demetrius*, translated by I Scott−Kilvert and included in *The Age of Alexander*(London, 1973).

Plutarch, *Eumenes*, translated by B Perrin and included in *Parallel Lives VIII* (London and Cambridge, Massachusetts, 1919).

Plutarch, *Moralia VIII*, translated by P A Clement and H B Hoffleit (London and

Cambridge, Massachusetts, 1969).

Plutarch, *Moralia X*, translated by H N Fowler (London and Cambridge, Massachusetts, 1936).

Plutarch, *Phocion*, translated by I Scott–Kilvert and included under the title *The Age of Alexander* (London, 1973).

Polyaenus, *Stratagems*, translated for the authors by B Polack.

Quintus Curtius Rufus, *The History of Alexander*, translated by John Yardley (London 1984).

当代论著

Adams, W L, 'The Dynamics of Internal Macedonian Politics in the time of Cassander', in *Ancient Macedonia*, 3 (1983), pp 2–30.

Anson, E M, 'The Siege of Nora: A Source Conflict', in *GRBS*, 18 (1977), pp 251–6.

Anson, E M, 'Antigonus, the Satrap of Phrygia', in *Historia*, 37 (1988), pp 471–7.

Ashton, N G, 'The Naumachia near Amorgos in 322 B.C.', in *ABSA*, 72 (1977), pp 1–11.

Ashton, N G, 'How Many Penteris', in *GRBS*, 20 (1979), pp 327–42.

Ashton, N G, 'The Lamian War a False Start' in *Historia*, 30 (1983) pp 117–120

Austin, M M, *The Hellenistic world from Alexander to the Roman conquest, A selection of ancient sources in translation* (Cambridge, 1981).

Austin, M M, 'Hellenistic Kings, War and Economy', in *CQ*, 36 (1986), pp 450–466.

Badian, E, 'Harpalus', in *JHS*, 81 (1961), pp 16–43.

Badian, E, 'The Struggle for the succession to Alexander the Great', in *Gnomon*, 34 (1962), pp 381–7.

Badian, E, 'A King's Notebooks' in *HSCP*, 72 (1968) pp 183–204.

Badian, E, 'A Comma in the History of Samos', in *ZPE*, 23 (1976), pp 289–94.

Bernal, M, *Black Athena: The Afroasiatic roots of Classical Civilisation* (London, 1987).

Bevan, E R, *The House of Seleucus* (London, 1902).

Bevan, E R, *A History of Egypt under the Ptolemaic Dynasty* (London, 1927)

Billows, R A, 'Anatolian Dynasts', in *CA*, 8 (1989), pp 173–206.

Billows, R A, *Antigonos the One–Eyed and the Creation of the Hellenistic State* (Berkeley, 1990).

Bosworth, A B, 'The Death of Alexander the Great: Rumour and Propaganda', in*CQ*, 21 (1971), pp 112–36.

Bosworth, A B, 'The Government of Syria under Alexander', in *CQ*, 24 (1974), pp 46–64.

Bosworth, A B, 'Eumenes, Neoptolemus and PSI 12.1284', in *GRBS*, 19 (1978) pp 227–37.

Bosworth, A B, 'Alexander and the Iranians', in *JHS*, 100 (1980), pp 1–21.

Bosworth, A B, 'The Indian Satrapies under Alexander', in *Antichthon*, 17 (1983), pp 37–46.

Bosworth, A B, *From Arrian to Alexander* (Oxford, 1988).

Bosworth, A B, *Conquest and Empire – The Reign of Alexander the Great* (Cambridge, 1988).

Bosworth, A B, 'A New Macedonian Prince', in *CQ*, 44 (1994), pp 57–65.

Bosworth, A B, *The Legacy of Alexander* (Oxford, 2002).

Burn, A R, 'Notes on Alexander's Campaigns, 332–330', in *JHS*, 72 (1952), pp 81–91.

Chaniotis, A, *War in the Hellenistic World* (Oxford, 2005).

Champion, J, *The Strategy of Antigonus Monopthalmus 315–301* (unpublished thesis).

Cicikova, M and Dimitrov D P, 'The Thracian City of Seuthopolis', in *British Archaeological Reports (BAR)*, Supplement Series No.38.

Clayton, P, and Price, M (eds.), *The Seven Wonders of the Ancient World* (London and New York, 1988).

Edson, C F, 'The Tomb of Olympias', in *Hesperia*, 18 (1949), pp 84–95.

Ellis, J R, 'The Assassination of Philip II', in *Studies In Honour Of Charles Edson* (London, 1981), pp 99–137.

Ellis, W M, *Ptolemy of Egypt* (London and New York, 1994).

Errington, R M, 'Bias in Ptolemy's History of Alexander', in *CQ*, 19 (1969), pp 233–42.

Errington, R M, 'From Babylon to Triparadeisos 323–320 BC', in *JHS*, 90 (1970), pp 49–77.

Errington, R M, 'Alexander in the Hellenistic World', in *Entretiens Hardt*, 22 (1976), pp137–79.

Errington, R M, 'Diodorus Siculus and the Chronology of the Early Diadochoi 320–11 BC', in *Hermes*, 105 (1977), pp 478–504.

Errington, R M, *History of Macedonia* (Berkeley, 1989).

Grainger, J D, *Seleukos Nikator* (London and New York, 1990).

Green, P, *Alexander to Actium* (London, 1991).

Grayson A K, *Assyrian and Babylonian Chronicles* (Locust Valley, NY, 1975).

Hadley R A, 'Hieronymus of Cardia and early Seleucid Mythology', in *Historia*, 18 (1969), pp 142–52.

Hadley, R A, 'The Foundation Date of Seleucia–on–the–Tigris', in *Historia*, 27 (1978), pp 227–30.

Hammond, N G L, and Walbank, F W, *History of Macedonia*, vol.3 (Oxford, 1988).

Harding, P, *From the end of the Peloponnesian War to the battle of Ipsus*, Translated Documents of Greece and Rome, No 2 (Cambridge, 1985).

Hauben, H, 'On the Chronology of the Years 313–311 BC', in AJP, 94 (1973), pp 256–67.

Hauben, H, 'An Athenian Naval Victory in 321 BC', in *ZPE*, 13 (1974), pp 56–67.

Hauben, H, 'Antigonos' Invasion Plan for his Attack on Egypt in 306 BC', in *Orientalia Lovaniensia Periodica*, 6/7 (1975), pp 267–71.

Heckel, W, 'Marsyas of Pella: Historian of Macedon', in *Hermes*, 108 (1980), pp 444–62.

Heckel, W, 'Some Speculations on the Prosopography of the Alexanderreich', in *LCM*, 6 (1981), pp 63–9.

Heckel, W, 'The Last Days and Testament of Alexander the Great', in *Historia Einzelschriften*, 56 (1988).

Heckel, W, *The Marshals of Alexander's Empire* (London and New York, 1992).

Hornblower, J, *Hieronymus of Cardia* (Oxford, 1981).

Lane Fox, R, *Alexander the Great*, (London, 1973).

Lund, H S, *Lysimachus* (London and New York, 1992).

Parker, R A, and Dubberstein, W H, *Babylonian Chronology* (Chicago, 1945).

Ramsay, W M, 'Military Operations on the North Front of Mount Tarsus', in *JHS*, 43 (1923), pp 1–10.

Roisman, J, 'Ptolemy and his rivals in his history of Alexander', in *CQ*, 34 (1984), pp 373–85.

Rosen, K, 'Political Documents in Hieronymus of Cardia', in *Acta Classica*, 10 (1967), pp 41–94.

Rostovtzeff, M, *Social and Economic History of the Hellenistic World*, 3 Vol. (Oxford, 1953).

Samuel, A E, *Ptolemaic Chronology* (Munich, 1962).

Shipley, G, *The Greek World after Alexander* (London and New York, 2000).

Simpson, R H, 'The Historical Circumstances of the Peace of 311', in *JHS*, 74 (1954), pp 25–31.

Simpson, R H, 'Ptolemaeus' Invasion of Attica in 313', in *Mnemosyne*, 8 (1955), pp 34–7.

Simpson, R H, 'A Possible Case of Misrepresentation in Diodorus XIX', in *Historia*, 6 (1957), pp 504–5.

Simpson, R H, 'Antigonus the One–Eyed and the Greeks', in *Historia*, 8 (1959), pp 385–409.

Simpson, R H, 'Abbreviation of Hieronymus in Diodorus', in *AJP*, 80 (1959), pp 370–9.

Smith, L C, 'The Chronology of Books 18–20 of Diodorus Siculus', in *AJP*, 82 (1961), pp 283–90.

Smith, S, *Babylonian Historical Texts* (London, 1924).

Stadter, P A, *Arrian of Nicomedia* (Chapel Hill, NC, 1980).

Tarn, W W, *Antigonus Gonatas* (Oxford, 1913).

Tarn, W W, 'Heracles, Son of Barsine', in *JHS*, 41 (1921), pp 18–28.

Tarn, W W, and Griffith, G T, *Hellenistic Civilisation* (London, 1952).

Tritle, L A, *Phocion the Good* (London, 1988).

Walbank, F W, *The Hellenistic World* (London, 1981).

Welles, C B, *Royal Correspondence in the Hellenistic Period* (London, 1930).

Welles, C B, 'The Discovery of Sarapis and the Foundation of Alexandria', in *Historia*, 11 (1962), 273–4.

Welles, C B, *Alexander and the Hellenistic World* (Toronto, 1970).

Westlake, H D, 'Eumenes of Cardia', in *Bulletin of The John Rylands Library*, 37 (1954), pp 309–327.

Wheatley, P V, 'The Year 22 Tetradrachms of Sidon and the Date of the Battle of Gaza', in *ZPE*, 144 (2003), pp 268–76.

Woodhead, A G, 'Athens and Demetrius Poliorketes at the end of the Fourth Century BC', in *Studies in Honour of Charles Edson* (London, 1981), pp 357–67.